信息系统项目管理师
考试论文通关宝典
基于高项教程第 4 版

王树文　编著

机械工业出版社

论文写作是计算机技术与软件专业技术资格（水平）考试（简称"软考"）中的信息系统项目管理师（简称"高项"）考试的三个科目之一。本书是专门帮助考生顺利通过"高项"论文考试的辅导书。

本书共 13 章。第 1 章详细讲解了论文考试科目的基本要求、历年论文考题情况及评分标准；第 2 章详细讲解了论文的写作策略及写作步骤；第 3 章对项目管理十大知识领域的高频子标题及写作要领进行了详细阐述并给出了参考样例；第 4~13 章，以年为单位分别从题目描述、写作分析、范文（包括摘要、论文大纲、正文；从 2019 年下半年开始，高项论文没有再要求写摘要，因此范文中也不提供摘要）三方面详细讲解了 2014~2023 年上半年论文考试全部真题的解答过程，全书 33 篇论文既是复习应考用的参考范文，也是管理 IT 项目的实战指导材料。此外，附录 A、B、C 分别从"管事""理人""综合"三个方面总结了作者亲历的 110 条 IT 项目管理的最佳实践经验，供考生在实际项目工作中借鉴和使用。其中第 2 章和第 3 章各节均配有视频讲解，可扫码观看。

扫描封底刮刮卡，兑换成功后获取 2023 年下半年考题解析及范文。加入本书 QQ 群可享受考前答疑等超值服务。

本书适合参加信息系统项目管理师考试的考生阅读，也可作为"软考"培训师和 IT 项目管理人员的参考用书。

图书在版编目（CIP）数据

信息系统项目管理师考试论文通关宝典：基于高项教程第 4 版 / 王树文编著. —北京：机械工业出版社，2024.1（2024.11 重印）

ISBN 978-7-111-74194-7

Ⅰ. ①信… Ⅱ. ①王… Ⅲ. ①信息系统-项目管理-论文-写作 Ⅳ. ①H152.3

中国国家版本馆 CIP 数据核字（2023）第 210185 号

机械工业出版社（北京市百万庄大街 22 号　邮政编码 100037）

策划编辑：孙　业　　　　　　　　　　责任编辑：孙　业
责任校对：张晓蓉　牟丽英　韩雪清　　责任印制：单爱军

北京虎彩文化传播有限公司印刷

2024 年 11 月第 1 版第 2 次印刷

169mm×239mm · 13 印张 · 236 千字

标准书号：ISBN 978-7-111-74194-7

定价：69.00 元

电话服务　　　　　　　　　　网络服务

客服电话：010-88361066　　机　工　官　网：www.cmpbook.com
　　　　　010-88379833　　机　工　官　博：weibo.com/cmp1952
　　　　　010-68326294　　金　书　网：www.golden-book.com
封底无防伪标均为盗版　　机工教育服务网：www.cmpedu.com

前　言

计算机技术与软件专业技术资格（水平）考试（简称"软考"）是由工业和信息化部以及人力资源和社会保障部共同领导，全国计算机软件考试办公室负责实施和日常管理的一个面向 IT 行业从业人员的认证考试。"软考"分为三个等级：初级、中级和高级，其中信息系统项目管理师（简称"高项"）考试属于高级资格考试。

"软考"既是 IT 行业从业人员能力和水平的考试，也是职称的考试（现在 IT 行业从业人员的职称已改为"以考代评"）。该认证考试自 2005 年开考至今已历时 19 个年头，为我国 IT 行业培训了一大批项目管理专业人才。

信息系统项目管理师认证考试有三个科目：综合知识、案例分析和论文。该项考试具有难度大、覆盖面广、证书含金量高等特点，全国通过率仅为 10%～15%，并且三门考试都必须一次性通过（每门考试满分 75 分，45 分为通过）才能拿到信息系统项目管理师的认证证书。而这三门考试中，综合知识和论文是最难通过的。论文难以通过的主要因素有三点：一是考生 IT 项目管理基础知识不扎实；二是从事技术工作的工程师，书面表达能力普遍不强；三是考试时间紧（只有短短两小时，论文需要书写 2500 字左右），如果没有掌握论文写作的基本方法，则很可能会出现写不完的情况。

目前，针对"高项"论文考试的辅导书籍很少，而且这些书普遍存在三个问题：一是把论文如何写作作为一个次要的章节，没有系统阐述；二是几乎没有拿历年考试的真题来写作范文；三是这些范文很少由专业"软考"培训师亲笔撰写。因此，考生使用这些书复习应考时，总会有一种隔靴搔痒的感觉，达不到顺利通关的目的。

编者（2006 年通过"高项"考试，当期全国前 50 名）作为有 14 年"软考"考前辅导经验的培训师，深深感受到考生急需一本系统化、切实针对历年考试真题的论文辅导书作为复习应考的资料。因此，编者在 2014 年 6 月亲自策划并编写了《信息系统项目管理师考试论文通关宝典》一书。此书的出版帮助许多考生成功通过了"高项"论文考试，并在 2016 年再版。

2017 年下半年，"高项"考试的官方教程和考试大纲进行了升级改版。为了与最新的考试教程和大纲保持一致，更好地满足广大考生的复习需要，出版了第 3 版。

2023 年 3 月，官方出版了"高项"新版教程和考试大纲，为了与最新的考试教程和大纲保持一致，特策划并编写本书。

本次采用《信息系统项目管理师教程（第 4 版）》[⊖]中的项目管理知识体系重写了所有范文，将第 3 版的第 1 章改写成了本书的第 1 章和第 2 章，增加了第 3 章项目管理十大知识领域高频子标题及写作建议，删除了第 3 版中 2005 年～2013 年的真题范文，新增了 2018 年下半年到 2023 年上半年考试真题的写作分析和范文。

借此机会，再一次真心感谢为本书倾注了心血的家人、老师、编辑和各位朋友。当然，更要感谢阅读本书和对本书改版提出建议的读者。由于编者水平有限，书中难免存在疏漏之处，恳请广大读者批评指正。广大读者朋友如需作者答疑或相互交流，可加入读者 QQ 群：435116338。

王树文

⊖ 全国计算机专业技术资格考试办公室组编，由清华大学出版社于 2023 年 3 月出版。

视频精讲二维码清单

知识点	二维码	知识点	二维码
论文写作策略		项目成本管理精要	
如何做好论文考试科目的准备工作		项目质量管理精要	
论文写作的"六大"要点		项目资源管理精要	
论文写作的"天龙八步"		项目沟通管理精要	
论文写作要规避的四种情况		项目风险管理精要	
项目整合管理精要		项目采购管理精要	
项目范围管理精要		项目干系人管理精要	
项目进度管理精要			

目　　录

第1章 论文考试科目的要求及评分标准

 ## 1.1 论文考试科目的基本要求

1.1.1 格式要求

论文的内容分为两部分：摘要和正文。这两部分的书写要注意以下格式：

（1）达到字数要求。摘要一般要求 200 个字以上，330 个字以下，正文一般要求在 2500 个字左右。

（2）论文的写作要求中，如果没有要求画图，就不用在论文中画图形，用文字描述即可。

（3）每段开头空两格。

（4）不必写关键词。

1.1.2 摘要的组成

摘要（从 2019 年下半年开始，高项论文没有再要求写摘要，《信息系统项目管理师考试大纲（2022 年审定通过）》○也没有明确提到写摘要的要求，因此考生可以弱化对摘要的准备甚至不准备）是文章的中心思想，是对论文正文的归纳和总结，它一般需要包括三方面的内容。

（1）项目基本信息（描述项目基本信息、突出项目特点）：50～60 个字。

（2）理论与实践（以考查的知识为线索，叙述项目实际操作方式）：200 个字左右。

（3）经验总结（总结经验和不足）：50～65 个字。

1.1.3 正文的组成

（1）项目背景（描述项目主要内容、业务特点以及管理方面的约束等）：400～500 个字。

○ 全国计算机专业技术资格考试办公室组编，由清华大学出版社于 2023 年 3 月出版。

（2）知识点应用（所考查的知识点与项目实践相结合进行论述）：1400～1800 个字。

（3）经验总结（对知识点应用进行归纳总结，另外提出项目的不足及努力方向）：400～500 个字。

1.2 论文考试科目的出题范围

根据《信息系统项目管理师考试大纲（2022 年审定通过）》中的样例，考试时一般会出一个或两个论文题目，需要考生选择其中的一个题目，按照规定的要求撰写摘要和正文。信息系统项目管理师考试论文出题的范围可以归纳为如下七个方面（**注意：从信息系统项目管理师考试论文历年考题来看，项目管理知识体系十大知识领域每次都会出一题，因此考生要务必重视对信息系统项目管理知识体系的学习和应用**）。

（1）信息系统项目管理：包括项目立项管理、项目整合管理、项目范围管理、项目进度管理、项目成本管理、项目质量管理、项目资源管理、项目沟通管理、项目风险管理、项目采购管理和项目干系人管理。

（2）信息系统工程（软件工程、数据工程、系统集成、安全工程）。

（3）项目绩效域。

（4）配置与变更管理。

（5）项目集管理（项目集战略一致性、项目集收益管理、项目集干系人参与、项目集治理、项目集生命周期管理）。

（6）项目组合管理（项目组合战略管理、项目组合治理、项目组合产能与能力管理、项目组合干系人参与、项目组合价值管理、项目组合风险管理）。

（7）组织级项目管理和量化项目管理。

1.2.1 2005～2023 年上半年论文题目及考查重点

信息系统项目管理师考试自 2005 年上半年第一次举办至 2023 年上半年已历时 19 个年头，除 2006 年、2007 年和 2020 年只在下半年举行考试外，其他年份在上半年和下半年都举行了考试。以下是这 19 年来论文考试题目的汇总。

考　期	论文题目	考查的知识领域（点）
2005.05	论信息系统项目中的需求管理和范围管理	项目范围管理
2005.11	论项目的风险管理	项目风险管理
	论项目的质量管理	项目质量管理
2006.11	论项目的人力资源管理	项目资源管理
	论项目的整体管理①	项目整合管理
2007.11	论大型项目的计划与监控	项目整合管理、项目进度管理、项目风险管理
	论组织级项目管理的绩效考核	组织级项目管理
	论评审在项目质量管理过程中的重要作用	项目质量管理
2008.05	论企业级信息系统项目管理体系的建立	项目管理办公室、企业级项目管理
	论项目的质量管理	项目质量管理
	论项目的团队建设和绩效考核	项目资源管理
2008.11	论项目的采购管理	项目采购管理
	论项目的沟通管理	项目沟通管理
2009.05	论软件项目质量管理及其应用	项目质量管理
	论大型信息系统项目的风险管理	项目风险管理
2009.11	论信息系统项目的成本管理	项目成本管理
	论信息系统项目的需求管理	项目范围管理
2010.05	论信息系统工程项目的范围管理	项目范围管理
	论信息系统工程项目的可行性研究	项目立项管理
2010.11	论大型项目的进度管理	项目进度管理
	论多项目的资源管理	项目组合管理、项目整合管理、项目资源管理
2011.05	论信息项目的沟通管理	项目沟通管理
	论信息系统项目的成本管理	项目成本管理
2011.11	论信息系统项目的质量控制	项目质量管理
	论"如何做好项目团队管理"	项目资源管理
2012.05	论信息系统工程项目的可行性研究	项目立项管理
	论信息系统项目的风险管理	项目风险管理
2012.11	论构建信息系统安全策略	信息系统工程
	论大型复杂信息系统项目管理	整合十大知识领域

（续）

考　　期	论文题目	考查的知识领域（点）
2013.05	论大型信息系统项目沟通管理	项目沟通管理
	论大型信息系统项目风险管理	项目风险管理
2013.11	论信息系统项目的质量管理和提升	项目质量管理
	论信息系统项目的沟通管理	项目沟通管理
2014.05	论信息系统项目的人力资源管理	项目资源管理
	论信息系统项目的范围管理	项目范围管理
2014.11	论多项目的资源管理	项目组合管理、项目整合管理、项目资源管理
	论项目的进度管理	项目进度管理
2015.05	论项目的风险管理	项目风险管理
	论信息系统项目的质量管理	项目质量管理
2015.11	论大项目或多项目的成本管理	项目成本管理
	论项目的采购管理	项目采购管理
2016.05	论信息系统项目的范围管理	项目范围管理
	论信息系统项目的进度管理	项目进度管理
2016.11	论信息系统项目的绩效管理	组织级项目管理
	论信息系统项目的人力资源管理	项目资源管理
2017.05	论信息系统项目的范围管理	项目范围管理
	论项目采购管理	项目采购管理
2017.11	论信息系统项目的安全管理	信息系统工程
	论信息系统项目的成本管理	项目成本管理
2018.05	论信息系统项目的质量管理	项目质量管理
	论信息系统项目的人力资源管理	项目资源管理
2018.11	论信息系统项目的沟通管理	项目沟通管理
	论信息系统项目的风险管理	项目风险管理
2019.05	论信息系统项目的风险管理和安全管理	项目风险管理、信息系统工程
	论信息系统项目的人力资源管理和成本管理	项目资源管理、项目成本管理
2019.11	论信息系统项目的整体管理	项目整合管理
	论信息系统项目的沟通管理	项目沟通管理、项目干系人管理
2020.11	论信息系统项目的成本管理	项目成本管理
	论信息系统项目的采购管理	项目采购管理

（续）

考　期	论文题目	考查的知识领域（点）
2021.05	论信息系统项目的范围管理	项目范围管理
	论信息系统项目的合同管理	项目采购管理
2021.11	论信息系统项目的招投标管理	项目采购管理
	论信息系统项目的进度管理	项目进度管理
2022.05	论信息系统项目的干系人管理	项目干系人管理
2022.11	论信息系统项目的质量管理	项目质量管理
2023.05	论信息系统项目的风险管理	项目风险管理

① 高项教程第 3 版之前将整合管理翻译为整体管理。

1.2.2　2005～2023 年上半年论文考查重点分布

以下是自 2005～2023 年上半年信息系统项目管理师论文考试考查的知识领域及考期分布的情况。

考查的知识领域	考　期
项目整合管理	2006.11、2007.11、2012.11、2019.11
项目范围管理	2005.05、2009.11、2010.05、2014.05、2016.05、2017.05、2021.05
项目进度管理	2010.11、2014.11、2016.05、2021.11
项目成本管理	2009.11、2011.05、2015.11、2017.11、2019.05、2020.11
项目质量管理	2005.11、2007.11、2008.05、2009.05、2011.11、2013.11、2015.05、2018.05、2022.11
项目资源管理	2006.11、2008.05、2011.11、2014.05、2016.11、2018.05、2019.05
项目沟通管理	2008.11、2011.05、2013.05、2013.11、2018.11、2019.11
项目风险管理	2005.11、2009.05、2012.05、2013.05、2015.05、2018.11、2019.05、2023.05
项目采购管理	2008.11、2015.11、2017.05、2020.11、2021.05、2021.11
项目干系人管理	2019.11、2022.05
项目立项管理	2010.05、2012.05
信息系统工程	2012.11、2017.11、2019.05
组织级项目管理	2007.11、2008.05、2016.11
项目组合管理	2010.11、2014.11

1.3 论文评分标准

1．信息系统项目管理师考试论文总体评分规则

（1）论文满分为 75 分，论文可分为三个等级：不及格、及格和优良。三个等级的划分：0～44 分为不及格；45 分（含 45 分）以上为及格；60～75 分为优良。

（2）具体评分时，阅卷老师依据如下五方面进行综合评分：

1）切合题意（30%）：论文的理论阐述和实践描述都需要切合论文写作要点中的一个主要方面或多个方面。据此可分为非常切合（完全响应了论文题目中要求覆盖的要点）、较好地切合（没有完全响应论文题目中要求覆盖的要点，但至少覆盖了主要的要点）、基本切合（响应了论文题目中要求覆盖的要点，但主要的要点论述得不充分或没有响应）和没有切合（离题，基本没有响应论文题目中要求覆盖的要点）。

2）应用深度和水平（20%）：可根据考生是否把信息系统项目管理理论紧密联系实际案例分为很强、较强、一般与较差四个档次。

3）实践性（20%）：有丰富的实践经验和深入的专业级水平与体会；有良好的实践与切身体会；有一般的实践与基本合适的体会；有初步实践与一些肤浅的体会。

4）表达能力（15%）：可以从逻辑清晰、表达严谨、文字流畅和条理分明等方面进行评价。

5）综合能力和分析能力（15%）：对论文的整体进行评价，一般可分为很强、比较强和一般三个档次。

2．出现下述情况之一的论文，阅卷老师可以根据严重程度适当扣 5～10 分

（1）摘要过于简单或摘要中没有实质性内容（如果在摘要中只谈大道理，没有涉及具体内容，则被视为"摘要中没有实质性内容"）的论文。

（2）确实属于过分自我吹嘘或自我标榜、夸大事实的论文。

（3）内容有明显错误或遗漏，按同一类错误每一类扣一次分。

（4）内容仅属于大学生或研究生实习性质的项目或者实际应用水平相对较低的论文。

3．符合下述情况之一的论文，不能给予及格分数

（1）虚构情节、文章中有较严重的不真实或者不可信的内容。

（2）没有谈项目的实际开发和管理经验，通篇都是浅层次的纯理论论文。

（3）所讨论的内容与方法过于陈旧或项目管理水准非常低下的论文。

（4）离题，内容不切题意或内容空洞、泛泛而谈、缺少深入体会的论文。

（5）正文与摘要的篇幅太短的论文（如正文字数少于 1200 字，摘要字数少于 120 个字）。

（6）文章很不通顺，错别字很多、文章逻辑结构和思路不清晰等情况相对严重的论文。

4．下列情况，阅卷老师可以考虑适当加 5～10 分

（1）有独特的见解或深入的体会、相对非常突出的优秀论文。

（2）起点很高，确实符合当今信息系统项目管理发展的新趋势与新动向，并能结合项目案例很好应用这些知识和方法的论文。

（3）内容翔实、体会中肯、思路清晰、非常切合工程实际的优秀论文。

（4）项目难度很大、项目完成的质量优异，或项目涉及国家重大信息系统工程且作者本人亲自参加并发挥了重要作用，按试题中的正确要求写作的论文。

1.4　论文考试科目的出题趋势

（1）由原来主要考理论，逐步过渡到理论和实践并重。

（2）由原来考知识领域和过程这种"大框架、大范围"，逐步过渡到考细节（如考子计划的编写、考需求跟踪矩阵、考 WBS 分解、考权力/利益方格、考质量核对单、考风险登记册等）。

（3）特别强调论文中的项目一定是真实的项目。

（4）弱化了对摘要的考核（从 2019 年下半年至今论文没有要求写摘要）。

第 2 章　论文写作策略及写作步骤

2.1　论文写作策略

2.1.1　写作进度把握

论文的写作时间是两个小时。要在短短的两个小时内写出一篇高质量的论文确属不易，需要考生有较为丰富的理论和实践知识的积累。当然也不必害怕，因为这还是有章可循的。

考试时，建议的时间分配及写作顺序如下：

（1）首先通读论题，选定论题（5 分钟）。

（2）接着构思论文，写论文提纲（10 分钟）。

（3）然后写作正文（80 分钟）。

（4）之后总结并写摘要（15 分钟），如果考试时没有要求写摘要，就把这 15 分钟分配用于写作正文。

（5）最后复查论文（10 分钟）。

有关论文的摘要：由于在论文的写作过程中论文的论点及内容可能会有所变化，建议先写正文再写摘要（如考生对考试的论文已有所准备，也可以先写摘要，再写正文）。

2.1.2　如何进行论文选题

论文选题时需要注意以下几点：

（1）拿到试卷后，先快速通览试题，找到自己最熟悉、最容易发挥、最擅长的方向的论题。注意一定要把试卷上本次考试的两个题目（也可能只有一个论题）全部看完后，再做选择。

（2）选题时要考虑应和什么项目相关联。建议考生在准备论文考试时就选定好项目，考试时不管写什么方面的论文，都可以采用这个项目来贯穿文章的始终。

（3）既然是考信息系统项目管理师，论文的写作要求就不会关心过多的技术细节问题，重在项目管理。

2.1.3　选择论文中所论述的项目的基本要领

选择论文中所论述到的项目需要注意如下要领：

（1）尽量选择规模较大的项目，如选择省部级、地市级电子政务项目或选择上市公司、集团公司企业信息化项目。

（2）选择的项目一定是成功实施的项目。

（3）选择近 3 年的项目，项目应该验收了大约半年以上。

（4）强烈建议论文中从头至尾都论述同一个项目，这样容易把握写作思路。

2.1.4　论文提纲的写作

选定论题后不要急于直接在考试系统上写作。因为直接写作很难有一个整体的思路。

千万不要在草稿纸上书写论文再录入考试系统，因为考试的时间本来就十分有限。不妨先花点时间构思写作的思路，在草稿纸上写出论文的提纲，做到"磨刀不误砍柴工"。

提纲中可以包含如下内容：

（1）论文中用到的项目，思考如何联系此项目来写作。

（2）论文的主要论点（重点是论文题目要求中提到的需要考生在论文中回答和阐述的三个问题）。

（3）论文大纲（段落结构）。

阅卷老师一般会把论文看两遍，第一遍快速浏览全文的论点，以找出文章的"文眼"，第二遍再仔细阅读。如果论点清晰，则会给阅卷老师好的第一印象。

2.1.5　论文正文的写作

有了提纲，写正文就会轻松很多。正文一般可采用"总—分—总"的形式，即文章开头提出中心思想，再分述论点，最后在结尾处做出总结；也可用"提出问题—分析问题—解决问题"的逐步深入的方法（建议考生选择"总—分—总"的形式）。写作时应注意以下几个方面：

（1）理论联系实际，一定要与项目关联起来讨论，切忌空谈理论。

（2）一定要围绕论文要求展开，要看清题。

（3）主体一定要按书上讲的知识框架作答，不要"自编"。

（4）适当加入自己的工作经验和体会，即如何应用书上讲的知识体系；其中理论知识及其应用大约占论文 60% 的篇幅，自己实践经验和体会大约占论文 40% 的篇幅。

（5）论点要正确，合乎工程实践的实际情况。

（6）可以采用分条叙述的方式，但不要全文用此方式。

（7）论点清晰，最好每段在开头处或结尾处点明论点。

（8）结尾处要对项目的实施情况，以及论点论据应用情况做出总结。

（9）不必列举计算公式。

（10）文章要带有一定的学术性，更多的应是谈项目经验。

（11）不要专注于技术，多就论题写管理方面的问题及采取的措施。

（12）论文中一定要响应题目中提出的几个问题（一般是三个问题）。

（13）论文的第一段一般是介绍项目的背景，考生在项目中承担的角色和职责等信息，因此考试时第一段内容基本可以通用，只需要根据实际考题做少量调整。

2.1.6　论文摘要的写作

考试时如果要求写摘要，摘要就写成一段，包括三方面的内容：项目背景的浓缩、论点论据浓缩以及项目整体情况和经验教训的浓缩。摘要可以采用如下格式：

本文讨论××××××系统项目的××××××（论文主题）。该系统×××××（项目背景、简单功能介绍）。在本文中首先讨论了××××××（技术、方法、策略），最后××××××（不足之处/如何改进、特色之处、发展趋势）。在本项目的开发过程中，我担任了××××××（考生的工作角色）。

2.2　如何做好论文考试科目的准备工作

考生可以在如下几个方面进行论文考试准备：

（1）学习本书第 4 章开始给出的历年考试真题的范文，这是快速掌握论文写作套路的最佳方法。

（2）考试前安排时间亲自动笔写几篇论文；写完以后，最好能找一位已经通过信息系统项目管理师考试的专家帮助批改论文，这样做能较好地保证写作的论文符合信息系统项目管理师考试论文写作的要求。

（3）平时多与项目管理经验丰富的人员沟通，听他们谈谈实际项目管理的经验和感受，这样做一方面可以增加自己的间接经验，另一方面可以快速增加论文写作时的"料"。

（4）最好能背熟自己准备的几篇文章，这样考试时，万一考到了自己准备好的或与自己准备好的方向类似的论文，就不需要在考试时现场构思，从而大大提高写作速度。

2.3 论文写作的"六大"要点

（1）既然论文属于主观题，因此我们写作时，就不能太主观；而应该中规中矩，不要"标新立异"。

（2）论题要求写什么，就写什么；不要不看论题子标题的要求，只写符合论文题目"大方向"的论文。

（3）可以参考但不要抄袭网络或辅导书籍上的文章，否则可能不符合论题要求或被判舞弊。

（4）考试时，论文如果没有显性提出要考生写摘要，就不要写摘要，不要"多此一举"。

（5）考前要做好充分的准备；由于考试时间很紧张，考试时边想边写，几乎是不可能通过的。

（6）尽量把文章写通顺，用对标点符号，避免写错别字。

2.4 论文写作的"天龙八步"

1. 考前两步

第一步：考前准备好论文的第一段（有关项目背景、项目规模、发起单位、目的、项目内容、组织结构、项目周期、交付的成果、项目用到的技术、"我"的职责等），不管是考什么领域的论文，本段几乎可以完全重用。

第二步：考前准备好论文的收尾，建议用两段来收尾，一段总结该项目通过有效的项目管理所取得的实际绩效（不管是考什么领域的论文，本段几乎可以完全重用）；一段总结在论文所考查的领域中哪些做得好哪些没做好（即经验和教训），该段在正式考试时，根据论文所考查的领域进行灵活调整即可。

2. 考试时六步

第三步：从备选论文题（一般是两个论题）中选一个自己最擅长的。

第四步：阅读论文题后的两个或三个子标题，设计如何把这些子标题的要求融入正文。

第五步：正式考试时，如果遇到自己没有准备的论文题，就在草稿纸上（除正文的开头和收尾段落外）写出正文中间部分段落的内容安排（记得一定要把论题子标题的要求融入其中）。

第六步：按段落内容安排扩充正文的中间部分即完成论文正文。

第七步：论文正文在确保覆盖了论题要求的前提下可根据篇幅需要适当扩展一些内容。

第八步：如果要求写摘要，就先写正文后写摘要。

2.5　论文写作要规避的四种情况

（1）论文中的项目是杜撰的：论文中涉及的项目不是考生亲身经历的，而是从网上抄袭或"自己编"的；不是真实的项目，写作时内容往往会比较空洞，写着写着就可能"露馅"了，阅卷老师很容易识别出来。

（2）论文没有覆盖论题的子标题：写作论文时不关注论题的子标题，只是把某个领域的过程都写一遍；这种"放之四海而皆准"的论文由于没有针对性而不能合格。

（3）理论知识应用不正确：对理论知识掌握得不透彻，写作论文时"张冠李戴"。

（4）论文没有联系项目实际写：纯写理论，没有结合项目阐述如何应用理论解决项目中的相关问题。

第3章　项目管理十大知识领域高频子标题及写作建议

编者结合软考高项历年考试真题及对软考高项的研究，对项目整合管理、项目范围管理、项目进度管理、项目成本管理、项目质量管理、项目资源管理、项目沟通管理、项目风险管理、项目采购管理及项目干系人管理这十大领域的论题所涉及的高频子标题进行了总结归纳，并分别给出写作建议及参考样例。

3.1　项目整合管理高频子标题、写作建议及样例

子标题 1： 如何进行整体变更控制。

写作建议： 可以从类似于变更申请、对变更的初审、变更方案论证、变更审批、发出通知并实施、实施监控、效果评估、变更收尾等方面举实例进行说明。

参考样例： 参见 9.3【正文】第四段。

子标题 2： CCB 的组成及其作用。

写作建议： CCB 一般由项目建设方主管领导、项目建设方项目经理、项目承建方主管领导、项目承建方项目经理、项目团队骨干成员、监理工程师（如有）等组成，CCB 的作用主要就是审批或否决变更。

参考样例： 项目变更控制委员会（CCB）在项目整体变更控制过程中扮演着很重要的角色。我们这个项目的 CCB 由客户方信息中心张主任、客户方项目经理李经理、我、我方主管该项目的王副总、项目开发经理陈经理和监理工程师熊工组成。根据我的经验，我认为 CCB 的作用主要是作为决策机构根据项目组提交的变更文件及其影响分析从全局的角度进行综合判断，批准哪些变更应该做、哪些变更不做，从而让变更从整体上对项目更有利。

子标题 3： 如何制订项目管理计划。

写作建议： 可以从了解项目建设内容和建设目标、评估项目、制订项目管理计划和各子计划、整合项目管理子计划、评审项目管理计划、审批项目管理

计划、分发项目管理计划等方面阐述制订项目管理计划的过程。

参考样例：为了顺利开展项目的各项工作，首先我组织五个子项目经理和相关项目骨干成员，根据《项目章程》和项目招投标文件及我们所了解的项目的基本需求，运用"制订项目管理计划"过程（注：我这里提到的过程，是我们公司的项目管理过程，公司的项目管理体系是整合 CMMI3 模型和项目管理知识体系开发的；因此我们公司的项目管理过程与标准的项目管理体系中的过程名称不一定相同。下同）搭建了《项目管理计划主干计划》的总体框架，对项目的总体任务目标、整体进度安排、项目中存在的主要约束等进行了规划。然后由五个子项目经理各自负责，分别编制子项目的主干计划（特别是五个子项目经理，在基本需求的基础之上，运用"制订进度计划"过程及其相关过程制订出了各子项目的进度计划表）。由于该项目涉及面广、业务覆盖面大，任务复杂，我们在编制项目管理主干计划时由总计划到各子项目计划再由各子项目计划到总计划反复修改了三次，才理顺了整个项目计划各个部分之间的一致性和合理性。第一版项目管理主计划终于制订完毕。然后我们组织项目组其他计划的编制人员，如 SQA、测试经理、配管管理员、项目现场实施经理等在项目主干计划的指导下依据"制订质量管理计划"过程、"制订配置管理计划"过程、"制订项目现场实施计划"等过程制订了《项目质量保证计划》《项目测试计划》《项目配置管理计划》《项目实施和培训计划》《项目试运行和验收计划》等子计划。最后我们把这些子计划整合到《项目管理计划主干计划》中，经过三次调整，第一版《项目管理计划》终于制订完毕（当然，我们在项目的后续阶段也根据实际情况和需要对《项目管理计划》进行过调整）。

子标题 4：配置管理计划的内容。

写作建议：配置管理计划一般包括配置项管理、配置项变更管理、产品发布管理等。配置项管理的内容一般包括配置项名称、配置项 ID 号、配置项格式、预计配置项生成时间、配置责任人、配置项目存在位置等内容。配置项变更流程的主要步骤有：配置项变更申请、配置项变更评估、配置项变更审批、修改配置项、评审修改后的配置项、更新配置库。产品发布流程的主要步骤有：填写产品发布申请表、审批产品发布申请、生成产品、打包产品、现场实施和验证。

参考样例：在项目整体管理计划和相关子计划制定出来后，我协助我们项目的配置管理员小苏制定该项目的配置管理计划，重点关注的是项目有哪些配置项以及各配置项的计划产出时间,确保配置管理计划与开发计划等的一致性。我们这个项目的配置管理计划主要包括配置项管理、配置项变更管理和产品发布管理等三个方面。配置项管理的内容包括配置项名称、配置项 ID 号、配置项格式、预计配置项生成时间、配置责任人、配置项目存在位置等内容；例如我们项目的第一个需求配置项，配置项名称：优抚安置子系统用户需求说明书、配置项 ID 号：XQ_01、配置项格式：Word 文档、预计配置项生成时间：2018.12.15、配置责任人：小陈、配置项目存在位置：受控库→需求基线。我们这个项目配置项变更流程的主要步骤：配置项变更申请、配置项变更评估、配置项变更审批、修改配置项、评审修改后的配置项、更新配置库。我们这个项目的产品发布流程的主要步骤：填写产品发布申请表、审批产品发布申请、生成产品、打包产品、现场实施和验证。

子标题 5：变更管理计划的内容。

写作建议：变更管理计划描述在整个项目期间如何正式审批和采纳变更请求。变更管理计划中可以约定变更的流程、变更的频率、变更的级别及审批权限等。

参考样例：我们这个项目的变更管理计划主要包括变更的流程、变更的频率、变更的级别及审批权限等内容。我们约定的变更流程是：第一步，干系人发起变更；第二步，提交书面变更请求文件；第三步，项目经理组织相关人员评估变更对项目的整体影响；第四步，项目经理将评估结果通知到相关干系人（相关干系人查看评估结果后如果认为要变更则执行第五步，否则取消该变更并归档文件）；第五步，将变更申请及评估结果提交给 CCB 审批；第六步，项目经理指定相关人员执行变更；第七步，项目经理记录变更的实施情况；第八步，项目经理负责将相关文件进行分发、配置管理员负责归档文件。我们这个项目约定的变更的频率是：在编码之前可以每周变更一次，项目进入编码阶段后可以是每月变更一次，项目进入测试阶段非特殊情况则不允许变更需求。我们这个项目的变更的级别及审批权限是：不影响基线的变更可以由项目经理审批，影响基线的变更由 CCB 审批，紧急情况下的变更可以先执行后走变更审批流程。

子标题 6：整合管理过程及其输入、输出、工具与技术。

写作建议：结合项目，选择你比较熟悉的输入、输出、工具与技术，对制定项目章程、制定项目管理计划、指导与管理项目工作、管理项目知识、监控项目工作、实施整体变更控制和结束项目或阶段这七个过程分别进行阐述。

参考样例：参见 9.3【正文】第二段。

3.2 项目范围管理高频子标题、写作建议及样例

子标题 1：如何进行范围管理。

写作建议：结合具体项目从规划范围管理、收集需求、定义范围、创建 WBS、确认范围和控制范围这六个方面阐述如何进行范围管理。如果论文中已经有篇幅阐述了范围管理六个过程的输入、输出、工具与技术等内容，就可以选择范围管理的某一个或两个方面举实例进行重点论述。

参考样例：参见 4.2【正文】第三段、6.1【正文】第三段、7.1【正文】第四段。

子标题 2：项目的需求跟踪矩阵。

写作建议：可以从"需求编号""需求描述""需求被实现的进度状态"（可分"设计""编码""测试""实施""验收"五个子栏目）和"与之对应的设计、编码和测试用例"等这些方面举实例描述需求跟踪矩阵。

参考样例：参见 11.1【正文】第三段。

子标题 3：项目范围说明书的主要内容。

写作建议：可从项目需求、可交付成果、产出物验收标准、项目的除外责任等方面列出项目范围说明书的主要内容并适当举例。

参考样例：我们依据公司发布的《项目范围说明书模板》编写的《项目范围说明书》的主要内容有七大块：项目背景、项目开发需求（按功能编号组织）、项目其他需求（除开发需求之外的）、项目可交付成果、项目的约束和假设条件、项目例外责任（即明确哪些是本项目之外的内容）、产出物验收标准。例如，我们这个项目的范围说明书中包含的项目可交付成果有《项目管理计划》《用户需求说明书》《系统管理员手册》《用户权限分配指南》《用户使用手册》等 11 个文件。

子标题 4：项目的工作分解结构（WBS）。

写作建议：用举例的方式阐述 WBS 的分解过程及各层的内容，论题要求分解到几层，所举的例子就需要分解到几层。

参考样例：参见 11.1【正文】第四段。

子标题 5：范围变更的因素。

写作建议：结合项目实际情况，写几个引起项目范围变更的因素，如：前期范围调研不充分、范围描述不准确，用户出现新需求，政策改变导致范围变更等。

参考样例：参见 7.1【正文】第三段。

子标题 6：如何防止范围蔓延和镀金。

写作建议：可以从与甲方约定需求变更控制流程、对内对外都严格执行需求变更控制这两个方面阐述防止范围蔓延和镀金的情况。

参考样例：参见 7.1【正文】第三段。

子标题 7：范围管理过程及其输入、输出、工具与技术。

写作建议：结合项目，选择你比较熟悉的输入、输出、工具与技术，对规划范围管理、收集需求、定义范围、创建 WBS、确认范围和控制范围这六个过程分别进行阐述。

参考样例：参见 7.1【正文】第二段。

3.3　项目进度管理高频子标题、写作建议及样例

子标题 1：如何进行进度管理。

写作建议：结合具体项目从规划进度管理、定义、排列活动顺序、估算活动持续时间、制订进度计划和控制成本这六个方面阐述如何进行进度管理。如果论文中已经有篇幅阐述了进度管理六个过程的输入、输出、工具与技术等内容，就可以选择进度管理的某一个或两个方面举实例进行重点论述。

参考样例：4.4【正文】第四段、6.2【正文】第四段。

子标题 2：制定进度计划应考虑的内容。

写作建议：结合项目，从制订进度计划过程所使用的输入这一角度进行写作。

参考样例：根据项目的特点，要制订出科学可行的进度计划应该考虑很多

内容，如：项目的范围、项目被分解后的活动清单、活动之间的依赖关系、项目可用的人力资源、项目的约束和假设条件、项目的风险和资源日历等。

子标题 3：进度控制的要点。

写作建议：可以从里程碑活动是否会延误、缓冲时间是否足够、被依赖的（子）项目是否会延迟这几个方面来阐述进度控制的要点。

参考样例：我认为信息系统项目的进度控制应该主要关注如下三个要点：一是进度里程碑上的活动的实际进度是否有延误；二是关键链和非关键链上剩余的进度缓冲时间是否合适；三是各子项目之间互相依赖的活动的实际进度是否有延误。

子标题 4：进度管理与范围管理的关系。

写作建议：可以从范围对进度的影响这一宏观层面和范围管理过程的输出物成为进度管理过程的输入物这一微观层面来阐述进度管理与范围管理的关系。

参见样例：4.4【正文】第三段。

子标题 5：进度管理与成本管理的关系。

写作建议：可以从进度对成本的影响这一宏观层面和进度管理过程的输出物成为成本管理过程的输入物这一微观层面来阐述进度管理与成本管理的关系。

参考样例：首先，从宏观层面上看，我们知道，进度延误往往会导致项目成本的增加，因为项目中有一些人（如全职项目经理、全职项目管理人员等），他们的成本是随着项目进展的时长而不断增加的。另外，从微观层面上看，我们知道，项目进度管理为项目成本管理提供了必要的加工"素材"，如：进度管理计划是规划成本管理过程的输入、项目进度计划是估算成本过程和制订预算过程的输入。

子标题 6：进度管理与质量管理的关系。

写作建议：可以从进度对质量的影响这一宏观层面和进度管理过程的相关文件内容影响到质量管理相关文件的制定这一微观层面来阐述进度管理与质量管理的关系。

参考样例：首先，从宏观层面上看，我们知道，如果通过赶工或快速跟进的方法来压缩项目进度，则往往容易引起项目可交付成果和项目最终产品的质量下降。另外，从微观层面上看，我们知道，进度管理中制订进度计划过程输出物之一——进度基准所包含的进度绩效指标会直接影响到质量管理计划的制订和质量测量指标的确定。

子标题 7：制作进度计划甘特图。

写作建议：进度计划甘特图中需要用项目中的一些具体实例展示出工作内容标识、工作内容描述、计划执行时间段等内容，并使用文字进行适当的补充说明。

参考样例：参见 11.4【正文】第三段。

子标题 8：出现进度延迟问题的处理办法。

写作建议：进度延误的处理办法一般有：加班赶工；加资源赶工；用高效人员替换低效人员赶工；改进工作技术和方法，提高工作效率；通过培训和激励提高人员工作效率；在确保风险可控的前提下并行施工一些工作进行快速跟进等方法。论述时一定要举出项目中进度延误的具体实例并对其进行原因分析，然后采取正确的解决办法并描述采取措施之后的实际效果。

参考样例：参见 11.4【正文】第四段。

子标题 9：进度管理过程及其输入、输出、工具与技术。

写作建议：结合项目，选择你比较熟悉的输入、输出、工具与技术，对规划进度管理、定义活动、排序活动顺序、估算活动持续时间、制订进度计划和控制进度这六个过程分别进行阐述。

参考样例：参见 11.4【正文】第二段。

3.4　项目成本管理高频子标题、写作建议及样例

子标题 1：如何进行成本管理。

写作建议：结合具体项目从规划成本管理、估算成本、制定预算和控制成本这四个方面阐述如何进行成本管理。如果论文中已经有篇幅阐述了成本管理四个过程的输入、输出、工具与技术等内容，就可以选择成本管理的某一个或两个方面举实例进行重点论述。

参考样例：参见 7.4【正文】第三段。

子标题 2：成本管理计划的内容。

写作建议：成本管理计划的内容一般包括计量单位、精确度、准确度、成本绩效控制临界值、绩效测量规则等，需要结合项目案例论述具体内容。

参考样例：我们这个项目的成本管理计划主要包括五大方面：（1）计量单位，如工作量的计量单位我们用的是"人时"，费用的计量单位，我们用的是"元"；（2）精确度，我们用的是四舍五入保留小数点后一位小数；（3）准确度，我们为活动估算规定的一个可接受的变动区间是±12%；（4）成本绩效控制临界值，我们这个项目是每月末和每个里程碑结束后采用挣值技术进行一次项目绩效测量，我们规定的成本控制临界值是成本绩效指数 CPI 不低于 90%，如果低于 90%，就必须分析原因并采取有效的纠正措施；（5）绩效测量规则，我们这个项目主要是采用挣值技术进行绩效测量，确定的绩效测量规则是，项目前期按照 20/80 法则（已经开始但尚未完成的活动挣值按计划价值的 20%计算，已完成的活动挣值按计划价值的 100%计算）、项目中后期按照 50/50 法则（已经开始但尚未完成的活动挣值按计划价值的 50%计算，已完成的活动挣值按计划价值的 100%计算）计算挣值 EV，计划值 PV 按项目进度基准进行统计，实际成本 AC 按公司财务系统给出的数据。

子标题 3：项目预算的形成过程。

写作建议：项目预算的形成过程一般包括制订成本管理计划、估算成本、汇总成本、预算审批、预算分配等环节。

参考样例：参见 10.1【正文】第三段。

子标题 4：信息系统发生成本超支后，如何通过进度管理来进行改善。

写作建议：结合项目描述成本超支的具体情况，阐述采用的与进度管理有关的措施，如：用高效资源替换低效资源赶工、通过培训和激励提高现有人员的工作效率赶工、采用新工具和新方法提高工作效率赶工、采用快速跟进技术对某些活动进行适当的并行实施等。

参考样例：有一次，我们的项目从第四个月到第五个月，通过挣值计算，发现项目成本绩效指数只有 87%，这个绩效指数低于设定的成本绩效控制临界值 3 个百分点。项目月度会议结束后，我们组织相关人员进行了问题研究和分析，发现主要原因是四月份项目组进来了三名做开发的新员工，这三名新员工技能上满足不了项目的要求。明确了原因之后，我们立即启动了针对这三名新员工开发技能的培训和传帮带,通过提高他们的工作能力和工作效率进行赶工,另外,在对项目进度网络图进行分析后对部分活动实施了快速跟进的方法。通过采取这些措施,项目进展到第六个月,我们通过挣值计算,发现项目的成本超支情况得到了较好的改善,到第七个月,项目成本绩效指数 CPI 接近 100%。之后我们及时发现问题并及时整改,确保了项目成本再也没有出现过超支情况,最终项目的实际成本比预算少花了 7%。

子标题 5：信息系统发生成本超支后，如何通过资源管理来进行改善。

写作建议：结合项目描述成本超支的具体情况，阐述采用的与资源管理有关的措施，如：用高效资源替换低效资源赶工、通过培训和激励提高现有人员的工作效率赶工、通过调整项目绩效考核办法等手段进行改善等。

参考样例：有一次，我们的项目从第四个月到第五个月，通过挣值计算，发现项目成本绩效指数只有 87%，这个绩效指数低于设定的成本绩效控制临界值 3 个百分点。项目月度会议结束后，我们组织相关人员进行了问题研究和分析，发现主要是两个原因引起的：一是四月份项目组进来了三名做开发的新员工，这三名新员工技能上满足不了项目的要求，二是有两名技术能力强的老员工出现了工作懈怠，他们上班时工作拖拖拉拉；这五名员工在绩效方面拖了项目的后腿。明确了原因之后，我们立即启动了针对这三名新员工开发技能的培训和传帮带，另外，我分别找这两名工作懈怠的老员工进行思想面谈并根据他们的反馈调整了每月浮动工资考核办法。通过采取这些措施，项目进展到第六个月，我们通过挣值计算，发现项目的成本超支情况得到了较好的改善，到第七个月，项目成本绩效指数 CPI 接近 100%。之后我们及时发现问题及时整改，确保了项目成本再也没有出现过超支情况，最终项目的实际成本比预算少花了 7%。

子标题 6：成本管理时应重点关注的内容。

写作建议：可以从成本管理的流程、人力资源的选择、人岗匹配程度、估算的科学性和解决问题的及时性、有效性等方面阐述成本管理时应重点关注的内容。

参考样例：我总结出信息系统项目在进行成本管理时应重点关注的内容有五个方面：（1）是否有一套行之有效的流程来进行成本管理；（2）是否选用了性价比最高的人力资源；（3）是否实现了人才和工作的最佳匹配；（4）费用估算是否科学和合理，估算依据是否完整和可信；（5）发现偏差时是否能在尽可能短的时间内解决。

子标题 7：成本管理的概念和重要性。

写作建议：阐述项目成本管理的定义，从项目成本管理对企业生存及发展的作用和价值等方面阐述成本管理的重要性。

参考样例：我们知道，项目成本管理是为了项目在批准的预算内完成，对成本进行规划、估算、预算、融资、筹资、管理和控制的过程。因此，为了保证项目能完成预定的目标，必须要加强对项目实际发生成本的控制，因为一旦项目成本失控，就难以在预算内完成项目。而一旦预算超支，项目利润就会减少甚至根本没有利润；而企业是以赢利为目的的，如果企业利润很薄或根本就没有利润，则企业的生存和发展无疑就会受到严重威胁。因此，对项目成本的有效管控是关系到企业生死存亡的问题。在项目启动阶段，我们就通过培训在团队成员中建立起了"尽可能一次把事情做对、巧用方法和工具、绝不浪费一分钱"的成本管理意识和思想。

子标题 8：成本管理过程及其输入、输出、工具与技术。

写作建议：结合项目，选择你比较熟悉的输入、输出、工具与技术，对规划成本管理、估算成本、制订预算和控制成本这四个过程分别进行阐述。

参考样例：参见 10.1【正文】第二段。

3.5　项目质量管理高频子标题、写作建议及样例

子标题 1：如何进行质量管理。

写作建议：结合具体项目从规划质量管理、管理质量和控制质量这三个方面阐述如何进行质量管理。如果论文中已经有篇幅阐述了质量管理三个过程的输入、输出、工具与技术等内容，就可以选择质量管理的某一个或两个方面举出实例进行重点论述。

参考样例：参见 5.2【正文】第三段、8.1【正文】第四段。

子标题 2：如何制订质量管理计划。

写作建议：结合项目，从质量管理计划主要的内容，如质量政策、主要产出物的质量标准、质量保证措施、质量控制措施、质量管理计划的落实措施等

方面进行阐述并适当举出实例加以说明。

参考样例：凡事始于计划，质量管理亦如此。针对该项目，我们制订的质量管理计划主要内容有：质量政策、主要产出物的质量标准、质量保证措施、质量控制措施、质量管理计划的落实等内容。在质量政策方面，我们的总体宗旨是：领导高度重视、人人参与质量管理工作、先培训后上岗、不断改善、持之以恒。针对每一个交付给甲方的可交付成果，我们都定义了严格的质量标准，如《用户需求说明书》的错误率不高于 0.2 个/页，交付的模块没有中等以上缺陷、一般 BUG 不高于 0.1 个/功能点。我们项目的质量保证措施是，由 QA 审计项目是否遵循了相关的标准、流程和模板并在审计后编写出质量审计报告，对审计报告中提出的问题，由项目经理组织相关人员进行整改，QA 对整改后的结果进行复核；项目组每个成员在交付自己已完成的工作成果之前，必须自己进行检查，并对自己的工作成果负责。在质量控制方面，我们针对不同的成果规定了不同的质量控制措施，如针对文档，我们的质量控制措施有同行评审和评审，针对模块代码，我们的质量控制措施有代码走查、代码评审、测试等。关于质量管理计划的落实，我们的办法是：项目经理作为项目负责人，负责项目的全面质量管理，质量保证工程师 QA 负责质量审计工作，各评审小组负责评审各交付成果，重点代码审查小组负责重点代码的走查和评审，测试组负责组织和实施功能测试。

子标题 3：质量成本的概念及举例。

写作建议：首先阐释一下质量成本的概念，然后描述质量成本的四种类型，最后结合项目分别举出这四种质量成本的实例。

参考样例：质量成本就是在产品生命周期中为预防不符合要求、为评价产品或服务是否符合要求，以及因未达到要求（返工），而所付出的代价。质量成本一般分为四类，分别是预防成本、评价成本、内部失败成本和外部失败成本。就我所管理的这个项目来说，培训、制订项目计划等属于预防成本，评审、测试等属于评价成本，返工、修改评审和测试人员发现的缺陷等属于内部失败成本，系统运维、系统运行期间对客户提供的技术支持等属于外部失败成本。

子标题 4：质量保证人员（QA）的角色及职责。

写作建议：QA 一般承担三种角色：教练、医生和警察；针对这三种角色，结合项目适当阐述即可。

参考样例：在我们公司，QA 需要承担三种角色：教练、医生和警察。QA 的职责包括过程辅导、过程审计、过程改进和过程度量等工作。作为教练，QA

需要为项目组提供贴身的过程指导。过程指导包括为项目组提供正式的过程培训、非正式的过程辅导、过程释疑以及协助项目组进行过程裁剪等。作为警察，QA 即履行"执法职能"，QA 人员需要代表公司"执法"，审计项目的过程符合程度和过程执行的质量并给出相应的判罚。作为医生，QA 在项目工作的开展过程中，需要承担收集、统计和分析度量数据的工作，发现问题并提出改进建议。

子标题 5：评审活动的组织、人员构成和评审过程。

写作建议：评审一般是下游人员评审上游人员的产出物；评审过程一般分为：制订和分发评审计划、分发被评审材料、讲解被评审材料、收集评审问题、开评审会阐述和澄清评审发现的问题、编写《产物评审报告》、跟踪评审问题直至解决等步骤。

参考样例：评审的效果好不好，我认为与评审活动的组织、参加评审的人员构成以及如何开展评审工作有非常密切的关系。根据我们这个项目的经验，我们对每一个产出物的评审，都会安排评审负责人，由评审负责人牵头落实评审工作。评审负责人在评审会议召开前会做好如下六件事：（1）编制评审计划；（2）根据被评审的产出物性质邀请合适的评审人员；（3）提前 2～3 天把被评审材料发送给评审人员；（4）评审前安排时间给评审人员讲解一次被评审材料；（5）给评审人员预留充分的评审时间，以便他们能发现和提出被评审文件中一些实质性的问题；（6）评审会议召开之前，先收集和记录好评审人员发现的问题。提到评审人员，一般来说，项目经理、QA 几乎都会参加，其他参加的人员就应该视被评审的产物不同而不同，我们的原则是项目的下游人员来评审上游人员的工作成果（如让设计人员来评审需求文档，让开发人员来评审设计文档等）。这样比较有效，因为下游人员需要根据上游人员的工作成果来开展工作，所以他们就会更加认真和负责。每次评审，我们都会采用如下六个步骤：（1）由产出物负责人给评审人员讲解被评审的产出物的内容；（2）评审人员陈述自己发现的问题；（3）产出物负责人澄清、解释评审发现的问题或接受问题；（4）评审负责人汇总评审结果，提交《产出物评审报告》；（5）相关责任人对评审报告中提出的问题进行签字确认并承诺修改期限；（6）专人跟踪落实评审报告中所提出的需要解决的问题直至问题被真正解决。

子标题 6：管理质量与控制质量的联系与区别。

写作建议：管理质量与控制质量的目的是一致的，都是确保项目满足既定的质量标准和客户的需求；区别是管理质量是通过过程的有效执行来保证项目质量，控制质量则是对结果的把关来保证项目质量。

参考样例：管理质量就是审计质量要求和质量控制的测量结果，确保项目采用了合理的质量标准和操作性定义；控制质量就是监测并记录执行质量活动的结果，从而评估绩效并建议必要的变更；因此管理质量和控制质量的目的是一致的，都是确保项目满足既定的质量标准和客户的需求，它们之间的区别在于管理质量是通过有效的过程执行来保证项目质量，而控制质量则是对结果把关，验证和确保项目产出物达到既定的质量标准。

子标题 7：项目质量与进度、成本、范围之间的关系。

写作建议：可以从范围、进度、成本和质量是项目的四重约束出发来阐述，例如范围蔓延会导致项目可交付成果和最终的产品质量不达标、盲目赶工会导致工作质量下降、不科学地压缩预算会导致偷工减料而损害项目质量等方面阐述项目质量与进度、成本、范围之间的关系。

参考样例：参见 8.1【正文】第二段。

子标题 8：项目的质量核对单。

写作建议：质量核对单有两种，一种是检查"符合性"的质量核对单（供 QA 使用），一种是检验"正确性"的质量核对单（供 QC 使用）。质量核对单中的内容一般包括：被检查对象的名称、检查方法、是否合规/是否正确和问题描述等。

参考样例：参见 12.2【正文】第四段。

子标题 9：质量管理过程及其输入、输出、工具与技术。

写作建议：结合项目，选择你比较熟悉的输入、输出、工具与技术，对规划质量管理、管理质量和控制质量这三个过程分别进行阐述。

参考样例：参见 8.1【正文】第三段、12.2【正文】第二段。

3.6　项目资源管理高频子标题、写作建议及样例

子标题 1：如何进行人力资源管理。

写作建议：结合具体项目从规划资源管理、估算活动资源、获取资源、建设团队和管理团队这五个方面阐述如何进行人力资源管理（请注意：控制资源是控制非人力资源，人力资源的管控

通过管理团队过程完成）。如果论文中已经有篇幅阐述了资源管理六个过程的输入、输出、工具与技术等内容，就可以选择人力资源管理的某一个或两个方面举实例进行重点论述。

参考样例：参见 8.2【正文】第四段、9.2【正文】第五段。

子标题 2：人力资源管理计划的制订及内容。

写作建议：可以从制订人力资源管理计划的基本步骤（步骤一般包括收集和评估信息、制订计划、评审计划、分发计划）和人力资源管理计划包括的内容（人力资源管理计划主要内容一般有：角色名称，学历、能力、专业知识要求，职责，职权，人数，进入项目组时间，离开项目组时间，拟安排的培训，绩效考核办法等）两个方面进行论述并结合项目案例举出实例。

参考样例：人力资源管理计划是资源管理计划的一部分，我们这个项目人力资源管理计划的制订步骤是：第一步，收集和评估信息；第二步，制订人力资源管理计划；第三步，评审人力资源管理计划；第四步，分发人力资源管理计划。人力资源管理计划的主要内容有：角色名称，学历、能力、专业知识要求，职责，职权，人数，进入项目组时间，离开项目组时间，拟安排的培训，绩效考核办法等。例如，针对子项目经理这个岗位，角色名称是子项目经理；学历、能力、专业知识要求是计算机或相关专业本科以上学历、有两年以上对应业务类型的项目管理经验、了解民政相关业务；职责是负责对应子项目的全面管理；职权是按照项目经理授予的权限在规定范围内动用资源开展项目工作；人数是 5 人；进入项目组时间是各子项目启动前一周；离开项目组时间是项目总结大会结束后当日；拟安排的培训有外派参加 3 天大型 IT 项目管理实战培训、两天公司内部沟通技能培训；绩效考核办法主要有如下几个指标，子项目预算与决算的差异率（子项目计划预算与决算之差的绝对值与子项目计划预算的比值）、子项目计划进度与实际进度差异率（子项目计划工期与实际工期之差的绝对值与子项目计划工期的比值）、CMMI 绿灯率（QA 审计子项目时统计出来的过程符合度数据）和项目经理的评价（项目经理从工作态度、工作能力、团队精神等方面进行综合评价）。我们这个项目采用层级型展示项目团队成员及其报告关系，项目经理直接管理 5 个子项目经理，5 个子项目经理直接管理子项目的工程师。

子标题 3：团队不同发展阶段的团队建设活动。

写作建议：从形成阶段、震荡阶段、规范阶段、发挥阶段和解散阶段这五个团队发展阶段分别举例说明在团队建设方面举行的活动或采取的措施。

参考样例：我们知道，信息系统项目建设过程中，最重要的资源就是人力资源。为了打造高绩效团队，在团队发展的形成、震荡、规范、发挥和解散阶段，我们分别采取了一些有针对性和卓有成效的措施，以下进行详细阐述。在团队刚刚组建的形成阶段，我们采取的措施主要有：搭建团队成员之间的沟通平台、举办团队成员交流会等，让团队成员互相熟悉。随着团队成员的互相了解和交往，由于彼此之间的性格、处事方式等的差异，团队成员之间的冲突和矛盾增多，团队进入震荡阶段，此阶段我们采取的措施主要有：与相关成员面谈化解冲突和矛盾、对个别员工的工作岗位或所属小组进行调整等，让大家互相磨合。经过一段时间的磨合，团队成员开始协同工作，并调整各自的工作习惯和行为来支持团队，团队进入规范阶段，此阶段我们采取的措施主要有：制定并实施团队基本规则和绩效考核制度、进行工作协作和技能方面的培训等，让团队成员成长起来。随着团队成员互相之间配合默契程度的提高，团队工作绩效稳步提升，团队进入了发挥阶段，此阶段我们采取的措施主要有：举行集体活动，如聚餐、爬山、旅游、户外拓展等，进一步维持和提升团队的集体荣誉感和团队凝聚力。项目进入尾声，团队进入解散阶段，此阶段我们采取的措施主要有：和员工谈心化解员工的焦虑和失落、帮助员工落实好新的工作等，让团队成员实现新工作或新岗位的平滑过渡。项目最终的绩效表明，我们采取的这些举措收效显著。

子标题 4：人力资源管理方面遇到的问题及其应对措施。

写作建议：可以重点从获取人力资源、团队建设和团队管理这三个方面举实例进行论述。如在团队建设方面，团队成员之间的相互理解度和协同配合度不佳，你是如何解决等。

参考样例：参见 4.1【正文】第三段、8.2【正文】第五段。

子标题 5：如何激励团队成员。

写作建议：可以根据马斯洛需求层次理论（生理需求、安全需求、社交需求、尊重需求和自我实现需求），分别举例说明，对处于不同需求层次的员工你是如何进行激励的（如对于处于尊重需求层次的资深人员，你经常向他们征求意见或建议）。

参考样例：由于篇幅所限，接下来我重点阐述我们采用的激励手段。人之所欲、施之于人；在项目团队建设方面，我们针对不同的人员采用了不同的激励方式。开发组软件工程师小张工作能力很强但欠缺主动性，坐等安排工作；针对小张，我和他进行了两次思想交流，让他认识到了积极主动对职业生涯发展的重要性，同时对他取得的工作成绩进行及时表扬和肯定，不久他的工作积极性就得到了很大程度的提高，工作绩效位于团队成员中的第 3 名。测试组小汪进入公司测试部门只有一年，工作经验不足，性格比较内向，遇到问题不主动沟通；针对小汪，我在项目团建活动中有意识地让他表演节目、多表现自己，多跟大家交流，小汪不久就变得开朗大方和乐于与大家打交道了，成了测试组的主力成员。系统架构师小吴是资深的架构设计师，开发经验也非常丰富，他之前在别的项目组工作时经常被安排参加各种日常会议，为此他感觉自己的价值没有发挥出来，针对他，我在工作中请他参与项目统筹和决策，技术评审会邀请他负责并把关，请他作为专家给项目组开展开发技能培训，他感受到自己的价值得到了充分发挥，干得非常开心，对团队的整体业绩贡献非常大。总之，在人员激励方面，我能做到因人而异且有针对性地激励，从而产生了良好的激励效果，有效地提高了项目团队的绩效。

子标题 6：如何处理冲突。

写作建议：阐述回避、包容、妥协、强迫和解决问题这五种冲突处理方法并分别举实例进行说明。

参考样例：在项目建设过程中，我们针对不同的冲突，分别采取过回避、包容、妥协、强迫和解决问题这五种冲突处理方法。例如，项目初期，工程师小赵和小孙因为打印机的摆放位置发生了摩擦，我没有直接介入处理，而是请了他们俩共同的好朋友苏工帮忙做工作，使用的就是回避这种冲突处理方法；项目组成员小李的孩子生病没人照顾，她请假在家办公一周并承诺会按时完成工作不会影响到项目团队的整体进度，我同意了她的请假申请并让她每天及时把工作成果报送给小组组长，使用的就是包容这种冲突处理方法；项目组成员小钱和小侯就办公室空调温度设置发生冲突，小钱怕冷、小侯怕热，小钱要调高温度、小侯要调低温度，我们的处理办法是：空调温度维持不变，调整空调出风方向，给小侯配一个电风扇、让小钱加一件外套，使用的就是妥协这种冲突处理方法；一次，工程师小赵出差回来报销差旅费，我审核他的报销凭证时发现他贴了一张非出差时段的 220 元的餐饮发票，我批评了他并让他进行了纠正，使用的就是强迫这种冲突处理方法；就如何实现断点续传的功能，小杨和小张分别有各自不同的方案，他们俩的方案各有优势和不足，我们没有直接采取小杨的方案或小张的方案，而是组织了一个专题研讨会，结果大家在他们俩方案的基础上，提出了第三种更优的解决方案，使用的就是解决问题这种冲突处理方法。

子标题 7：资源管理过程及其输入、输出、工具与技术。

写作建议：结合项目，选择你比较熟悉的输入、输出、工具与技术，对规划资源管理、估算活动资源、获取资源、建设团队、管理团队和控制资源这六个过程分别进行阐述。

参考样例：参见 6.4【正文】第二段、8.2【正文】第三段、9.2【正文】第二段。

3.7　项目沟通管理高频子标题、写作建议及样例

子标题 1：如何进行沟通管理。

写作建议：结合具体项目从规划沟通管理、管理沟通和监督这三个方面阐述如何进行沟通管理。如果论文中已经有篇幅阐述了沟通管理三个过程的输入、输出、工具与技术等内容，就可以选择沟通管理的某一个或两个方面举实例进行重点论述。

参考样例：8.3【正文】第四段。

子标题 2：沟通管理计划的制订及内容。

写作建议：从制订沟通管理计划的基本步骤（步骤一般包括收集干系人的沟通需求、制订计划、评审计划、分发计划）和沟通管理计划包括的内容（主要内容有沟通内容、沟通时间、沟通责任人、沟通对象、沟通方式等）两个方面进行论述并结合项目案例举出实例。

参考样例：关于制订该项目的沟通管理计划，我们是按如下方式进行处理的。我组织项目组主要成员识别干系人，在识别了干系人的基础之上，与干系人进行访谈，了解和收集他们的沟通风格、沟通偏好和沟通需求，然后对干系人（包括项目团队成员）的沟通需求进行充分分析并制订了《项目沟通管理计划》，之后将该计划分发给各类型利害干系方负责人进行核实和确认，直到获得认可。我们这个项目的沟通管理计划，主要内容有沟通内容、沟通时间、沟通责任人、沟通对象、沟通方式等。以下举两个实例分别阐述我们沟通管理计划中的沟通内容、沟通时间、沟通责任人、沟通对象和沟通方式。实例一：项目外部启动会，沟通内容主要有项目总体规划、项目各方职责和权利、项目主要风险及其应对办法、近期工作安排等，沟通时间是在 2018 年 10 月 26 日下午 4:00 到 5:30，沟通责任人是项目经理，沟通对象有甲方主管领导、甲方项目经理、监理工程师、我方主管领导、项目经理和项目组骨干成员，采取的沟通

方式是现场会议的形式，要求会议结束后形成会议纪要，以邮件形式分发给参会人员。实例二：项目周例会，沟通内容是每周工作情况和下周工作安排，总结上一周工作内容，通报存在的问题并讨论解决方法，部署下周工作安排，沟通时间是每周一上午 9:00 到 9:30，沟通责任人是项目经理，参会对象为项目小组全体成员，采用的沟通方式是例会形式，会议要求形成纪要，以邮件形式发送给参会人员，抄送给主管领导。

子标题 3：沟通方法的类型和特点（应用场景）。

写作建议：阐述拉式沟通、推式沟通、交互式沟通三种沟通方法的特点，并结合项目案例，分别举出具体的例子进行说明。

参考样例：在项目建设过程中，我们遵循项目沟通管理计划与干系人进行有效的沟通。我们用到的沟通方法有拉式、推式和交互式三种；用到的沟通方式有参与、征询、说明和叙述四种。以下分别举实例进行介绍。关于拉式、推式和交互式这三种沟通方法：信息涉及的干系人较少，我们采用交互式沟通的方法；例如，一次项目组成员小王产生了离职的念头，我就是采用交互式沟通方法和他互动，从而成功地打消了他离职的念头。信息涉及的干系人很多而我们又很清楚具体涉及哪些干系人，采用推式沟通的方法；例如，项目工作绩效报告我们就是采用邮件这种推式沟通的方法发送给相关的干系人。信息涉及的干系人很多但我们不清楚具体涉及哪些干系人、需要干系人自己主动访问，采用拉式沟通的方法；例如，项目组成员编写的一些技术问题解决小技巧，我们采用拉式沟通方法，将这些小技巧放在公司内部的项目论坛上，供大家需要时自主学习。

子标题 4：沟通方式的类型和特点（应用场景）。

写作建议：阐述参与、征询、说明、叙述四种沟通方式的特点，并结合项目案例，分别举出具体的例子进行说明。

参考样例：在项目建设过程中，我们遵循项目沟通管理计划与干系人进行有效的沟通。我们用到的沟通方式有参与、征询、说明和叙述四种，以下分别举实例进行介绍。例如，我们项目组确定团队章程时，采用的就是参与的沟通方式，让项目组全体成员充分参与讨论；向客户方业务操作人员调研他们对功能界面风格偏好时，采用的就是发调查问卷这种征询的沟通方式；向领导和客户展示我们项目阶段性成果时，采用的是演示和解释这种说明的沟通方式；作为项目经理，我在项目启动会上介绍项目的意义和价值时，采用就是演讲这种鼓舞人心的叙述方式。

子标题5：沟通管理过程及其输入、输出、工具与技术。

写作建议：结合项目，选择你比较熟悉的输入、输出、工具与技术，对规划沟通管理、管理沟通和监督沟通这三个过程分别进行阐述。

参考样例：参见8.3【正文】第二段、9.4【正文】第二段。

3.8 项目风险管理高频子标题、写作建议及样例

子标题1：如何进行风险管理。

写作建议：结合具体项目从规划风险管理、识别风险、实施定性风险分析、实施定量风险分析、规划风险应对、实施风险应对和监督风险这七个方面阐述如何进行风险管理，可以有所侧重，但这七个方面都需要涉及。如果论文中已经有篇幅阐述了风险管理七个过程的输入、输出、工具与技术等内容，就可以选择风险管理的某一个或两个方面举实例进行重点论述。

参考样例：参见5.1【正文】第四段、8.4【正文】第三段、9.1【正文】第五段。

子标题2：风险管理计划的制订及内容。

写作建议：可以从风险管理方法、风险分类原则、风险管理时机、风险管理成本、风险数据评价标准和风险管控的职责及分工等这些方面来阐述风险管理计划的制订及内容。

参考样例：参见5.1【正文】第二段。

子标题3：风险登记册的作用和内容。

写作建议：风险登记册用于记录已识别风险的详细信息，是用于跟踪和管控风险的一个非常重要的文件。可以从风险名称、风险描述、发生的可能性、风险影响、风险级别、风险类别、应对措施、风险责任人等方面描述风险登记册的内容。

参考样例：参见第13章【正文】第四段。

子标题4：风险登记册是如何完善的。

写作建议：风险登记册在识别风险、实施定性风险分析、实施定量风险分

析、规划风险应对、实施风险应对和监督风险等过程都会得到更新，要写清楚不同的风险管理过程分别更新风险登记册中的哪些内容。

参考样例：参见第 13 章【正文】第四段。

子标题 5：项目的风险分解结构。

写作建议：拿出实际项目中的一些具体风险，采用树型结构进行分解、展示。

参考样例：关于项目的风险管理，我认为最主要的是要管理好项目的消极风险。为此，我们把识别出的 23 个消极风险，采用风险分解结构的形式进行展示和管理。我们这个项目的风险分解结构第一层是"××省社保系统民政统一软件开发项目"。第二层，分解为技术风险、管理风险、组织风险和外部风险。第三层，技术风险之下分解为需求风险、质量风险和技术实现风险，管理风险之下分解为人力资源风险、进度风险和成本风险，组织风险之下分解为项目依赖关系风险、优先度风险、兄弟部门配合不到位风险，外部风险之下分解为政府政策风险、客户方风险、监理方风险和供应商风险。第四层，列出项目的具体风险，由于篇幅所限，这里仅举例说明第四层的部分风险，如人力资源风险之下有新员工小红能力达不到岗位要求的风险和技术骨干小赵跳槽的风险；兄弟部门配合不到位风险之下有系统集成部对本项目配合度不够的风险，客户方风险之下有信息中心主任由于身体原因有提前退休的风险和客户方项目经理因组织安排有转岗的风险等。

子标题 6：项目的主要风险及其应对措施。

写作建议：结合项目，拿出几个具体风险进行详细阐述应对措施。

参考样例：项目历时一年多时间，虽然非常辛苦，但我认为收获很大。项目完工后，我们对该项目进行了深入总结，总结整理出了该项目四种主要风险、出现的原因和所采取的应对措施，具体如下。风险一：工期紧张的风险。出现的原因：客观上有工期要求，主观上项目前期抓得不紧。我们的应对措施：采用迭代开发的模型，分期提交子系统，项目一开始就抓紧各项工作。风险二：需求模糊不清的风险。出现的原因：调研不充分，有些需求确实不容易在项目一开始就描述清楚。我们的应对措施：选用合适的需求获取方法、细化需求描述，建立需求变更控制流程。风险三：人力资源不足的风险。出现的原因：这几乎是所有项目的现实情况。我们的应对措施：合理安排工作、激励和技能培训，适当加班（以调休或发放加班工资等形式来补偿）。风险四：用户不配合的风险。出现的原因：双方事先没有定义好合作模式，客户有自己的事情要处理。

我们的应对措施：事先签订合作协议，明晰双方责任和义务，记录过程证据，提前和客户沟通并约定好时间。

子标题 7：风险管理方面的常见问题及其解决措施。

写作建议：根据篇幅情况，结合项目写四五个与风险管理相关的问题，并阐述解决措施。

参考样例：8.4【正文】第四段。

子标题 8：风险管理过程及其输入、输出、工具与技术。

写作建议：结合项目，选择你比较熟悉的输入、输出、工具与技术，对规划风险管理、识别风险、实施定性风险分析、实施定量风险分析、规划风险应对、实施风险应对和监督风险这七个过程分别进行阐述。

参考样例：参见 8.4【正文】第二段、9.1【正文】第三段。

3.9 项目采购管理高频子标题、写作建议及样例

子标题 1：如何进行采购管理。

写作建议：结合具体项目从规划采购管理、实施采购和控制采购这三个方面阐述如何进行采购管理。如果论文中已经有篇幅阐述了采购管理三个过程的输入、输出、工具与技术等内容，就可以选择采购管理的某一个或两个方面举实例进行重点论述。

参考样例：参见 5.4【正文】第三段、7.2【正文】第三段、10.2【正文】第二段。

子标题 2：合同管理过程。

写作建议：结合项目实际，从合同签订管理、合同履行管理、合同变更管理、合同档案管理、合同违约索赔管理等五个方面阐述合同管理过程。

参考样例：参见 11.2【正文】第二段。

子标题 3：合同索赔的基本流程。

写作建议：结合项目实际，从提出索赔要求、报送索赔资料、监理工程师答复、监理工程师逾期答复后果、持续索赔和仲裁与诉讼这六个步骤对合同索

赔的基本流程进行阐述。

参考样例： 参见 11.2【正文】第三段。

子标题 4： 项目合同的主要内容。

写作建议： 可以从采购项目的名称，标的内容和范围，项目的质量要求，项目的计划、进度、地点、地域和方式，项目建设过程中的各种期限，技术情报和资料保密，风险责任承担，技术成果的归属，项目验收标准和方式，合同价款及支付方式，违约条款，争议解决方案和名词术语解释等这些方面大致介绍项目合同的主要条款；由于合同往往是需要保密的，因此不用写出非常具体的内容。

参考样例： 参见 11.2【正文】第四段。

子标题 5： 招投标程序。

写作建议： 依照《中华人民共和国招标投标法》，从招标、投标、评标和选定承建方四个方面对招投标程序进行阐述。论述时一定要举出项目中的采购实例来详细描述每个步骤的具体操作。

参考样例： 参见 10.2【正文】第三段、11.3【正文】第二段。

子标题 6： 招标文件评分表的内容。

写作建议： 招标文件中的评分表可以从商务、技术和价格三大方面来设计，需要结合采购项目给出这三个方面的权重、每个方面包括的具体内容、分值和得分标准等内容。

参考样例： 参见 11.3【正文】第三段。

子标题 7： 典型的采购问题及其解决方法。

写作建议： 结合项目，举一个具体的采购问题的实例（如供应商交货延迟或交付的成果质量不合格）并给出解决措施，同时描述解决措施的实际效果。

参考样例： 参见 7.2【正文】第四段。

子标题 8： 投标文件编写到投送过程中的注意事项。

写作建议： 可以从编写投标书时、递交投标书时和投标书签收时三个方面具体阐述注意事项。

参考样例： 参见 11.3【正文】第四段。

子标题 9：采购管理过程及其输入、输出、工具与技术。

写作建议：结合项目，选择你比较熟悉的输入、输出、工具与技术，对规划采购管理、实施采购和控制采购这三个过程分别进行阐述。

参考样例：参见 10.2【正文】第二段。

3.10　项目干系人管理高频子标题、写作建议及样例

子标题 1：如何进行干系人管理。

写作建议：结合具体项目从识别干系人、规划干系人参与、管理干系人参与和监督干系人参与这四个方面阐述如何进行干系人管理，论述时一定要适当举出项目中与干系人管理相关的实例。

参考样例：参见 12.1【正文】第五段。

子标题 2：干系人参与计划的内容。

写作建议：可以从版本信息和干系人参与/管理计划的具体事项两个方面描述干系人参与/管理计划的内容，然后结合论文中的项目，举一到两个实例进行说明。

参考样例：参见 9.4【正文】第三段。

子标题 3：干系人管理和沟通管理、需求管理的联系与区别。

写作建议：可以从干系人管理、沟通管理和需求管理的目的都是要让干系人满意来描述它们的联系；可以从干系人管理和沟通管理是通过运用表达、演示、演讲、换位思考、移情、感同身受等"软技能"让干系人满意，需求管理是通过变更控制、需求跟踪等"硬技能"来让干系人满意来描述它们的区别。

参考样例：参见 12.1【正文】第三段。

子标题 4：权力/利益方格及干系人管理策略。

写作建议：对权力/利益方格进行分析，把干系人分成了四类：权力大利益大、权力大利益小、权力小利益大、权力小利益小。权力大利益大的干系人的管理策略是"重点管理"，权力大利益小的干系人的管理策略是"令其满意"，权力小利益大的干系人的管理策略是"随时告知"，权力小利益小的干系人的管

理策略是"监督"。

参考样例：参见 12.1【正文】第四段。

子标题 5：干系人管理过程及其输入、输出、工具与技术。

写作建议：结合项目，选择你比较熟悉的输入、输出、工具与技术，对识别干系人、规划干系人参与、管理干系人参与和监督干系人参与这四个过程分别进行阐述。

参考样例：参见 9.4【正文】第二段。

第4章 2014年论文考试科目真题解析及范文

4.1 上半年论题一：论信息系统项目的人力资源管理

一、题目描述

项目中的所有活动都是由人完成的。因此，组建项目团队、建设项目团队和管理项目团队，充分发挥项目团队中各种角色人员的作用，将直接影响到项目的进度、成本和质量。对项目的成败起到至关重要的作用。

请以"信息系统项目的人力资源管理"为题，分别从以下三个方面进行论述：

1. 概要叙述你参与管理过的信息系统项目（项目的背景、项目规模、发起单位、目的、项目内容、组织结构、项目周期、交付的产品等）和你在其中承担的工作，要求体现在该项目的管理中涉及人力资源管理的相关内容。

2. 结合项目管理实际情况并围绕以下要点论述你对信息系统项目人力资源管理的认识：

（1）项目人力资源管理的含义与作用。

（2）项目人力资源管理包含的主要内容。

（3）项目人力资源管理中用到的工具和技术。

3. 请针对论文中所提到的信息系统项目，结合你在项目人力资源管理中遇到的实际问题与解决方法，论述如何做好项目的人力资源管理。

二、写作分析

该论文考查的是考生对信息系统项目人力资源管理的认识和理解。根据题目要求论述的三个方面，本论文需要描述"我"所管理的项目的基本情况、"我"所承担的角色以及"我"在项目人力资源管理方面所从事的主要工作，论述"我"在"项目人力资源管理的含义与作用""项目人力资源管理包含的主要内容""项目人力资源管理中用到的工具和技术"这三个层面对项目人力资源管理的认识，同时需要论述在信息系统项目人力资源管理方面"我"所遇到的实际问题以及"我"是如何解决的。从出题要求来分析，编者认为，本论文的重点应该是响应子标题 2：结合项目管理实际情况论述你对信息系统项目人力资源管理的认识以及子标题 3：针对论文中所提到的信息系统项目，结合你在项目人力资源管理中遇到的实际问题与解决方法，论述如何做好项目的人力资源管理。（论文写作难度：★★★）

三、范文

【摘要】

本文讨论了××省社保系统民政统一软件开发这一大型信息系统项目的人力资源管理。该项目是在国家大社会保险政策指导下于 2018 年 10 月份正式启动的。该系统为用户提供了优抚安置、救灾救济等十大主要业务功能。在本文中首先讨论了我在"项目人力资源管理的含义与作用""项目人力资源管理包含的主要内容""项目人力资源管理中用到的工具和技术"这三个方面对项目人力资源管理的认识；接着结合该项目实例，阐述了信息系统项目在人力资源管理方面经常遇到的问题及其解决办法。在论文的最后总结了我在该项目人力资源管理方面的三条实用经验和两点不足。在本项目建设过程中，本人担任项目经理。本系统已于 2019 年 12 月 4 日成功上线并顺利通过了用户验收，目前运行状况良好，得到了用户的高度评价。

【论文大纲】（考生可以把论文大纲先写在草稿纸上，用于写作论文时扩展和引导自己的写作思路）

该篇论文，编者把正文分为五段。

第一段：响应子标题 1，概要叙述我参与管理过的信息系统项目（项目的背景、项目规模、发起单位、目的、项目内容、组织结构、项目周期、交付的产品等），我的职责，并切入论文的论题——项目的人力资源管理。

第二段：响应子标题 2，论述我在"项目人力资源管理的含义与作用""项目人力资源管理包含的主要内容""项目人力资源管理中用到的工具和技术"这三个方面对项目人力资源管理的认识；同时响应子标题 1 的后半部分：该项目的管理中涉及人力资源管理的相关内容。

第三段：响应子标题 3，总结做好项目的人力资源管理的关键，论述我在信息系统项目人力资源管理方面遇到的问题与解决方案。

第四段：总结本项目通过有效的项目人力资源管理所取得的实际效果。

第五段：论文总结，哪些做得好（三条经验）、哪些需要改进（两点不足）。

【正文】

××省社保系统民政统一软件开发项目是在国家大社会保险政策指导下于 2018 年 10 月份正式启动的，合同金额 1352 万元。该项目由××省民政厅发起，旨在为全省民政部门提供一套集优抚安置、救灾救济、社会福利、民间组织管理、社区建设、基层政权、社会事务、区划地名、老龄工作和民政事业费管理等十大主要民政业务于一体的全省民政统一软件系统。该系统采用浏览器/Web 服务器/应用服务器/数据库服务器四层 J2EE 体系结构，应用服务器（中间件）采用 Oracle 公司的 WebLogic 11g，数据库服务器（数据库管理系统）采用 Oracle 11g，界面层主要采用 ExtJs 3.3/Ajax/Servlet/JSP，业务逻辑层组件主要采用 EJB 3.0 技术实现。在该项目的建设过程中，本人担任项目经理，负责项目的全面管理。系统建设规模大（有 1.6 万多个功能点）、建设时间紧（用户要求在 2019 年 12 月 31 日前所有功能子系统都必须全部上线）。为了保证项目如期完成，我带领项目团队全体成员，采用强矩阵项目组织结构，通过有效的项目管理特别是出色的项目人力资源管理，取得了可喜的成绩。（**本段响应子标题 1：叙述我参与管理过的信息系统项目，包括项目的背景、项目规模、发起单位、目的、项目内容、项目周期和交付的产品等以及我承担的工作。这句话是让考生理解如何正确地响应题目中的要求。括号中的这段话考试时不用写。**）

一、项目人力资源管理的含义及项目人力资源管理的基本过程

××省社保系统民政统一软件开发这一大型信息系统项目的管理经验告诉我，项目人力资源管理的含义是规划、组织、管理与领导项目团队，从而让项目团队成员高效地和项目经理一起工作；我们知道，项目中的所有活动都是由人完成的，因此组建项目团队、建设项目团队和管理项目团队，充分发挥项目团队中各种角色人员的作用，将直接影响到项目的进度、成本和质量，对项目的成败起到至关重要的作用。我认为，项目人力资源管理包含的主要内容有：规划人力资源管理、估算活动资源、获取资源、建设团队和管理团队；其中规划人力资源管理主要就是定义如何估算、获取、管理和利用团队，估算活动资源是估算执行项目所需的团队资源，获取资源主要就是依据人力资源计划把大家组织起来根据工作性质和各成员的特点"因人施用"，建设团队主要就是在项目工作开展的过程中不断激发大家的潜能从而获得更优秀的绩效，管理团队主要就是跟踪团队成员的工作表现并解决与之相关的问题从而让团队成员按既定的绩效开展工作。在本项目中，我通过有效使用规划资源管理过程中的组织图与职位描述和组织理论这两个工具和技术开发了适合本项目需求的资源管理计

划；通过使用估算活动资源过程中的自下而上估算、类比估算和参数估算这三个工具和技术输出了项目的资源需求和资源分解结构，并更新了资源管理计划；通过有效使用获取资源过程中的谈判、虚拟团队和多标准决策分析这三个工具和技术在合适的时间让合适的团队成员进驻了项目组；通过有效使用建设团队过程中的建立团队工作和绩效考核制度、培训、组织团队集体活动、鼓励和激励等工具和技术营造了良好的团队氛围；通过有效使用管理项目团队过程中的观察与交谈、影响力和冲突处理等工具和技术较好地解决了项目工作开展过程中存在的与人有关的冲突和矛盾。（**本段响应子标题 2：论述我在"项目人力资源管理的含义与作用""项目人力资源管理包含的主要内容""项目人力资源管理中用到的工具和技术"这三个方面对项目人力资源管理的认识；同时响应子标题 1 的后半部分：该项目的管理中涉及人力资源管理的相关内容。括号中的这段话考试时不用写。**）

二、项目人力资源管理的关键、人力资源管理方面的问题及其解决方案

由于项目规模大、时间紧，公司为我们项目组单独配备了一个集中办公的场所——"作战室"。在"作战室"的醒目位置，我们悬挂了项目计划进度表和项目实际进度表，营造了一种积极、紧张的工作气氛。实践证明，团队成员的集中办公，培养了良好的集体荣誉感和团队精神，大大增强了我们的整体战斗力。项目历时一年多时间，虽然大家都非常辛苦，有时候甚至需要加班加点工作，但大家认为收获很大，是一段值得回忆的美好时光。就拿培训来说，在项目进行期间，我们一共进行了 5 次业务培训、6 次技术培训和 4 次项目管理过程培训，通过这些培训，一方面有效地保证了"有合适的资源从事合适的工作"，另一方面，受训的项目组成员也很开心，因为在项目进展的工作过程中，他们的能力得到了很大的提高。实践经验告诉我，做好项目人力资源管理的关键就是正确认识人才的特点、合理安排他们的工作、尊重并尽可能满足他们的需求。该项目完工后，针对该项目，结合我在项目人力资源管理方面的经验，我总结出了信息系统项目在人力资源管理方面经常遇到的四个实际问题及我们采取的解决办法，具体如下：

问题一：团队成员的技能不能满足项目工作的要求。我们的解决办法是：采用集中培训、师傅带徒弟、技术研讨会等多种形式来提升团队相关成员的技能。

问题二：部分成员对团队考核办法不认同。我们的解决办法是：制订考核

办法时倡导大家共同参与，一起出谋划策，考核办法成型后，我们又组织多次宣讲会，让大家真正透彻了解各项考核指标。

问题三：团队成员之间存在误会和冲突。我们的解决办法是：通过微信群建立起工作沟通和交流的平台，鼓励坦诚相待，定期组织大家参加集体活动，增加彼此之间的了解和交流。

问题四：团队成员之间的协同配合度不佳。我们的解决办法是：项目一开始就通过多次会议在团队成员中就项目目标达成共识，通过项目计划清晰责任、明确分工；在考核方面，我们设置了团队合作奖，引导大家互相配合；在项目的建设过程中，发现配合度不佳时，我们会和大家分享一些真实的合作案例去触动大家，让大家理解只有合作才能实现最大的共赢的道理，从而激发大家的合作精神和行为。（**本段响应子标题 3：总结做好项目的人力资源管理的关键，论述我在信息系统项目人力资源管理方面遇到的问题与解决方案。括号中的这段话考试时不用写。**）

整个项目做下来，该项目在人力资源管理方面的基本情况是人员稳定，团队成员的工作士气保持得很好，团队成员之间的关系比较融洽，大家都能很好地感受到项目团队这个集体的温暖，都认为我们这个项目团队是一个成功的团队。通过有效的项目管理特别是出色的人力资源管理，项目于 2019 年 12 月 4 日全部上线并顺利通过了用户验收，在用户期望的日期前三周左右圆满完成了各项任务。项目完成后，我们对项目实际数据进行了统计，发现该项目的实际成本比预算少花了 7%，总生产率比公司的标准生产率高 12%，人月成本也比公司标准人月成本低 8%。工作效率的提高和人月成本的下降与我们良好的人力资源管理有着密切的关系。（**本段总结本项目通过有效的项目（人力资源）管理所取得的实际效果。括号中的这段话考试时不用写。**）

××省社保系统民政统一软件系统自正式上线并通过用户验收至今，运行状况良好，得到了用户的一致好评。在本项目人力资源管理方面，我实践并总结了三条有用的管理经验：（1）处理冲突时把握对事不对人的原则。（2）处理问题成员时，采用私下、正式、惩戒的升级原则。（3）项目团队建设的重点是需要关注人、关注细节。

然而，在本项目的人力资源管理方面，也存在着一些问题，需要我们不断改进，如：（1）对如何灵活使用冲突处理的五种策略（强迫、妥协、包容、回避和面对）掌握得还不够，导致个别冲突处理不当。（2）个别团队建设活动策划欠妥，导致并非大家都有兴趣参与。（**最后是对该项目在人力资源管理方面经验和不足的总结。括号中的这段话考试时不用写。**）

4.2　上半年论题二：论信息系统项目的范围管理

一、题目描述

项目的范围管理主要关注项目内容的定义和控制，即要明确哪些内容包含在项目中，以作为项目开发的各项工作落实的依据。项目范围管理的目的是确保项目包含且只包含达到项目成功所必须完成的工作。

请以"信息系统项目的范围管理"为题，分别从以下三个方面进行论述：

1. 概要叙述你参与管理过的信息系统项目（项目的背景、项目规模、发起单位、目的、项目内容、组织结构、项目周期、交付的产品等）和你在其中承担的工作。

2. 结合项目管理实际情况并围绕以下要点论述你对信息系统项目范围管理的认识：

（1）项目范围管理的含义与作用。

（2）项目范围管理包含的主要内容。

（3）项目范围管理中用到的工具和技术。

3. 请针对论文中所提到的信息系统项目，结合你在项目范围管理中遇到的实际问题与解决方法，论述如何做好项目的范围管理。

二、写作分析

该论文考查的是考生对信息系统项目范围管理的认识和理解。根据题目要求论述的三个方面，本论文需要描述"我"管理过的项目的基本情况和"我"在项目中所承担的角色和主要工作，"我"在"项目范围管理的含义与作用""项目范围管理包含的主要内容""项目范围管理中用到的工具和技术"这三个方面对项目范围管理的认识，同时需要结合具体的项目论述"我"在信息系统项目范围管理方面所遇到的实际问题以及"我"是如何解决的。从出题要求来分析，编者认为，本论文的重点应该是响应子标题 2：结合项目管理实际情况论述你对信息系统项目范围管理的认识以及子标题 3：针对论文中所提到的信息系统项目，结合你在项目范围管理中遇到的实际问题与解决方法，论述如何做好项目的范围管理。（论文写作难度：★★★）

三、范文

【摘要】

本文讨论了××省社保系统民政统一软件开发这一大型信息系统项目的范围管理。该项目是在国家大社会保险政策指导下于 2019 年 10 月份正式启动的。该系统为用户提供了优抚安置、救灾救济等十大主要业务功能。在本文中首先讨论了我在"项目范围管理的含义与作用""项目范围管理包含的主要内容""项目范围管理中用到的工具和技术"这三个方面对项目范围管理的认识；接着结合该项目实例，阐述了在该项目的建设过程中，我在项目范围管理方面遇到的典型问题以及富有针对性的解决办法。在论文的最后总结了我在该项目范围管理方面的经验和不足。在本项目建设过程中，本人担任项目经理。本系统已于 2019 年 12 月 4 日成功上线并顺利通过了用户验收，目前运行状况良好，得到了用户的高度评价。

【论文大纲】（考生可以把论文大纲先写在草稿纸上，用于写作论文时扩展和引导自己的写作思路）

该篇论文，编者把正文分为五段。

第一段：响应子标题 1，概要叙述我参与管理过的信息系统项目（项目的背景、项目规模、发起单位、目的、项目内容、组织结构、项目周期、交付的产品等），我的职责，并切入论文的论题——项目的范围管理。

第二段：响应子标题 2，论述我在"项目范围管理的含义与作用""项目范围管理包含的主要内容""项目范围管理中用到的工具和技术"这三个方面对项目范围管理的认识。

第三段：响应子标题 3，总结做好项目的范围管理的关键，论述在信息系统项目范围管理方面我遇到的典型问题与解决方案。

第四段：总结本项目通过有效的项目范围管理所取得的实际效果。

第五段：论文总结，在项目范围管理方面哪些做得好（六条经验）、哪些需要改进（两点不足）。

【正文】

××省社保系统民政统一软件开发项目是在国家大社会保险政策指导下于 2018 年 10 月正式启动的，合同金额 1352 万元。该项目由××省民政厅发起，旨在为全省民政部门提供一套集优抚安置、救灾救济、社会福利、民间组织管理、社区建设、基层政权、社会事务、区划地名、老龄工作和民政事业费管理等十大主要民政业务于一体的全省民政统一软件系统。该系统采用浏览器/Web 服务器/应用服务器/数据库服务器四层 J2EE 体系结构，应用服务器（中间件）采用 Oracle 公司的 WebLogic 11g，数据库服务器（数据库管理系统）采用 Oracle 11g，界面层主要采用 ExtJs 3.3/Ajax/Servlet/JSP，业务逻辑层组件主要采用 EJB 3.0 技术实现。在该项目的建设过程中，本人担任项目经理，负责项目的全面管理。系统建设规模大（有 1.6 万多个功能点）、建设时间紧（用户要求在 2019 年 12 月 31 日前所有功能子系统都必须全部上线）。为了保证项目如期完成，我带领项目团队全体成员，采用强矩阵项目组织结构，通过有效的项目管理特别是出色的项目范围管理，取得了可喜的成绩。（**本段响应子标题 1：叙述我参与管理过的信息系统项目，包括项目的背景、项目规模、发起单位、目的、项目内容、项目周期、交付的产品等以及我承担的工作。这句话是让考生理解如何正确地响应题目中的要求。括号中的这段话考试时不用写。**）

一、范围管理的含义、作用及范围管理的基本过程

××省社保系统民政统一软件开发这一大型信息系统项目的管理经验告诉我，项目范围管理的含义是关注项目内容的定义和控制，明确并确保哪些内容包含在项目中以作为项目开发的各项工作落实的依据。项目范围管理的作用就是确保项目包含且只包含达到项目成功所必须完成的工作，同时通过有效的项目范围管理，就项目的建设范围在干系人中达成共识，确保项目范围的变更合理和受控。通过该项目以及其他项目的管理经验，我认为，项目范围管理包含的主要内容有：规划范围管理、收集需求、定义范围、创建 WBS、确认范围和控制范围。其中规划范围管理主要就是制订项目范围管理计划和需求管理计划，记载如何定义、确认和控制项目范围，以及如何创建 WBS；收集需求就是记录并管理干系人的需要和需求；定义范围主要就是制订详细的项目范围说明书，作为将来项目决策的依据；创建 WBS 主要就是将项目大的可交付成果与项目工作划分为较小和更容易管理的组成部分；确认范围主要就是让发起人或用户正式接受已完成的可交付成果；控制范围主要就是控制好项目范围的变更。本项目在规划范围管理的过程中，我们在《项目管理计划》的总体指导下，主要通过采用专家判断和会议这两个工具和技术制订了《项目范围管理计划》和《需求管理计划》；在收集需求的过程中，我们主要采用的是引导式研讨会和静态原型展示相结合的工具和技术；在定义范围的过程中，我们主要采用的是产品分析的工具和技术；在创建 WBS 的过程中，我们让从事设计和编码的人员一起协同，主要通过利用"分解"这一工具和技术创建 WBS，由于该项目我们采用的是分子系统、分批次进行的迭代开发模式，因此 WBS 分解我们采用的是滚动式规划，即已经明确的需求先分解，需求暂不明确的，先作为规划包，等需求明确后再分解；在确认范围时，使用得最多的工具和技术就是用户内部

组织的评审和邀请第三方对系统进行的验收测试。在项目建设的整个过程中，我一直很重视控制范围，严格采用公司规定的配置管理系统和我们与用户达成一致的需求变更控制程序这两个主要工具和技术来实施项目的范围控制和范围变更管理。（**本段响应子标题 2：论述我在"项目范围管理的含义与作用""项目范围管理包含的主要内容""项目范围管理中用到的工具和技术"这三个方面对项目范围管理的认识。**）

二、范围管理中遇到的问题及其解决办法

在项目建设过程中，我认为做好项目范围管理的关键，在于尽可能准确、清晰地定义好项目的范围边界和进行有效的范围变更控制。在项目范围管理中，我体会最深的要数项目的范围变更与控制。由于该项目规模大、涉及的干系人众多，项目一开始我们就和相关干系人一起制订了项目范围变更控制程序。虽然项目有范围变更控制程序，但也有试图不遵守范围变更控制程序的特殊情况发生，我印象最深的是，有一次，甲方项目经理非常着急地打电话给我，说他们副厅长提出一个需求变更，时间很紧迫，要求我们不要走变更控制程序就立即修改程序模块。我给甲方项目经理做了不按"规矩"办事而随意变更弊远远大于利的解释无果后，我打电话给该副厅长说明了理由。因为我深知，如果出现了一次"例外"，就会出现第二次、第三次……以后就会让"例外"成为常态，那范围变更控制程序就会形同虚设，项目将不可控，后果会不堪设想。但副厅长提出的这个变更属于一个重要任务，是必须在规定的时间内完成的；于是我和甲方项目经理商量，采用"加快"实施变更控制流程的策略来响应此次变更：即由我方代替甲方填写《范围变更申请表》，甲方签字确认后我们立即组织人马评估该变更，然后通过网络会议的形式提交 CCB 审批，这样既遵守了范围变更控制程序，又大大加快了对此次范围变更的响应速度，确保了该项任务在既定的时间内完成。此次"范围变更"解决得很漂亮，该副厅长对我们非常满意，从那以后，他对我们的项目工作就更支持了，我们项目组也多次得到了这位领导的表扬和肯定。（**本段响应子标题 3：总结做好项目范围管理的关键，论述我在信息系统项目范围管理方面我遇到的一个典型问题及其解决方案。括号中的这段话考试时不用写。**）

整个项目做下来，该项目在范围管理方面的基本情况是项目范围定义得比较清晰，工作分解得比较恰当，我们提交给客户的工作成果也几乎没有存在明显的返工，项目共进行了 89 次需求变更，全部遵循了范围变更控制程序，所有变更都有纸质文档记录并归档。通过有效的项目管理，特别是出色的范围管理，项目于 2019 年 12 月 4 日全部上线并顺利通过了用户验收，在用户期望的日期

前三周左右圆满完成了各项任务。项目完成后，我们对项目实际数据进行了统计，发现该项目的实际成本比预算少花了 7%，总生产率比公司的标准生产率高 12%，人月成本也比公司标准人月成本低 8%。工作效率的提高和人月成本的下降与我们良好的项目范围管理有着密切的关系。（**本段总结本项目通过有效的项目（范围）管理所取得的实际效果。括号中的这段话考试时不用写。**）

××省社保系统民政统一软件开发这一大型信息系统项目自正式上线并通过用户验收至今，运行状况良好，得到了用户的一致好评。在本项目的范围管理中，我总结了六条经验：（1）事先要有明确的计划作为指导。（2）一定要和用户制订一份双方都认可的需求变更控制程序。（3）在编写《项目范围说明书》上多花一些时间，这样的投入是相当值得的。（4）一定要严格按计划和流程开展需求管理和范围管理的工作。（5）WBS 分解最好是让执行后续工作任务的当事人参与。（6）保持和干系人良好的沟通有利于更好地了解项目范围并达成对项目范围理解上的一致。

然而，在本项目的范围管理方面，也存在着一些问题，需要我们不断改进，如：（1）在确认范围的过程中，和用户之间配合还不够到位。（2）对范围的监控还存在一定的盲区，这在一定程度上影响了项目的绩效。（**最后是对该项目在范围管理方面经验和不足的总结。括号中的这段话考试时不用写。**）

4.3 下半年论题一：论多项目的资源管理

一、题目描述

企业常面临多项目管理的问题，项目越多，管理就越复杂，多项目的范围既包括相关联的多个项目，也包括相互没有关联的多个项目，多项目管理区别于单个项目管理，已成为一种新的管理模式，它需对所有涉及的项目进行评估、计划、组织、执行与控制，如何解决多项目管理中人力资源、项目资金、工具、设备及其他资源的冲突问题成为多项目管理的关键。

请以"多项目的资源管理"为题，分别从以下几个方面进行论述：

1. 简要叙述你同时管理的多个信息系统工程项目，或你所在组织中同时实施的多个信息系统工程项目的基本情况（包括多项目之间的关系，项目的背景、目的、周期、交付产品等相关信息，以及你在其中担任的主要工作等）。

2. 结合你参与过的项目，论述如何进行多项目的资源管理。

3. 结合实际管理中遇到的问题，简要叙述多项目资源管理的效果以及经验或教训。

二、写作分析

该论文考查的是考生对多项目资源管理的认识和理解。多项目管理与单一项目管理的最大区别是：单项目只需要关注本项目内部的约束和依赖；而多项目除了需要关注每一单项目内部的约束和依赖之外，重点是关注项目之间可能存在的约束和依赖以及资源在多项目之间的最优配置，实现管理效益最优化。如果考生之前没有进行过多项目管理的实践，论文写作时就比较困难。如果是这样的情况，考生就应该避免选择写此论文。根据论文中的相关描述和题目要求论述的三个方面，本论文除了需要简单介绍所管理的多个项目基本情况（如项目的背景、目的、项目周期和交付产品等）之外；还需要结合"我"参与的多项目管理实践，论述如何进行多项目的资源管理；并结合"我"参与过的多项目管理中遇到的资源管理的问题，阐述具体的做法、达成的效果及其经验和教训。从出题要求来分析，编者认为，本论文的重点应该是响应子标题 2：结合你参与过的项目，论述如何进行多项目的资源管理。（论文写作难度：★★★★★）

三、范文

【摘要】

本文讨论了"××市药品监督信息系统项目""××省社会保险五险合一项目""××地级市一站式电子政务行政审批系统项目""××市社保系统升级改造项目""××市社会保险社区服务平台建设项目"这五个项目的资源管理。这五个项目，是我 2019 年 1 月出任公司电子政务软件工程事业部部门经理不久后部门的工程项目情况。在本文中，结合我的实践，以这五个项目的组合管理为例，首先讨论了多项目的资源管理，包括从多项目的资源管理原则、方法、内容及要点等方面论述如何进行多项目的资源管理；接着结合我参与过的项目中遇到的资源管理的问题，阐述具体的解决方法及多项目管理的实际效果。最后总结了我在多项目资源管理方面的心得体会。在这五个项目的建设过程中，我作为资源经理，对这五个项目进行管理。

【论文大纲】（考生可以把论文大纲先写在草稿纸上，用于写作论文时扩展和引导自己的写作思路）

该篇论文，编者把正文分为五段。

第一段：响应子标题 1，叙述我所管理的多项目的基本情况（项目的背景、发起单位、目的、项目周期、交付的产品等），我的职责，并切入论文的论题——多项目的资源管理。

第二段：承上启下，同时点明本论文将要论述的主题：我对多项目管理特别是多项目资源管理的认识和理解。

第三段：响应子标题 2，结合我所参与的多项目管理实践，从多项目的资源管理原则、方法、内容及要点等方面论述如何进行多项目的资源管理。

第四段：响应子标题 3 的前半部分，结合我参与过的项目中遇到的资源管理的问题，阐述具体的做法及多项目管理的实际效果。

第五段：响应子标题 3 的后半部分，总结我在多项目管理方面的经验（三条经验）和教训（两点不足）。

【正文】

2019 年我担任公司电子政务软件工程事业部的部门经理，负责本部门的全面管理。2019 年年初我接手管理该部门时，当时部门有三个在建项目，一个是"××市药品监督信息系统项目"，这个项目是在国家药品监督政策指导下由××市药品监督管理局申请立项的项目，2019 年年初该项目处于设计阶段，计划要在 2019 年 10 月 31 日上线运行；一个是"××省社会保险五险合一项目"，这个项目是在国家大社会保险政策指导下由××省人力资源和社会保障厅申请立项的项目，2019 年年初刚刚完成第一次迭代的需求分析工作，计划在 2020年 5 月 1 日完成项目验收；一个是"××地级市一站式电子政务行政审批系统项目"，这个项目是在××省一站式政务服务框架指导下由××地级市发改委批准立项的项目，2019 年年初正在进行需求调研的工作，计划在 2020 年 10 月1 日完成项目验收。2019 年 2 月底春节刚过不久，我们部门又连续中标了两个项目：一个是××市社保系统升级改造项目，这个项目是为了满足该市社保政策的调整由该市人力资源和社会保障局申请立项的，根据招标合同该项目需要在 2020 年 6 月 1 日前完成项目验收；一个是××市社会保险社区服务平台建设项目，这个项目是在××市政府要求社保服务进社区的政策指导下由该市人力资源和社保保障局申请立项的，根据招标合同要求该项目需要在 2020 年 8月 1 日前完成项目验收。为了保证这五个项目都能顺利进行并且尽可能实现资源配置的最优化，我带领部门全体成员，通过有效的多项目资源管理，取得了可喜的成绩。（**本段响应子标题 1：叙述我所管理的多项目的基本情况，包括项目的背景、发起单位、目的、项目周期、交付的产品等。这句话是让考生理解如何正确地响应题目中的要求。括号中的这段话考试时不用写。**）

一、我对多项目资源管理的认识和理解

在担任部门经理之前，我主要是作为项目经理负责单一项目的管理，突然

要全面把控五个项目的管理，感觉有些吃力。于是我采取请教我的前任经理、阅读多项目管理方面的书籍等多种方式提升自己的多项目管理技能，经过一年时间努力，多项目管理的实施效果比较理想。我体会最深的就是多项目管理需要对所有涉及的项目进行评估、计划、组织、执行与控制，解决多项目管理中人力资源、项目资金、工具、设备及其他资源的冲突是多项目管理的关键。以下就结合我的多项目管理实践，论述我对多项目管理特别是多项目资源管理的认识和理解。（**本段承上启下，同时点明本论文论述的主题：我对多项目管理特别是多项目资源管理的认识和理解。括号中的这段话考试时不用写。**）

二、多项目资源管理的具体实施

历时一年多的多项目管理的学习和实践经验告诉我，资源的最优化组合和使用是多项目管理的核心。我认为多项目资源管理主要应遵循以下四条原则：原则一，先规划后实施资源分配的原则，因为可使用的总项目资源是一定的，要想"好钢用在刀刃上"，就必须先规划后实施资源分配。我们的做法是先分析这5个项目的建设需求、项目目标、项目难度和项目工期等信息，然后根据轻重缓急排列好这5个项目的优先顺序。原则二，错峰项目阶段的原则，在可能的情况下，尽量使各项目处于不同的生命期阶段，也就是要安排好每个项目的时间，切忌让所有项目都在同一时间开始同一性质的工作任务。因为如果各个项目能处在不同的生命周期阶段，这样就能错峰使用资源，避免出现资源有时严重不足、有时又极度空闲的现象。原则三，编制资源管理计划的原则，一定要根据各项目的项目管理计划编制出多项目资源投入管理计划，这样就可以对资源投入量、投入时间和投入步骤做出一个合理的安排，以满足多项目执行时对资源的需要。原则四，节约使用资源的原则，这是资源管理中最为重要的一环，需要根据每种资源的特性，采取科学的措施，进行动态配置和组合，并不断纠正使用过程中出现的偏差，以尽可能少的资源满足项目的使用要求；同时，资源一旦使用完毕，应该立即释放以供其他项目使用。另外，我们在信息系统多项目资源管理方面采用的主要方法是紧急和重要性四象限分析法、线性回归分析法（通过借助线性回归分析模型，进行投入和产出的最佳配比）和会议（遇到资源冲突，在单方面协调不能解决的情况下，我们会请五个项目经理一起开会，共同协商解决方案）。我们在信息系统多项目资源管理中，管理的主要内容包括资金资源的管理、人力资源的管理、设备资源的管理和工具资源的管理。我认为对资金管理的要点是实现投入组合最优化；对人力资源管理的要点是合理安排使用时机，事先"错峰"使用，避免"撞车"；对设备资源管理的要点是根据项目的需求合理分配、共享使用、错峰使用，避免无谓的多余采购；对工具资源管理的要点是尽量用工具代替手工操作提高工作效率，有专人维护和保管，让工具随时处于可用状态。（**本段响应子标题 2：结合我所参与的多项目管理实践，从多项目的资源管理原则、方法、内容及要点等方面论述如何进行多项目的资源管理。括号中的这段话考试时不用写。**）

三、多项目资源管理中的典型问题及其解决措施和实际效果

作为管理多项目的资源经理，有效管理和合理利用自己所管辖的资源非常关键。在我所负责的这五个项目的组合管理过程中，我遇到的资源管理中最头疼的问题就是人力资源不够用以及人力资源的能力难以胜任项目的要求。为了尽可能解决这两个问题，我们除了通过优化项目计划来"错峰"安排资源之外，还主要采用了五项措施：一是开发底层通用模块，降低项目工作对人力资源能力的要求；二是建立共享知识库，提高知识技术的共享度和共享面；三是安排时间对人力资源进行培训；四是适当采用工具部分代替人工工作；五是向公司"人力资源池"借资源应急。通过有效的多项目管理，历时一年多，这五个项目都基本按要求得到了落实。"××市药品监督信息系统项目"计划在 2019 年 10 月 31 日上线运行，实际上线时间是 2019 年 9 月 25 日；"××省社会保险五险合一项目"计划在 2020 年 5 月 1 日完成项目验收，实际验收时间是 2020 年 5 月 15 日；"××地级市一站式电子政务行政审批系统项目"计划在 2020 年 10 月 1 日完成项目验收，实际验收时间是 2020 年 10 月 12 日；"××市社保系统升级改造项目"合同要求在 2020 年 6 月 1 日前完成项目验收，实际验收时间是 2020 年 6 月 5 日；"××市社会保险社区服务平台建设项目"合同要求在 2020 年 8 月 1 日前完成项目验收，实际验收时间是 2020 年 7 月 18 日。这五个项目综合下来，利润率比公司项目总体利润率提高了 10%！（**本段响应子标题 3 的前半部分，结合我参与过的项目中遇到的资源管理的问题，阐述具体的做法及多项目管理的实际效果。括号中的这段话考试时不用写。**）

总体来说，我作为部门经理负责实施的五个项目的组合管理，效果不错。在多项目管理方面，我总结了三条经验：（1）一定要把多项目管理中的所有项目当作一个整体来看待，不能互相割裂开来。（2）一定要综合多项目的管理目标，平衡管理要求，不能顾此失彼。（3）事先的规划和计划很重要，多项目资源管理切忌拍脑袋。

然而，在多项目的资源管理方面，也存在着一些问题，如：（1）计划不够合理，资源安排得过于紧凑，预留的缓冲过小，导致某个项目工作的延误引起其他项目工作的连锁延误。（2）没有提前对资源进行必要培训，导致不得不向公司"人力资源池"借资源。（**本段响应子标题 3 的后半部分，总结我在多项**

目管理方面的经验和教训。括号中的这段话考试时不用写。）

 # 4.4　下半年论题二：论项目的进度管理

一、题目描述

项目时间管理包括使项目按时完成所必需的管理过程。项目时间管理又叫进度管理，进度安排的准确程度可能比成本估计的准确程度更加重要，进度计划不能得到实施会导致市场机会的丧失或者用户不满意，并且成本也会增加，因此在考虑进度安排时要把人员的工作量与花费的时间联系起来，合理分配工作量，利用进度安排的有效分析方法来严密监视项目的进展情况，以使项目的进度不致拖延。

请以"项目的进度管理"为题，分别从以下几个方面进行论述：

1．概要叙述你参与管理过的信息系统项目（包括项目的背景、项目规模、发起单位、目的、项目内容、组织结构、项目周期、交付的产品等）。

2．论述你对进度管理的认识，可围绕但不局限于以下要点论述。

（1）项目进度管理的基本过程。

（2）进度管理与范围管理的关系。

3．请结合论文中所提到的项目，介绍你如何对其进度进行管理（可结合进度管理的工具和方法叙述具体做法），并总结你的心得体会。

二、写作分析

该论文考查的是考生对信息系统项目进度管理的认识和理解。根据论文中的相关描述和题目要求论述的三个方面，本论文除了需要简单介绍项目基本情况（如项目的背景、项目规模、发起单位、目的、项目内容、组织结构、项目周期和交付的产品等）之外，还需要论述项目进度管理的基本过程以及进度管理与范围管理之间的关系，并需要结合实际项目、进度管理的工具与方法叙述进度管理的具体做法和心得体会。从出题要求来分析，编者认为，本论文的重点应该是响应子标题 2：从项目进度管理的基本过程和进度管理与范围管理之间的关系两个方面论述你对项目进度管理的认识，以及子标题3：结合论文中所提到的项目，介绍你如何对其进行进度管理（可结合进度管理的工具和方法叙述具体做法），并总结你的心得体会。（论文写作难度：★★★）

三、范文

【摘要】

本文讨论了××省社保系统民政统一软件开发这一大型项目的进度管理。该项目是在国家大社会保险政策指导下于 2018 年 10 月份正式启动的。该系统为用户提供了优抚安置、救灾救济等十大主要业务功能。在本文中首先讨论了项目进度管理的七个过程：规划进度管理、定义活动、排列活动顺序、估算活动资源、估算活动持续时间、制订进度计划和控制进度，接着阐述了项目进度管理和项目范围管理之间的关系，同时结合进度管理的几个典型工具和方法叙述了进度管理的具体做法，最后总结了我在该项目进度管理方面的心得体会。在本项目建设过程中，本人担任项目经理，在项目进度管理方面体会得尤为深刻。本系统已于 2019 年 12 月 4 日成功上线并顺利通过了用户验收，目前运行状况良好，得到了用户的高度评价。

【论文大纲】（考生可以把论文大纲先写在草稿纸上，用于写作论文时扩展和引导自己的写作思路）

该篇论文，编者把正文分为五段。

第一段：响应子标题 1，描述项目的背景、系统所包括的功能，系统建设的基本要求，所采用的 IT 技术，我的职责，并切入论文的论题——项目的进度管理。

第二段：响应子标题 2 的第（1）小点，从项目进度管理所包括的六个基本过程论述我对进度管理的认识。

第三段：响应子标题 2 的第（2）小点，从宏观和微观两个层面阐述项目进度管理和项目范围管理之间的关系。

第四段：响应子标题 3 的前半部分，结合进度管理的几个典型工具和方法叙述进度管理的具体做法。

第五段：响应子标题 3 的后面部分，总结本项目所取得的实际效果，同时对该项目在进度管理方面的经验和不足进行总结。

【正文】

××省社保系统民政统一软件开发项目是在国家大社会保险政策指导下于 2018 年 10 月份正式启动的，合同金额 1352 万元。该项目由××省民政厅发起，旨在为全省民政部门提供一套集优抚安置、救灾救济、社会福利、民间组织管理、社区建设、基层政权、社会事务、区划地名、老龄工作和民政事业费管理等十大主要民政业务于一体的全省民政统一软件系统。该系统采用浏览器/Web 服务器/应用服务器/数据库服务器四层 J2EE 体系结构，应用服务器（中间件)采用 Oracle 公司的 WebLogic 11g,数据库服务器(数据库管理系统)采用 Oracle 11g,界面层主要采用 ExtJs 3.3/Ajax/Servlet/JSP,业务逻辑层组件主要采用 EJB 3.0 技术实现。在该项目的建设过程中,本人担任项目经理,负责项目的全面管理。系统建设规模大(有 1.6 万多个功能点)、建设时间紧(用户要求在 2019 年 12 月 31 日前所有功能子系统都必须全部上线)。为了实现有效管理,我们将该项目分解成业务软件系统开发、主机和网络安装、数据库安装配置、综合布线和软硬件集成等五个目标相互关联的子项目来统一管理。为此,该项目在我之下,还安排了五个子项目经理,他们分别管理这五个子项目。为了保证项目如期完成,我带领项目团队全体成员,采用强矩阵项目组织结构,通过有效的项目管理特别是出色的项目进度管理,取得了可喜的成绩。(**本段响应子标题 1:叙述我参与管理过的大型信息系统项目,包括项目的背景、发起单位、目的、项目周期、交付的产品等。这句话是让考生理解如何正确地响应题目中的要求。括号中的这段话考试时不用写。**)

一、项目进度管理的基本过程

我们知道,项目进度管理包括六个过程:规划进度管理、定义活动、排序活动顺序、估算活动持续时间、制订进度计划和控制进度。规划进度管理过程的作用是为规划、编制、管理、执行和控制项目进度而制订政策、程序和文档,该项目我们在执行本过程时用到了专家判断和分析技术这两个工具和技术,主要的产出物是项目进度管理计划;定义活动过程的作用就是确定为产生项目各种可交付成果而必须进行的具体计划活动,该项目我们在执行本过程时用到了分解、滚动式规划和专家判断这几个工具和技术,主要的产出物是活动清单、活动属性和里程碑清单;排列活动顺序过程的作用就是确定各计划活动之间的依赖关系,该项目在执行本过程时用到了紧前关系绘图法和确定依赖关系这几个工具和技术,主要的产出物是项目进度网络图;估算活动持续时间过程的作用就是估算完成各计划活动所需工时单位数,该项目在执行本过程时用到了类比估算、参数估算和储备分析这几个工具和技术,主要产出物是各活动持续时间估算;制订进度计划过程的作用就是分析活动顺序、活动持续时间、资源要求及进度制约因素,从而制订出项目进度计划,该项目在执行本过程时用到了关键路径法、关键链法、资源优化技术、项目管理信息系统和进度压缩这几个工具和技术,主要产出物是项目进度计划和进度基准;控制进度过程的作用就是跟踪和控制项目进度,该项目在执行本过程时用到了绩效审查、项目管理信息系统和进度比较横道图这几个工具和技术,主要产出物是项目进度报告和相关的变更请求。(**本段响应子标题 2 的第(1)小点:从项目进度管理所包括的**

六个基本过程论述我对进度管理的认识。括号中的这段话考试时不用写。）

二、进度管理与范围管理的关系

提到项目进度管理就不得不提及项目范围管理，因为项目范围管理与项目进度管理有非常紧密的联系。首先，从宏观层面上看，我们知道，范围、进度和成本是项目的三重约束，任何一个因素的改变都会导致其他两个因素的动态改变，即项目范围的变化会导致项目进度和项目成本的改变、项目进度的改变也会导致项目范围和项目成本的变化。另外，从微观层面上看，我们知道，项目范围管理为项目进度管理提供了必要的加工"素材"：定义活动过程是在创建WBS 过程的基础上，把"工作包"再进一步分解到可以安排项目组成员工作的"活动"；而在进度管理的其他工作中，如排序活动顺序、估算活动持续时间以及制订进度计划等都需要用到范围基准作为输入。（**本段响应子标题 2 的第（2）小点：从宏观和微观两个层面阐述项目进度管理和项目范围管理之间的关系。括号中的这段话考试时不用写。**）

三、项目进度管理的具体执行

回到项目进度管理这个主题上来，关于我所负责的××省社保系统民政统一软件开发这一大型项目，我们在项目进度管理方面的做法与我上文描述的大型信息系统项目的进度管理六个过程的执行方法是一致的。首先我组织五个子项目经理和相关项目骨干成员，根据《项目章程》和项目招投标文件及我们所了解的项目的基本需求，搭建了《项目总体进度计划》框架，然后五个子项目经理分别组织各自项目团队成员采用分解技术把工作包分解到具体的活动，利用定义活动的结果采用紧前关系绘图法和确定依赖关系技术制订出项目进度网络图，采用自下而上估算、参数估算、储备分析和公司统一使用的项目管理软件估算出活动持续时间，采用关键路径法、关键链法、资源优化技术和公司统一采用的项目管理软件制订并调整出各子项目的进度计划；我汇总五个子项目的进度计划并根据相关工作之间的约束关系对汇总后的计划进行了调整，形成了项目总进度计划表，发现与原定的项目整体进度计划存在较大差异，于是组织大家开协调会，调整整体进度计划中不合理的地方、让子项目经理再调整各子项目进度计划，反复三次之后，我们的项目进度计划第一版终于大功告成。在项目进度控制方面，我们利用公司在网络版 Project 基础上二次开发的功能模块进行进度监控。另外，每周五下午会召开项目例会，在例会上，各子项目经理需要根据各子项目的进度报告采用 PPT 的形式向相关领导和项目组成员汇报工作完成情况、存在的问题、改进措施等。（**本段响应子标题 3 的前半部分：**

结合进度管理的几个典型工具和方法叙述了进度管理的具体做法。括号中的这段话考试时不用写。）

通过有效的项目管理，项目于 2019 年 12 月 4 日全部上线并顺利通过了用户验收，在用户期望的日期前三周左右圆满完成了各项任务。项目完成后，我们对项目实际数据进行了统计，发现该项目的实际成本比预算少花了 7%，总生产率比公司的标准生产率高 12%，人月成本也比公司标准人月成本低 8%。××省社保系统民政统一软件系统自正式上线并通过用户验收至今，运行状况良好，得到了用户的一致好评。在本大型信息系统项目的进度管理方面，我总结了四条有用的管理经验：（1）把自己的主要精力放在项目整体进度计划和对项目整体进度的宏观把控上。（2）建立项目的内部管理团队，实现分级管理。（3）采用合适的自动化工具协助进行进度控制。（4）发现进度偏差一定要立即着手解决，不能拖延。

然而，在本项目的进度管理方面，也存在着一些问题，需要我不断改进，如：（1）进度监控还有不到位的地方，曾出现有个别成员虚报进度，影响了项目工作的正常开展。（2）如何解决好赶工和项目质量之间的关系问题，在项目中我还做得不够好。（**本段响应子标题 3 的后半部分，总结本项目所取得的实际效果，同时对该项目在进度管理方面的经验和不足进行总结。括号中的这段话考试时不用写。**）

第5章　2015年论文考试科目真题解析及范文

 ## 5.1　上半年论题一：论项目的风险管理

一、题目描述

项目是在复杂的自然和社会环境中进行的，风险管理是项目管理中非常重要的环节，每一个项目都有风险，完全避开风险或消除风险是不可能的，只有对项目风险进行认真的分析研究，并采取有效的应对措施，才能够减少和降低风险对项目的影响，达到预期的结果并实现项目预定的目标。

请以"项目风险管理"为题，分别从以下三个方面进行论述：

1. 概要叙述你参与管理过的信息系统项目（项目的背景、项目的规模、发起单位、目的、项目内容、组织结构、项目周期、交付的产品等），并说明你在其中承担的工作。

2. 结合项目管理实际情况并围绕以下要点论述你对项目风险管理的认识：

（1）项目中的风险，对重点风险的分析和说明。

（2）项目风险管理计划的制订和主要内容。

3. 请结合论文中所提到的信息系统项目，介绍你是如何进行风险管理的（可叙述具体做法，并总结你的心得体会）。

二、写作分析

该论文考查的是考生对信息系统项目风险管理的认识和理解。根据题目要求论述的三个方面，本论文除了需要简单介绍项目基本情况（项目的背景、项目的规模、发起单位、目的、项目内容、组织结构、项目周期、交付的产品等）之外，还需要结合该信息系统项目论述如何制订项目的风险管理计划、风险管理计划所包括的主要内容，以及对项目中重点风险的分析和说明，同时需要结合"我"所管理的项目，论述"我"是如何进行项目风险管理的。从出题要求来分析，编者认为，本论文的重点应该是响应子标题 2：结合项目实际情况，从制订项目风险管理计划和对重点风险的分析两个方面论述"我"对项目风险管理的认识以及子标题 3：结合论文中提到的信息系统项目，介绍如何进行风

险管理。（论文写作难度：★★★）

三、范文

【摘要】

本文讨论了××省社保系统民政统一软件开发项目的项目风险管理。该项目是在国家大社会保险政策指导下于 2018 年 10 月份正式启动的。该系统为用户提供了优抚安置、救灾救济等十大主要业务功能。在本文中首先结合实际项目，从风险管理规划的输入、用到的主要工具和《风险管理计划》的主要内容三个方面论述了如何制订信息系统项目风险管理计划；接着论述了对项目中重点风险的分析，然后结合该项目，从风险管理的七个方面论述了如何进行有效的风险管理。论文最后总结了该项目的实际管理效果以及我在该项目风险管理方面的四条实用经验和两点不足。在本项目的建设过程中，本人担任项目经理。本系统已于 2019 年 12 月 4 日成功上线并顺利通过了用户验收，目前运行状况良好，得到了用户的高度评价。

【论文大纲】（考生可以把论文大纲先写在草稿纸上，用于写作论文时扩展和引导自己的写作思路）

该篇论文，编者把正文分为六段。

第一段：响应子标题 1，描述项目的背景、系统所包括的功能，系统建设的基本要求，所采用的 IT 技术，我的职责，并切入论文的论题——项目的风险管理。

第二段：响应子标题 2 的第（2）小点，结合我所管理的信息系统项目，论述我是如何制订信息系统项目的风险管理计划的。

第三段：响应子标题 2 的第（1）小点，项目中存在的重点风险及对它们的分析和说明。

第四段：响应子标题 3，结合我所管理的信息系统项目，从风险管理的七个方面论述了如何进行有效的风险管理。

第五段：总结本项目通过有效的项目（风险）管理所取得的实际效果。

第六段：论文总结，哪些做得好（四条经验），哪些需要改进（两点不足）。

【正文】

××省社保系统民政统一软件开发项目是在国家大社会保险政策指导下于 2018 年 10 月份正式启动的，合同金额 1352 万元。该项目由××省民政厅发起，旨在为全省民政部门提供一套集优抚安置、救灾救济、社会福利、民间组织管理、社区建设、基层政权、社会事务、区划地名、老龄工作和民政事业费管理等十大主要民政业务于一体的全省民政统一软件系统。该系统采用浏览器/Web 服务器/应用服务器/数据库服务器四层 J2EE 体系结构，应用服务器（中间件）采用 Oracle 公司的 WebLogic 11g，数据库服务器（数据库管理系统）采用 Oracle 11g，界面层主要采用 ExtJs 3.3/Ajax/Servlet/JSP，业务逻辑层组件主要采用 EJB 3.0 技术实现。在该项目的建设过程中，本人担任项目经理，负责项目的全面管理。系统建设规模大（有 1.6 万多个功能点）、建设时间紧（用户要求在 2019 年 12 月 31 日前所有功能子系统都必须全部上线）。为了保证项目如期完成，我带领项目团队全体成员，采用强矩阵项目组织结构，通过有效的项目管理特别是出色的风险管理，取得了可喜的成绩。（**本段响应子标题 1：叙述我参与管理过的信息系统项目的情况。这句话是让考生理解如何正确地响应题目中的要求。括号中的这段话考试时不用写。**）

一、风险管理计划的制订及其内容

有效的风险管理从计划开始。项目启动后不久，在了解了项目初步范围的基础上，我就组织项目组成员制订了一个大致的《项目管理计划》，然后和项目管理团队其他成员一起，在《项目管理计划》的总体轮廓指导下，根据我们所掌握的项目初步范围，依据公司项目管理体系中规定的模板，采用会议和分析技术编制出了《项目风险管理计划》，并将该计划一并纳入《项目管理计划》之中，和其他子计划一同进行了评审（该计划后来根据实际需要修改了三次）。我们编制的《项目风险管理计划》包括如下主要内容：风险管理方法（明确可能采用的风险管理方法、工具和风险数据信息的来源渠道）、风险分类原则（明确项目风险的分类原则）、风险管理时机（明确在整个项目生命周期中实施风险管理的周期或频率）、风险管理成本（估算用于项目风险管理的大致费用）、风险数据评价标准（明确对风险分析数据质量的评价标准）和风险管控的职责及分工（明确每类风险的管理人员及其职责）。（**本段响应子标题 2 的第（2）小点：结合我所管理的信息系统项目，论述我是如何制订信息系统项目风险管理计划的，同时指出了项目风险管理计划的主要内容。括号中的这段话考试时不用写。**）

二、项目中的重点风险及其分析与说明

接着我们在《项目风险管理计划》的指导下，共识别出了该项目的 22 个消极风险，其中 7 个风险是该项目的重点风险。这 7 个风险是：工期可能紧张的风险、需求可能模糊的风险、技术方案可能不可行的风险、人力资源可能不足的风险、人员可能离职的风险、验收可能困难的风险和用户可能不配合的风险。我们利用风险概率和影响评估、概率和影响矩阵、风险分类等技术对这 22 个消极风险都进行了定性风险分析，对风险发生的可能性和后果进行大致评估，

把用文字形式表达的风险发生的可能性和后果的大小填入《风险登记册》；然后对这 7 个重点风险（这 7 个风险发生的可能性较大且一旦发生后果比较严重）采用建模和模拟技术并利用公司风险数据库中的历史数据进行了定量风险分析，即对风险发生的可能性和后果进行了相对精确的评估，把用具体数据表示的风险发生的可能性和后果的大小更新到《风险登记册》之中。经分析，我们清楚了这 7 个风险产生的根源：工期可能紧张的风险，产生的根源是客观上有工期要求，主观上项目前期抓得不紧；需求可能模糊的风险，产生的根源是调研不充分，有些需求确实不容易在项目一开始就描述清楚；技术方案可能不可行的风险，产生的根源是我们的技术实力有限，有些技术是本项目第一次使用；人力资源可能不足的风险，产生的根源是企业为了追求更高的利润，人力资源往往配置得不充裕；人员可能离职的风险，产生的根源是待遇问题，对员工重视程度的问题，员工自我发展的需要；验收可能困难的风险，产生的根源是双方事先没有达成共识，项目成果不达标；用户可能不配合的风险，产生的根源是双方事先没有定义好合作模式，客户有自己的事情要处理。（**本段响应子标题 2 的第（1）小点：结合我所管理的信息系统项目，论述项目中存在的重点风险及对它们的分析和说明。括号中的这段话考试时不用写。**）

三、项目风险管理的具体执行

我们知道，有效的风险管理需要执行一系列相互关联的过程和活动。我们公司的项目管理体系规定所有项目都需要执行风险管理的七个过程，即执行规划风险管理、识别风险、实施定性风险分析、实施定量风险分析、规划风险应对、实施风险应对和控制风险这七个过程。本文的第二段已经论述过我们采用会议和分析技术进行规划风险管理的工作。第三段论述了在《项目风险管理计划》的指导下，利用文件审查、信息收集技术、核对单分析等技术识别风险；利用风险概率和影响评估、概率和影响矩阵、风险分类等技术对已识别的 22 个消极风险进行了定性风险分析；对其中的 7 个重点风险采用建模和模拟技术并利用公司风险数据库中的历史数据进行定量风险分析。接着我们组织讨论会进行规划风险应对，即根据风险的性质、现实环境和条件等给已经识别和经过分析的风险制订了应对方案（应对这些风险的方案我们把它们归结为五类：上报、回避、减轻、转移和接受），同时把每一个风险的应对方案都及时更新到了《风险登记册》之中。在项目的执行过程中，我们根据《风险管理计划》和《风险登记册》实施风险应对和监督风险，执行风险应对方案、对风险进行跟踪和施加影响；我们会每周把风险监控的结果形成《风险监控报告》，根据《风险监控报告》提出变更请求或修改风险应对预案等。（**本段**

响应子标题3：从风险管理的七个方面论述了如何进行有效的风险管理。括号中的这段话考试时不用写。）

通过有效的项目管理特别是出色的风险管理，项目于2019年12月4日全部上线并顺利通过了用户验收，在用户期望的日期前三周左右圆满完成了各项任务。由于该项目在管理方面特别是项目风险管理方面做得比较到位，项目完成后，我们对项目实际数据进行了统计，发现该项目的风险应急储备金只使用了原计划的52%，而总生产率比公司的标准生产率高12%，该项目的返工工作量比公司的平均返工工作量低5%。（**本段总结本项目通过有效的项目（风险）管理所取得的实际效果。括号中的这段话考试时不用写。**）

××省社保系统民政统一软件系统自正式上线并通过用户验收至今，运行状况良好，得到了用户的一致好评。在本项目的风险管理中，我总结了四条有用的管理经验：（1）事先要有明确的计划作为指导。（2）风险识别得越充分、识别得越早效果越好。（3）一定要严格按计划和流程开展风险监督和控制工作。（4）要根据风险性质的不同安排不同专长的人负责跟踪和监控风险，这样效果会更好。

然而，在本项目的风险管理方面，也存在着一些问题，需要我们不断改进，如：（1）我们对风险的量化水平还不高，导致对有些风险给项目带来的负面影响估计不足。（2）有些风险的应对预案和措施效果不理想，这在一定程度上影响了项目更好绩效的达成。（**最后是对该项目在风险管理方面经验和不足的总结。括号中的这段话考试时不用写。**）

5.2　上半年论题二：论信息系统项目的质量管理

一、题目描述

成功的项目管理是在约定的时间、范围、成本以及质量要求下，达到项目干系人的需要。质量管理是项目管理中非常重要的一个方面。质量与范围、成本和时间都是项目是否成功的关键标志。

请以"信息系统项目的质量管理"为题，分别从以下三个方面进行论述：

1. 概要叙述你参与管理过的信息系统项目（项目的背景、项目的规模、发起单位、目的、项目内容、组织结构、项目周期、交付的产品等），并说明你在其中承担的工作。

2．结合项目管理实际情况并围绕以下要点论述你对信息系统项目质量管理的认识。

（1）项目质量管理的过程包含的主要内容。

（2）项目质量管理的过程涉及的输入和输出。

（3）项目质量管理中用到的工具和技术。

3．请结合论文中所提到的信息系统项目，介绍在该项目中你是如何进行质量管理的（可叙述具体做法，并总结你的心得体会）。

二、写作分析

该论文考查的是考生对信息系统项目质量管理的认识和理解。根据题目要求论述的三个方面，本论文除需要简单介绍项目基本情况（项目的背景、项目的规模、发起单位、目的、项目内容、组织结构、项目周期、交付的产品等）之外，还需要从项目质量管理过程包含的主要内容、项目质量管理的过程涉及的输入和输出以及项目质量管理中用到的工具和技术等三个方面论述"我"对信息系统项目质量管理的认识；同时结合论文中所提到的信息系统项目，具体介绍在该项目中"我"是如何进行质量管理的。从出题要求来分析，编者认为，本论文的重点应该是响应子标题 2：从项目质量管理过程包含的主要内容、项目质量管理的过程涉及的输入和输出以及项目质量管理中用到的工具和技术等三个方面论述"我"对信息系统项目质量管理的认识，以及子标题 3：结合论文中所提到的信息系统项目，具体介绍在该项目中"我"是如何进行质量管理的。（论文写作难度：★★★）

三、范文

【摘要】

本文讨论了××省社保系统民政统一软件开发项目的项目质量管理。该项目是在国家大社会保险政策指导下于 2018 年 10 月正式启动的。该系统为用户提供了优抚安置、救灾救济等十大主要业务功能。在本文中首先结合该项目从质量管理的主要内容：规划质量管理、管理质量和控制质量三个主要方面详细论述了三个质量管理过程的输入、输出、工具与技术；接着结合论文中所提到的信息系统项目，介绍我是如何进行项目质量管理的；最后总结了本项目我在质量管理方面的五点经验和两点不足。在本项目建设过程中，本人担任项目经理，负责项目的全面管理，在项目质量管理方面体会得很深刻。本系统已于 2019年 12 月 4 日成功上线并顺利通过了用户验收，目前运行状况良好，得到了用户的高度评价。

【论文大纲】（考生可以把论文大纲先写在草稿纸上，用于写作论文时扩展和引导自己的写作思路）

该篇论文，编者把正文分为五段。

第一段：响应子标题 1，描述项目的背景、系统所包括的功能，系统建设的基本要求，所采用的 IT 技术，我的职责，并切入论文的论题——项目的质量管理。

第二段：响应子标题 2，主要是结合该项目，从项目质量管理的主要内容：规划质量管理、管理质量和控制质量三个方面详细论述了三个质量管理过程的输入、输出、工具与技术。

第三段：响应子标题 3，结合论文中所提到的信息系统项目，具体介绍在该项目中"我"是如何进行质量管理的。

第四段：总结本项目通过有效的项目（质量）管理所取得的实际效果。

第五段：论文总结，哪些做得好（五条经验）、哪些需要改进（两点不足）。

【正文】

××省社保系统民政统一软件开发项目是在国家大社会保险政策指导下于 2018 年 10 月份正式启动的，合同金额 1352 万元。该项目由××省民政厅发起，旨在为全省民政部门提供一套集优抚安置、救灾救济、社会福利、民间组织管理、社区建设、基层政权、社会事务、区划地名、老龄工作和民政事业费管理等十大主要民政业务于一体的全省民政统一软件系统。该系统采用浏览器/Web 服务器/应用服务器/数据库服务器四层 J2EE 体系结构，应用服务器（中间件）采用 Oracle 公司的 WebLogic 11g，数据库服务器（数据库管理系统）采用 Oracle 11g，界面层主要采用 ExtJs 3.3/Ajax/Servlet/JSP，业务逻辑层组件主要采用 EJB 3.0 技术实现。在该项目的建设过程中，本人担任项目经理，负责项目的全面管理。系统建设规模大（有 1.6 万多个功能点）、建设时间紧（用户要求在 2019 年 12 月 31 日前所有功能子系统都必须全部上线）。为了保证项目的如期按质按量完成，我带领项目团队全体成员，采用强矩阵项目组织结构，通过有效的项目管理特别是出色的质量管理，取得了可喜的成绩。（**本段响应子标题 1：叙述我参与管理过的信息系统项目的情况。这句话是让考生理解如何正确地响应题目中的要求。括号中的这段话考试时不用写。**）

一、项目质量管理的基本过程

通过××省社保系统民政统一软件开发项目的管理实践，我知道，项目质量管理的主要内容有规划质量管理、管理质量和控制质量。其中规划质量管理主要是识别与该项目相关的质量要求、标准以及确定如何满足这些标准；管理质量是通过实施计划中的质量活动，确保项目实施满足既定的要求，即通过有效的过程执行来保证项目质量；控制质量是监视项目的具体结果，确保其符合相关的质量标准，并判断如何杜绝造成不合格结果的根源，即通过对结果的把关来保证项目质量。在该项目的质量管理过程中，针对规划质量管理，我们用到的主要输入有"项目管理计划""干系人登记册"和"需求文件"，工具和技术有"成本效益分析""标杆对照"和"质量成本"，规划质量管理的输出主要是"质量管理计划"和"质量测量指标"；针对管理质量，我们用到的主要输入有"质量管理计划""质量测量指标""经验教训登记册"和"质量控制的测量结果"，工具和技术有"质量审计"和"过程分析"，管理质量的输出主要是"质量报告"和"测试与评估文件"；针对控制质量，我们用到的主要输入有"质量管理计划""质量测量指标""测试与评估文件"和"工作绩效数据"，工具和技术有"评审""测试""质量核对单""因果图""流程图"和"根本原因分析"，控制质量的输出主要是"变更请求""核实的可交付成果"和"质量控制测量结果"。（**本段响应子标题 2：结合该项目，从项目质量管理的主要内容：规划质量管理、管理质量和控制质量三个方面详细论述了三个质量管理过程的输入、输出、工具与技术。括号中的这段话考试时不用写。**）

二、项目质量管理的具体执行

在项目建设之初进行**质量规划**时，作为本项目的项目经理，我组织了项目质量保证工程师和测试经理等一起依据《项目管理计划》和《需求文件》等相关文件，采用标杆对照（利用历史项目的信息）和会议（大家通过会议的形式集思广益）等多种形式制订了《项目质量管理计划》《质量测量指标》《项目质量保证计划》和《项目产出物评审及测试计划》等计划，并对这些主要计划组织了严格的评审，为管理质量和控制质量作准备。我们制订的《项目质量管理计划》所包括的主要内容是：本项目采用的主要质量政策、项目主要产出物的质量标准、项目质量保证措施、项目质量控制措施、本项目对公司过程改进的贡献、质量管理计划的落实等。在**管理质量**方面，我在公司质量保证中心的指导下，带头执行好公司要求的项目管理过程，同时全力支持 QA 对该项目的质量审计，发现问题马上整改绝不含糊；对 QA 采用质量审计等工具审计项目后提交的《项目质量审计报告》中提出的问题和建议，我们都会积极认真对待，把问题落实到具体责任人并确定改进期限，对好的建议和意见，我们会立即在后续项目管理中及时采用。**针对项目成果的质量，在质量控制方面，我们重点把好评审和测试关。在评审方面**，我们对项目实施过程中的一些主要产出物，如《用户需求说明书》《系统设计说明书》《数据库设计说明书》《系统测试用例》

等，我们都严格按计划组织了认真、细致的评审，通过《产出物评审报告》来汇总文档中的问题，并跟踪和解决。**在系统测试方面**，我们主要是执行单元测试、集成测试和系统测试。单元测试是针对每一具体模块的测试，这部分工作由开发小组的开发工程师交叉完成；集成测试主要是把相关模块集合成更大的功能模块进行测试，重点是测试模块与模块之间的接口，这部分工作是由负责需求的工程师完成；系统测试主要是针对已经开发完工的子系统或整个软件系统进行测试，重点是测试其功能和可操作性等是否可以满足客户的要求，这部分工作由公司软件测试部派出的专业测试团队完成。软件测试部对软件系统执行每轮测试都会提交《测试报告》，通过《测试报告》汇总软件系统中的问题，并跟踪和解决。在**质量控制**方面，我们常采用的工具除了评审和测试，还用因果图、流程图和帕累托图来分析原因、识别主要原因，这些信息和问题被返回项目组逐一落实和解决。（**本段响应子标题 3：结合论文中所提到的信息系统项目，具体介绍在该项目中我是如何进行质量管理的。括号中的这段话考试时不用写。**）

通过有效的项目管理特别是出色的质量管理，项目于 2019 年 12 月 4 日全部上线并顺利通过了用户验收，在用户期望的日期前三周左右圆满完成了各项任务。项目完成后，我们对项目实际数据进行了统计，发现该项目的实际成本比预算少花了 7%，总生产率比公司的标准生产率高 12%，人月成本也比公司标准人月成本低 8%。工作效率的提高和人月成本的下降与我们良好的项目质量管理有着密切的关系。（**本段总结本项目通过有效的项目（质量）管理所取得的实际效果。括号中的这段话考试时不用写。**）

××省社保系统民政统一软件系统自正式上线并通过用户验收至今，运行状况良好，得到了用户的一致好评。在本项目的质量管理中，我总结了五条有用的管理经验：（1）制订科学合理的质量管理、质量保证和质量控制计划很重要。（2）严格执行质量管理、质量保证和质量控制计划很重要。（3）质量管理的工具和技术不宜采用过多，适用和够用就好，关键是如何把这些工具和技术用好、用透。（4）质量控制过程中发现的问题或缺陷一定要严格跟踪直至解决。（5）条件成熟的情况下，可以把产出物质量和软件系统的质量作为绩效考核的指标之一。

然而，在本项目的质量管理方面，也存在着一些问题，需要我们在以后的项目管理过程中不断改进，如：（1）测试人员如何在项目质量控制过程中更加充分、主动地发挥作用。（2）如何尽量减少同类错误的二次出现。（**最后是对该项目在质量管理方面经验和不足的总结。括号中的这段话考试时不用写。**）

5.3　下半年论题一：论大项目或多项目的成本管理

一、题目描述

随着移动互联网、物联网、云计算、大数据等新一代信息技术的广泛应用，我国目前的信息系统集成项目的规模越来越大，同时各种信息技术应用也越来越深入，这就使得我国的信息系统集成企业经常要面临大项目管理和多项目管理的挑战。在大项目或多项目管理中，如何在企业有限的资源条件下，做好成本管理，保证整体项目能够顺利完成是项目经理必须解决的问题。

请以"大项目或多项目的成本管理"为题，分别从以下三个方面进行论述：

1．简要说明你参与的某信息系统大项目或多项目的背景、目的、发起单位的性质，项目的技术和运行特点、项目的周期、成本管理的需求，以及你在项目中的主要工作。

2．结合你参与的大项目或多项目管理，说明你是如何进行项目成本管理的。并结合大项目或多项目管理的相关理论，说明大项目或多项目成本管理的关键、基本输入、使用的基本工具和方法。

3．根据你在大项目或多项目成本管理方面的实践，阐述你在大项目或多项目成本管理中的经验和教训。

二、写作分析

该论文考查的是考生对大项目或多项目成本管理的认识和理解，考生可以写大项目成本管理，也可以写多项目成本管理。编者认为，写大项目成本管理相对容易些，因为我们只要把大项目分解为一个个目标相互关联的中、小项目，那么成本管理的基本操作方法就可以直接使用单一项目的成本管理方法了。本篇论文编者选写的就是大项目成本管理。根据题目要求论述的三个方面，本论文除需要简单介绍大项目基本情况（如项目的背景、目的、发起单位的性质，项目的技术和运行特点、项目的周期、成本管理的需求）；还需要结合该项目案例，从大项目成本管理的关键、基本输入、使用的基本工具和方法等方面论述"我"是如何进行大项目成本管理的；同时需要根据"我"在大项目成本管理的实践，阐述"我"在大项目或多项目成本管理中的经验和教训。从出题要求来分析，编者认为，本论文的重点应该是响应子标题 2：结合你参与的大项目，说明你是如何进行项目成本管理的。并结合大项目的相关理论，说明大项目成

本管理的关键、基本输入、使用的基本工具和方法。（论文写作难度：★★★★）

三、范文

【摘要】

本文讨论了××省社保系统民政统一软件开发这一大型项目的成本管理。该项目是在国家大社会保险政策指导下于 2018 年 10 月正式启动的。该系统为用户提供了优抚安置、救灾救济等十大主要业务功能。本文首先讨论了成本估算是否准确、成本控制是否到位等大项目成本管理的六个关键；接着结合该大型项目论述了规划成本管理、估算成本、制订预算和控制成本的基本输入、使用的基本工具和方法；然后具体论述了项目成本管理的实际做法；最后总结了我在大项目成本管理方面的三条经验和两点教训。在本项目的建设过程中，本人担任大项目经理。本系统已于 2019 年 12 月 4 日成功上线并顺利通过了用户验收，目前运行状况良好，得到了用户的高度评价。

【论文大纲】（考生可以把论文大纲先写在草稿纸上，用于写作论文时扩展和引导自己的写作思路）

该篇论文，编者把正文分为五段。

第一段：响应子标题 1，描述项目的背景、系统包括的功能、系统建设的基本要求、采用的 IT 技术、我的职责，并切入论文的论题：大项目的成本管理。

第二段：继续响应子标题 1，描述成本管理的需求，以及响应子标题 2 中的大项目成本管理的关键。

第三段：响应子标题 2，阐述成本管理相关过程的基本输入、使用的基本工具和方法。

第四段：继续响应子标题 2，论述我参与的项目如何实施成本管理，采用了哪些方法，进行成本管理后的效果如何。

第五段：响应子标题 3，我在大项目成本管理方面的心得体会（三条经验和两点不足）。

【正文】

××省社保系统民政统一软件开发这一大型项目是在国家大社会保险政策指导下于 2018 年 10 月份正式启动的，合同金额 1352 万。该项目由××省民政厅发起，旨在为全省民政部门提供一套集优抚安置、救灾救济、社会福利、民间组织管理、社区建设、基层政权、社会事务、区划地名、老龄工作和民政事业费管理等十大主要民政业务于一体的全省民政统一软件系统。该系统采用浏览器/Web 服务器/应用服务器/数据库服务器四层 J2EE 体系结构,应用服务器（中间件）采用 Oracle 公司的 WebLogic 11g，数据库服务器（数据库管理系统）

采用 Oracle 11g，界面层主要采用 ExtJs 3.3/Ajax/Servlet/JSP，业务逻辑层组件主要采用 EJB 3.0 技术实现。在该项目的建设过程中，本人担任大项目经理，负责项目的全面管理。系统建设规模大（有 1.6 万多个功能点）、建设时间紧（用户要求在 2019 年 12 月 31 日前所有功能子系统都必须全部上线），同时公司对该项目的成本绩效也提出了较高的要求。为了实现有效管理，我们根据该大型项目的实际情况，将其分解成业务软件系统开发、主机和网络安装、数据库安装配置、综合布线和软硬件集成等五个目标相互关联的中型项目来统一管理。为此，该项目在我之下，还安排了五个项目经理，他们分别管理这五个中型项目。为了保证项目如期完成，我带领五个项目经理，采用强矩阵项目组织结构，通过有效的项目管理特别是出色的项目成本管理，取得了可喜的成绩。（**本段响应子标题 1：叙述我参与管理过的信息系统项目的情况。这句话是让考生理解如何正确地响应题目中的要求。括号中的这段话考试时不用写。**）

一、大项目成本管理的需求及成本管理的关键

在公司主管领导发布该大型项目的项目章程时，就明确提出了本项目的成本管理需求：一是不浪费一分钱，二是每个功能点的费用要比公司标准费用低 7%。因此，在项目启动阶段，我们就通过培训在团队成员中建立起了"合理安排工作先后次序、尽可能一次性把事情做对、巧用方法和工具、绝不浪费一分钱"的成本管理思想。在项目实施成功后，我总结出大型项目成本管理的七个关键点：（1）是否有一套行之有效的流程来进行成本管理；（2）各项目之间以及项目内的工作顺利安排得是否科学合理；（3）是否选用了性价比最高的人力资源；（4）是否实现了人才和工作的最佳匹配；（5）费用估算是否科学和合理，估算依据是否完整和可信；（6）是否采用了合适的监控手段和工具，监控是否到位；（7）发现偏差时是否能在尽可能短的时间内解决。（**本段继续响应子标题 1，描述成本管理的需求，以及响应子标题 2 中的大项目成本管理的关键。括号中的这段话考试时不用写。**）

二、大项目成本管理的基本过程

该大型项目被分解为五个相互关联的中型项目后，针对每个中型项目的成本管理主要包括四大活动：规划成本管理、估算成本、制订预算和控制成本。规划成本管理就是编制出成本管理计划，一般会用到的技术和方法有：专家判断和会议；估算成本就是对完成项目活动所需资金进行近似估算，一般经常会用到的技术和方法有：类比估算、自下而上估算、参数估算和储备分析等；制订预算就是汇总所有单个活动或工作包的估算成本，建立一个经批准的成本基

准，一般经常会用到的技术和方法有：成本汇总、储备分析和；历史信息审核等；控制成本就是监督项目状态，影响造成费用偏差的因素，控制项目预算的变更，一般经常会用到的技术和方法有：挣值管理、绩效审查和储备分析等。**（本段响应子标题 2，阐述成本管理相关过程的基本输入、使用的基本工具和方法。括号中的这段话考试时不用写。）**

三、大项目成本管理的具体执行

回到我所管理的××省社保系统民政统一软件开发这一大型项目上来，我们首先制订了该项目的成本估算预算流程，基本步骤：第一步，统一制订《成本管理计划》；第二步，各项目经理组织成本估算；第三步，大项目经理汇总各项目的成本估算并加入大项目层面的成本估算；第四步，高层审批估算确定预算；第五步，大项目经理把预算分配到各项目，各项目经理按进度计划分配预算形成成本基线。按照成本估算预算流程，我们制订了以成本估算精确等级、成本测量单位、成本偏差标准和成本报告格式等为主要内容的成本管理计划。有了这样一份合适的成本管理计划，为后续大项目建设过程中各中型项目的估算成本、制订预算、控制成本等奠定了良好的基础。各项目经理在制订了《项目范围说明书》和《工作分解结构》的基础上，结合风险识别和风险分析的成果，首先采用功能点估算方法估算出了本项目的功能点数，然后采用参数估算的方法，利用公司开发的成本估算模型：项目成本=功能点数/生产力/176×平均人月成本（其中生产力的单位为"功能点数/人工时"，176 表示"一个月有176 人工时"，平均人月成本的单位为"元/人月"）估算出项目成本。由于该项目是我公司第一个民政业务系统项目，为保险起见，我要求各项目采用自下而上的方式进行了估算，然后针对这两种方式的估算结果进行了综合分析并确定了各项目成本的估算值。根据我们的工程经验，结合本项目的风险特征，我们预留了 10%的应急储备金和 5%的管理储备金，同时预留了 5%的大项目层面的管理费用，然后将最终的估算结果上报给公司领导批准。预算被批准后，我将预算分配给五个项目，五个项目经理根据项目进度计划对预算进行了分配并形成了各项目的成本基准，为日后的成本控制提供了依据。成本基准确定后，各项目描绘出了成本基准的"S 曲线"，为日后的项目绩效分析和成本控制提供参照。在控制成本方面，在项目的执行过程中，我要求五个项目经理定期（一个星期一次)采用进度报告和项目绩效报告等多种形式跟踪项目进度和费用情况。报告绩效时，我们利用挣值技术（EVT）每周将 PV（计划值）、AC（实际值）和 EV（挣值）绘制成"S 曲线"，根据偏差情况及时采取相应的成本控制措施。项目于 2019 年 12 月 4 日全部上线并顺利通过了用户验收，在用户期望的日期前三周左右圆满完成了各项任务。项目完成后，我们对项目实际数据进行了统计，发现该项目的实际成本比预算少花了 7%，总生产率比公司的标准生产率高 12%，每个功能点的费用比公司标准费用低 8%。工作效率的提高和功能点费用的下降与我们良好的成本管理有着密切的关系。（**本段继续响应子标题 2，论述我所在的项目如何实施成本管理，采用了哪些方法，进行成本管理后的效果如何。括号中的这段话考试时不用写。**）

××省社保系统民政统一软件系统自正式上线并通过用户验收至今，运行状况良好，得到了用户的一致好评。在本大型项目的成本管理中，我总结了三条管理经验：（1）进行成本估算时一定要充分考虑项目的风险。（2）各项目之间的执行顺序以及项目内工作的执行顺序的合理安排对节省成本有很大好处。（3）人员培训是一种提高生产效率进而节省项目成本的有效方式。

然而，在本项目的成本管理方面，也存在一些问题，需要我们今后不断改进，如：（1）我们在成本估算时没有充分考虑到该项目的实施工作量所占比例比一般项目要大这一因素，导致实际差旅费用超支。（2）在赶工时由于管控失当导致了少量返工，浪费了原本可以节省的一些成本。（**本段响应子标题 3：大型项目在成本管理方面的心得体会和教训，也是对论文的总结。括号中的这段话考试时不用写。**）

5.4　下半年论题二：论项目的采购管理

一、题目描述

项目采购是为完成项目工作从承担该项目的组织外部购买或获取项目所需的产品、服务或成果的过程。随着 IT 行业的快速发展和技术不断进步，行业的分工更细，更加强调分工与合作。对本企业不能提供，或虽然能提供但不具备竞争力，同时市场已存在高性价比的产品、服务和成果，可以以采购的方式获得。

项目采购管理是项目执行的关键工作，项目采购管理的模式在某种程度上决定了项目管理的模式。规范的项目采购管理要符合项目需要，兼顾经济性、合理性和有效性。规范的采购管理不仅能降低成本、增强市场竞争力，还可以促进项目成功地完成。

请以"项目的采购管理"为题，分别从以下三个方面进行论述：

1. 简述你参与的信息系统集成项目情况（项目的概况如名称、客户、项目目标、系统构成、采购特点以及你的角色）。

2．请结合你的项目采购管理经历，围绕采购计划的编制、供方选择和合同管理等内容论述你是如何灵活运用采购管理理论来管理项目采购的。

3．简要叙述在实际管理项目时，遇到的典型采购问题及其解决方法。

二、写作分析

该论文考查的是考生对信息系统项目采购管理的认识、理解和具体实施情况。根据题目要求论述的三个方面，本论文除需要简单介绍项目背景情况（包括项目名称、客户、项目目标、系统构成和采购特点等），还需要结合项目采购管理的亲身经历论述"我"是如何灵活运用采购管理理论来进行采购计划编制、供方选择和合同管理的；另外还需要论述在实际管理项目时，遇到的典型采购问题及其解决方法。从出题要求来分析，编者认为，本论文的重点应该是响应子标题 2：结合项目采购管理经历，围绕采购计划的编制、供方选择、合同管理等内容论述如何灵活运用采购管理理论来管理项目采购的。（论文写作难度：★★★）

三、范文

【摘要】

本文讨论了××省社保系统民政统一软件开发这一大型项目的采购管理。该项目是在国家大社会保险政策指导下于 2018 年 10 月份正式启动的。该系统为用户提供了优抚安置、救灾救济等十大主要业务功能。在本文中首先讨论了该项目的背景信息和本项目的采购特点、基本的采购流程，接着重点阐述了规划采购管理、实施采购和控制采购过程的执行情况，同时叙述了在实际管理项目时遇到的一个典型采购问题及其解决方法，最后总结了我在该项目采购管理方面的四条经验和两点不足。在本项目建设过程中，本人担任项目经理，在项目采购管理方面体会得尤为深刻。本系统已于 2019 年 12 月 4 日成功上线并通过了用户验收，目前运行状况良好，得到了用户的高度评价。

【论文大纲】（考生可以把论文大纲先写在草稿纸上，用于写作论文时扩展和引导自己的写作思路）

该篇论文，编者把正文分为五段。

第一段：响应子标题 1，描述项目的背景、系统包括的功能、系统建设的基本要求、采用的 IT 技术、我的职责，并切入论文的论题——项目的采购管理。

第二段：继续响应子标题 1，描述本项目的采购特点，介绍了对外采购的基本流程。

第三段：响应子标题 2，围绕采购计划的编制、供方选择和合同管理等内容论述我是如何灵活运用采购管理理论来管理项目采购的。

第四段：响应子标题 3，叙述在实际管理项目时，遇到的一个典型采购问题及其解决方法。

第五段：总结本项目的实施结果；进行论文总结，哪些做得好（四条经验）、哪些需要改进（两点不足）。

【正文】

××省社保系统民政统一软件开发项目是在国家大社会保险政策指导下于 2018 年 10 月份正式启动的，合同金额 1352 万元。该项目由××省民政厅发起，旨在为全省民政部门提供一套集优抚安置、救灾救济、社会福利、民间组织管理、社区建设、基层政权、社会事务、区划地名、老龄工作和民政事业费管理等十大主要民政业务于一体的全省民政统一软件系统。该系统采用浏览器/Web 服务器/应用服务器/数据库服务器四层 J2EE 体系结构，应用服务器（中间件）采用 Oracle 公司的 WebLogic 11g，数据库服务器（数据库管理系统）采用 Oracle 11g，界面层主要采用 ExtJs 3.3/Ajax/Servlet/JSP，业务逻辑层组件主要采用 EJB 3.0 技术实现。在该项目的建设过程中，本人担任项目经理，负责项目的全面管理。系统建设规模大（有 1.6 万多个功能点）、建设时间紧（用户要求在 2019 年 12 月 31 日前所有功能子系统都必须全部上线）。为了保证项目如期完成，我带领项目团队全体成员，采用强矩阵项目组织结构，通过有效的项目管理，取得了可喜的成绩。该大型信息系统项目的建设内容中，除十大业务子系统开发外，还涉及民政办公大厅"公众触摸屏查询子系统"的开发。由于我们公司之前没有开发过触摸屏查询应用软件，也不打算在该应用领域投入开发，因此这个子系统是通过采购供应商的服务来完成的。本论文就重点讨论该信息系统项目的采购管理。（**本段响应子标题 1 的前面部分：叙述我参与管理过的信息系统项目，包括项目名称、客户、项目目标和系统构成等。这句话是让考生理解如何正确地响应题目中的要求。括号中的这段话考试时不用写。**）

一、本项目的采购特点及采购基本流程

在项目早期，我们就组织了专门的研讨会，研讨"公众触摸屏查询子系统"的特点，经分析和研讨，我们知道，要很好地实现该子系统的功能，不能简单地采购一个通用的触摸屏查询系统，因为该子系统需要展示业务办理过程和结果的数据信息，需要从后台业务数据库中动态提取数据，因此必须选择合格的供应商根据具体要求进行二次开发。考虑到本项目涉及外部采购，因此在

做项目计划时，我们就确定了本项目对外采购的基本流程：（1）组建采购班子。（2）编制采购文件和拟定标底。（3）发布采购公告。（4）投标资格预审。（5）采购文件答疑。（6）开标和评标。（7）决标和签约。（**本段响应子标题 1 的后面部分：描述本项目的采购特点，介绍了对外采购的基本流程。括号中的这段话考试时不用写。**）

二、项目采购管理的具体执行

"公众触摸屏查询子系统"的采购工作主要由我们公司采购部派出的采购专员小李负责，我作为项目经理提供必要的协助和把关。在编制采购计划时，我们依据规划采购管理过程，利用"自制或外购分析"和"市场调研"两种工具，编制了《采购管理计划》和《采购工作说明书》，理清了是否采购、怎样采购、采购什么、采购多少以及何时采购这几个主要问题，编制了本项目的《招标文件》，并确定了潜在供应商的入围标准和后续采购工作中对潜在供应商投标文件的评估标准。紧接着，我们在公司主页上投放了招标公告，开始进行供方选择，即进入实施采购阶段，一共有六家合格的潜在供应商购买了标书；当时我们这个采购项目从发标到开标一共是 20 天时间，在开标前 8 天，我们组织召开了一次投标人会议，6 家潜在供应商都参加了投标人答疑会，最后有 5 家潜在供应商在规定的时间提交了他们的投标文件。开标和评标的那一天，我们一共组织了 7 位专家组成评标小组（这 7 位专家分别来自管理、技术、财务、采购、市场、法律等领域，我和采购专员小李都是本采购评标专家之一）按照《采购管理计划》《评估标准》《招标文件》，通过筛选系统和加权系统等工具，对 5 家潜在供应商的投标书从技术方案、商务资质和价格三方面进行了综合评价和打分，最后确定了得分最高的一家潜在供应商中标。和中标供应商签订采购合同之后，我们和供应商按采购合同开始履行双方的责任和义务；按采购合同中的规定，供应商需要在 6 个月内完成采购合同所规定的工作内容，实际上花了近 7 个月时间；在合同管理即控制采购的过程中，我们综合使用了合同变更控制系统、买方绩效审查、检查和采购审计等几个工具，最后编写了《项目采购工作总结报告》，对本次采购工作过程的成功经验和存在的不足进行了详细总结。采购工作虽然说整体效果不错，但在整个采购的履约过程中，遇到了一个典型的采购问题，虽然这个问题得到了成功解决，但对本次采购还是造成了一定程度的影响（这个问题就是：供应商实际提供合格的触摸屏系统比计划推迟了近一个月时间）。（**本段响应子标题 2：围绕采购计划的编制、供方选择、合同管理等内容论述我是如何灵活运用采购管理理论来管理项目采购的。括号中的这段话考试时不用写。**）

三、采购中遇到的问题及解决办法

前面提到，在采购合同履约的过程中，由于我们管理不太到位，曾出现了一个典型的采购问题。这个问题就是供应商承诺按时交付的工作成果经常出现延期。针对这个问题，我们最开始认为的原因是供应商投入的人手不够，于是要求他们增加人手，供应商增加人手后效果还是非常有限。后来在和另一个项目经理（刚好他所负责的那个项目也需要从外部供应商采购一软件子系统）沟通的过程中我咨询了他这个问题，在他的分析和启发下，我们终于搞清楚了真正的问题所在，那就是我们总是听供应商的汇报，但没有安排专人及时、主动跟踪供应商的开发进度。弄清本质原因后，我们专门安排一位项目成员负责跟踪供应商，把对供应商的管理作为团队管理的一部分对待，对供应商的开发过程进行及时跟踪和监控，对发现的问题要求他们当即整改。在我们的严格把关下，供应商的工作过程"可视化"了，效果果然很明显，自那以后供应商很少出现延迟提交工作成果的现象。（**本段响应子标题 3：叙述在实际管理项目时，遇到的一个典型采购问题及其解决方法。括号中的这段话考试时不用写。**）

通过有效的项目采购管理，触摸屏查询子系统配合整体项目工作得到了很好的实施，项目于 2019 年 12 月 4 日全部上线并顺利通过了用户验收，在用户期望的日期前三周左右圆满完成了各项任务。××省社保系统民政统一软件系统自正式上线至今，运行状况良好，得到了用户的一致好评。在本项目采购管理方面，我们总结了四条有用的管理经验：（1）尽可能在项目的早期就确定项目需要采购的内容，以便能有足够的时间确定采购方式和选择合适的供应商。（2）选择供应商时一定要根据被采购产品或服务的特点设定供应商入选门槛，这样不但可以提高供应商选择工作的效率和质量，而且可以避免鱼目混珠。（3）必须把对外包模块供应商的管理当作整个项目管理的一部分。（4）不但要求供应商所提供的工作结果满足要求，而且要监控供应商的工作过程。

但是，在本项目的采购管理方面，也存在着一些问题，需要我们在以后的项目管理过程中不断改进，如：（1）由于采购管理经验不足，对一些问题产生的原因分析不到位，导致在一定程度上影响了采购工作的实施进度。（2）在如何把甲方的需求完整、正确地传达给供应商方面，我们还需要多改善工作方式。（**最后是对该项目在采购管理方面经验和不足的总结。括号中的这段话考试时不用写。**）

第6章 2016年论文考试科目真题解析及范文

6.1 上半年论题一：论信息系统项目的范围管理

一、题目描述

项目范围管理包括范围计划编制、范围定义、创建工作分解结构、范围确认和范围控制等一系列子过程。用以确保项目包含且只包含达到项目成功所必须完成的工作，范围管理主要关注项目内容的定义和控制，即包括什么，不包括什么。

请以"信息系统项目的范围管理"为题，分别从以下三个方面进行论述：

1. 概要叙述你参与管理过的信息系统项目（项目的背景、项目规模、发起单位、目的、项目内容、组织结构、项目周期和交付的产品等），并说明你在其中承担的工作。

2. 围绕以下几点，结合项目管理实际情况论述你对项目范围管理的认识：

（1）确认项目范围对项目管理的意义。

（2）项目范围管理的主要活动及相关的输入和输出。

（3）项目范围管理使用的工具和技术。

3. 请结合论文中所提到的信息系统项目，介绍你是如何进行范围管理的（可叙述具体做法），并总结你的心得体会。

二、写作分析

该论文考查的是考生对信息系统项目范围管理的认识和理解。根据题目要求论述的三个方面，本论文需要描述"我"所管理的项目的基本情况和"我"在项目中所承担的角色和主要工作，论述"我"在"确认项目范围对项目管理的意义""项目范围管理的主要活动及相关的输入和输出""项目范围管理使用的工具和技术"这三个方面对项目范围管理的认识，同时需要结合具体的项目论述"我"是如何进行范围管理的。从出题要求来分析，编者认为，本论文的重点应该是响应子标题2：结合项目管理实际情况从三个方面论述你对项目范

围管理的认识以及子标题 3：结合论文中所提到的信息系统项目。介绍你是如何进行范围管理的。（论文写作难度：★★★）

三、范文

【摘要】

本文讨论了××省社保系统民政统一软件开发这一大型信息系统项目的范围管理。该项目是在国家大社会保险政策指导下于 2018 年 10 月份正式启动的。该系统为用户提供了优抚安置、救灾救济等十大主要业务功能。本文首先讨论了我在"确认项目范围对项目管理的意义"、"项目范围管理的主要活动及相关的输入和输出"以及"项目范围管理使用的工具和技术"这三方面对项目范围管理的认识；接着结合该项目，举了一个范围变更管理的实例，从控制范围的角度介绍我是如何进行范围管理的。在论文的最后总结了我在该项目范围管理方面的经验和不足。在本项目建设过程中，本人担任项目经理。本系统已于 2019 年 12 月 4 日成功上线并顺利通过了用户验收，目前运行状况良好，得到了用户的高度评价。

【论文大纲】（考生可以把论文大纲先写在草稿纸上，用于写作论文时扩展和引导自己的写作思路）

该篇论文，编者把正文分为五段。

第一段：响应子标题 1，概要叙述我参与管理过的信息系统项目（项目的背景、项目规模、发起单位、目的、项目内容、组织结构、项目周期和交付的产品等）、我的职责，并切入论文的论题——项目的范围管理。

第二段：响应子标题 2，论述我在"确认项目范围对项目管理的意义""项目范围管理的主要活动及相关的输入和输出"以及"项目范围管理使用的工具和技术"这三个方面对项目范围管理的认识。

第三段：响应子标题 3，结合论文中所提到的信息系统项目，举一个范围变更管理的实例，从控制范围的角度介绍我是如何进行范围管理的。

第四段：总结本项目通过有效的项目范围管理所取得的实际效果。

第五段：论文总结，在项目范围管理方面哪些做得好（六条经验）、哪些需要改进（两点不足）。

【正文】

××省社保系统民政统一软件开发项目是在国家大社会保险政策指导下于 2018 年 10 月份正式启动的，合同金额 1352 万元。该项目由××省民政厅发起，旨在为全省民政部门提供一套集优抚安置、救灾救济、社会福利、民间组织管理、社区建设、基层政权、社会事务、区划地名、老龄工作和民政事业费管理等十大主要民政业务于一体的全省民政统一软件系统。该系统采用浏览器/Web 服务器/应用服务器/数据库服务器四层 J2EE 体系结构，应用服务器（中间件）采用 Oracle 公司的 WebLogic 11g，数据库服务器（数据库管理系统）采用 Oracle 11g，界面层主要采用 ExtJs 3.3/Ajax/Servlet/JSP，业务逻辑层组件主要采用 EJB 3.0 技术实现。在该项目的建设过程中，本人担任项目经理，负责项目的全面管理。系统建设规模大（有 1.6 万多个功能点）、建设时间紧（用户要求在 2019 年 12 月 31 日前所有功能子系统都必须全部上线）。为了保证项目如期完成，我带领项目团队全体成员，采用强矩阵项目组织结构，通过有效的项目管理特别是出色的项目范围管理，取得了可喜的成绩。（**本段响应子标题 1：叙述我参与管理过的信息系统项目，包括项目的背景、项目规模、发起单位、目的、项目内容、项目周期、交付的产品等以及我承担的工作。这句话是让考生理解如何正确地响应题目中的要求。括号中的这段话考试时不用写。**）

一、项目范围管理的意义及基本过程

××省社保系统民政统一软件开发这一大型信息系统项目的管理经验告诉我，确认项目范围对项目管理的意义是：项目的范围说明书及后续的各项可交付成果及时得到发起人或客户的签字验收，能大大提升项目的成功率。通过该项目以及其他项目的管理经验，我认为项目范围管理包含的主要活动有：规划范围管理、收集需求、定义范围、创建 WBS、确认范围和控制范围。根据我的项目经验，我认为规划范围管理过程的主要输入有：项目管理计划和项目章程，主要输出有：范围管理计划和需求管理计划；收集需求过程的主要输入有：项目章程、干系人登记册、范围管理计划、需求管理计划和干系人管理计划，主要输出有：需求文件和需求跟踪矩阵；定义范围过程的主要输入有：项目章程、范围管理计划和需求文件，主要输出有：项目范围说明书；创建 WBS 过程的主要输入有：项目管理计划、项目范围说明书和需求文件，主要输出有：范围基准；确认范围过程的主要输入有：项目管理计划、需求文件、需求跟踪矩阵、核实的可交付成果和工作绩效数据，主要输出有：验收的可交付成果和工作绩效信息；控制范围过程的主要输入有：项目管理计划、需求文件、需求跟踪矩阵和工作绩效数据，主要输出有：工作绩效信息和变更请求。本项目在规划范围管理的过程中，我们在《项目管理计划》的总体指导下，主要通过采用专家判断和会议这两个工具和技术制订了《项目范围管理计划》和《需求管理计划》；在收集需求的过程中，我们主要采用的是引导式研讨会和静态原型展示相结合的工具和技术；在定义范围的过程中，我们主要采用的是产品分析的工具和技术；在创建 WBS 的过程中，我们让从事设计和编码的人员协同，主要利用"分解"这一工具和技术创建 WBS，由于该项目我们采用的是分子系统、分批次进行的迭代开发模式，因此 WBS 分解采用滚动式规划，即已经明确的需求先分解，需求暂不明确的，先作为规划包，等需求明确后再分解；在确认范围时，使用得最多的工具和技术就是用户内部组织的评审和邀请第三方对系统进行的验收测试。在项目建设的整个过程中，我一直很重视控制范围，严格采用公司规定的配置管理系统和我们与用户达成一致的需求变更控制程序这两个主要工具和技术来实施项目的范围控制和范围变更管理。（**本段响应子标题 2：论述我在"确认项目范围对项目管理的意义""项目范围管理的主要活动及相关的输入和输出"以及"项目范围管理使用的工具和技术"这三方面对项目范围管理的认识。**）

二、范围管理中的变更管理

在项目建设过程中，我认为范围管理的六个方面都非常重要，而最不容易做好的就是范围的变更管理。以下用一个实例说明我是如何进行范围变更管理的。虽然在项目一开始我们就和相关干系人一起制订了项目范围变更控制程序，但有一次，甲方项目经理非常着急地打电话给我，说他们副厅长有一项需求变更，时间很紧迫，要求我们不要走变更控制程序就立即修改程序模块。我给甲方项目经理做了不按"规矩"办事而随意变更弊远远大于利的解释无果后，打电话给该副厅长说明了理由。因为我深知，如果出现了一次"例外"，就会出现第二次、第三次……以后就会让"例外"成为常态，那范围变更控制程序就会形同虚设，项目将不可控，后果不堪设想。但副厅长提出的这项变更属于一项重要任务，是必须在规定的时间内完成的。于是我和甲方项目经理商量，采用"加快"实施变更控制流程的策略来响应此次变更，即由我方代替甲方填写《范围变更申请表》，甲方签字确认后我们立即组织人员评估该变更，然后通过网络会议的形式提交 CCB 审批，这样既遵守了范围变更控制程序，又大大加快了对此次范围变更的响应速度，确保了该项任务在既定的时间内完成。此次"范围变更"解决得很漂亮，该副厅长对我们的办事效率非常满意，从那以后，他对我们的项目工作就更支持了，我们项目组也多次得到了这位领导的表扬和肯定。（**本段响应子标题 3：结合论文中所提到的信息系统项目，举一个范围变更管理的实例介绍我是如何进行范围管理的。括号中的这段话考试时不用写。**）

整个项目做下来，在范围管理方面的基本情况是：项目范围定义得比较清晰，工作分解得比较恰当，我们提交给客户的工作成果也几乎没有返工，项目共进行了 89 次需求变更，全部遵循了范围变更控制程序，所有变更都有纸质文档记录并归档。通过有效的项目管理特别是出色的范围管理，项目于 2019 年

12 月 4 日全部上线并顺利通过了用户验收，在用户期望的日期前三周圆满完成了各项任务。项目完成后，我们对项目实际数据进行了统计，发现该项目的实际成本比预算少花了 7%，总生产率比公司的标准生产率高 12%，人月成本也比公司标准人月成本低 8%。工作效率的提高和人月成本的下降与我们良好的范围管理有着密切的关系。**（本段总结本项目通过有效的项目范围管理所取得的实际效果。括号中的这段话考试时不用写。）**

××省社保系统民政统一软件开发这一大型信息系统自正式上线并通过用户验收至今，运行状况良好，得到了用户的一致好评。在本项目的范围管理中，我总结了六条经验：（1）事先要有明确的计划作为指导。（2）一定要和用户制订一份双方都认可的需求变更控制程序。（3）在编写《项目范围说明书》上多花一些时间是相当值得的。（4）一定要严格按计划和流程开展需求管理和范围管理的工作。（5）WBS 分解最好让执行后续工作任务的当事人参与。（6）保持和干系人良好的沟通有利于更好地了解项目范围并达成对项目范围理解上的一致。

然而，在本项目的范围管理方面，也存在着一些问题，需要我们不断改进，如：（1）在确认范围的过程中，和用户之间的配合还不够到位。（2）对范围的监控还存在一定的盲区，这在一定程度上影响了项目的绩效。**（最后是对该项目在范围管理方面经验和不足的总结。括号中的这段话考试时不用写。）**

6.2 上半年论题二：论信息系统项目的进度 管理

一、题目描述

项目进度管理是保证项目的所有工作都在指定的时间内完成的重要管理过程。管理项目进度是每个项目经理在项目管理过程中耗时耗力最多的一项工作，项目进度与项目成本、项目质量密不可分。

请以"信息系统项目的进度管理"为题，分别从以下三个方面进行论述：

1. 概要叙述你参与管理过的信息系统项目（项目的背景、项目规模、发起单位、目的、项目内容、组织结构、项目周期和交付的产品等），并说明你在其中承担的工作。

2. 结合信息系统项目管理实际情况并围绕以下要点论述你对信息系统项目进度管理的认识。

（1）项目进度管理过程包含的主要内容。

（2）项目进度管理的重要性，以及进度管理对成本管理和质量管理的影响。

3．请结合论文中所提到的项目，介绍在该项目中是如何进行进度管理的（请叙述具体做法），并总结你的心得体会。

二、写作分析

该论文考查的是考生对信息系统项目进度管理的认识和理解。根据题目描述和题目要求论述的三个方面，本论文除了需要简单介绍项目基本情况（如项目的背景、项目规模、发起单位、目的、项目内容、组织结构、项目周期和交付的产品等），还需要至少论述项目进度管理的基本过程以及进度管理对成本管理和质量管理的影响，并需要结合实际项目、进度管理的工具和方法叙述进度管理的具体做法和心得体会。从出题要求来分析，编者认为，本论文的重点应该是响应子标题2：至少从项目进度管理的基本过程以及进度管理对成本管理和质量管理的影响两个方面论述你对项目进度管理的认识和子标题3：结合论文中所提到的项目，介绍在该项目中是如何进行进度管理的（请叙述具体做法），并总结你的心得体会。（论文写作难度：★★★）

三、范文

【摘要】

本文讨论了××省社保系统民政统一软件开发这一大型项目的进度管理。该项目是在国家大社会保险政策指导下于2018年10月份正式启动的。该系统为用户提供了优抚安置、救灾救济等十大主要业务功能。在本文中首先讨论了项目进度管理的六个过程：规划进度管理、定义活动、排列活动顺序、估算活动持续时间、制订进度计划和控制进度，接着阐述了项目进度管理对成本管理和质量管理的影响，同时结合进度管理的几个典型工具和方法叙述了进度管理的具体做法，最后总结了我在该项目进度管理方面的心得体会。在该项目建设过程中，本人担任项目经理，在项目进度管理方面体会得尤为深刻。本系统已于2019年12月4日成功上线并顺利通过了用户验收，目前运行状况良好，得到了用户的高度评价。

【论文大纲】（考生可以把论文大纲先写在草稿纸上，用于写作论文时扩展和引导自己的写作思路）

该篇论文，编者把正文分为五段。

第一段：响应子标题1，描述项目的背景、系统包括的功能、系统建设的基本要求、采用的 IT 技术、我的职责，并切入论文的论题——项目的进度管理。

第二段：响应子标题 2 的第（1）小点，从项目进度管理所包括的六个基本过程论述我对进度管理的认识。

第三段：响应子标题 2 的第（2）小点，从宏观和微观两个层面阐述项目进度管理对成本管理和质量管理的影响。

第四段：响应子标题 3 的前半部分，结合进度管理的几个典型工具和方法叙述进度管理的具体做法。

第五段：响应子标题 3 的后半部分，总结本项目取得的实际效果，同时对该项目在进度管理方面的经验（四条经验）和不足（两点不足）进行总结。

【正文】

××省社保系统民政统一软件开发项目是在国家大社会保险政策指导下于 2018 年 10 月正式启动的，合同金额 1352 万元。该项目由××省民政厅发起，旨在为全省民政部门提供一套集优抚安置、救灾救济、社会福利、民间组织管理、社区建设、基层政权、社会事务、区划地名、老龄工作和民政事业费管理等十大主要民政业务于一体的全省民政统一软件系统。该系统采用浏览器/Web 服务器/应用服务器/数据库服务器四层 J2EE 体系结构，应用服务器（中间件）采用 Oracle 公司的 WebLogic 11g，数据库服务器（数据库管理系统）采用 Oracle 11g，界面层主要采用 ExtJs 3.3/Ajax/Servlet/JSP，业务逻辑层组件主要采用 EJB 3.0 技术实现。在该项目的建设过程中，本人担任项目经理，负责项目的全面管理。系统建设规模大（有 1.6 万多个功能点）、建设时间紧（用户要求在 2019 年 12 月 31 日前所有功能子系统都必须全部上线）。为了实现有效管理，我们根据该项目的实际情况，将其分解成业务软件系统开发、主机和网络安装、数据库安装配置、综合布线和软硬件集成等五个目标相互关联的子项目来统一管理。为此，该项目在我之下，还安排了五个子项目经理，他们分别管理这五个子项目。为了保证项目如期完成，我带领项目团队全体成员，采用强矩阵项目组织结构，通过有效的项目管理特别是出色的项目进度管理，取得了可喜的成绩。（**本段响应子标题 1：叙述我参与管理过的大型信息系统项目，包括项目的背景、发起单位、目的、项目周期和交付的产品等。这句话是让考生理解如何正确地响应题目中的要求。括号中的这段话考试时不用写。**）

一、项目进度管理的基本过程

我们知道，项目进度管理包括六个过程：规划进度管理、定义活动、排序活动顺序、估算活动持续时间、制订进度计划和控制进度。规划进度管理过程的作用是为规划、编制、管理、执行和控制项目进度而制订政策、程序和文档，我们在执行本过程时用到了专家判断和分析技术这两个工具和技术，主要的产出物是项目进度管理计划；定义活动过程的作用就是确定为产生项目各种可交付成果而必须进行的具体计划活动，我们在执行本过程时用到了分解、滚动式规划和专家判断这几个工具和技术，主要的产出物是活动清单、活动属性和里程碑清单；排列活动顺序过程的作用就是确定各计划活动之间的依赖关系，我们在执行本过程时用到紧前关系绘图法和确定依赖关系这几个工具和技术，主要的产出物是项目进度网络图；估算活动持续时间过程的作用就是估算完成各计划活动所需工时单位数，我们在执行本过程时用到了类比估算、参数估算和储备分析这几个工具和技术，主要产出物是各活动持续时间估算；制订进度计划过程的作用就是分析活动顺序、活动持续时间、资源要求及进度制约因素，从而制订出项目进度计划，我们在执行本过程时用到了关键路径法、关键链法、资源优化技术、项目管理信息系统和进度压缩这几个工具和技术，主要产出物是项目进度计划和进度基准；控制进度过程的作用就是跟踪和控制项目进度，我们在执行本过程时用到了绩效审查、项目管理信息系统和进度比较横道图这几个工具和技术，主要产出物是项目进度报告和相关的变更请求。（**本段响应子标题 2 的第（1）小点：从项目进度管理所包括的六个基本过程论述我对进度管理的认识。括号中的这段话考试时不用写。**）

二、进度管理对成本管理和质量管理的影响

提到项目进度管理就不得不提及项目成本管理和项目质量管理，因为项目进度管理对项目成本管理和项目质量管理有非常明显的影响。首先，从宏观层面上看，我们知道，进度的拖延会引起项目成本的增加；如果通过赶工或快速跟进的方法来压缩项目进度，则往往容易引起项目质量的下降。另外，从微观层面上看，我们知道，项目进度管理为项目成本管理和项目质量管理提供了必要的加工"素材"：项目进度计划是成本管理中估算成本过程和制订预算过程的输入；进度基准则是质量管理中规划质量管理过程的输入。（**本段响应子标题 2 的第（2）小点：从宏观和微观两个层面阐述项目进度管理对成本管理和质量管理的影响。括号中的这段话考试时不用写**）

三、项目进度管理的具体执行

回到项目进度管理这个主题上来，关于我所负责的××省社保系统民政统一软件开发这一大型项目，我们在项目进度管理方面的做法与我上文描述的大

型信息系统项目进度管理的六个过程的执行方法是一致的。首先我组织五个子项目经理和相关项目骨干成员，根据《项目章程》和项目招投标文件及我们所了解的项目的基本需求，搭建了《项目总体进度计划》框架，然后五个子项目经理分别组织各自子项目团队成员采用分解技术把工作包分解到具体的活动，利用定义活动的结果采用紧前关系绘图法和确定依赖关系技术制订出项目进度网络图，采用自下而上估算、参数估算、储备分析和公司统一使用的项目管理软件估算出活动持续时间，采用关键路径法、关键链法、资源优化技术和公司统一采用的项目管理软件制订出各子项目的进度计划；我汇总五个子项目的进度计划并根据相关工作之间的约束关系对汇总后的计划进行了调整，形成了项目总进度计划表，发现与原定的项目整体进度计划存在较大差异，于是我们组织大家开协调会，调整整体进度计划中不合理的地方、让子项目经理再调整各子项目进度计划，反复三次之后，我们的项目进度计划第一版终于大功告成。在项目进度控制方面，我们利用公司在网络版 Project 基础上二次开发的功能模块进行进度监控。另外，我们每周五下午会召开项目例会。在例会上，各子项目经理需要根据各子项目的进度报告采用 PPT 的形式向相关领导和项目组成员汇报工作完成情况、存在的问题和改进措施等。（**本段响应子标题 3 的前半部分：结合进度管理的几个典型工具和方法叙述进度管理的具体做法。括号中的这段话考试时不用写。**）

通过有效的项目管理，项目于 2019 年 12 月 4 日全部上线并顺利通过了用户验收，在用户期望的日期前三周圆满完成了各项任务。项目完成后，我们对项目实际数据进行了统计，发现该项目的实际成本比预算少花了 7%，总生产率比公司的标准生产率高 12%，人月成本也比公司标准人月成本低 8%。××省社保系统民政统一软件系统自正式上线至今，运行状况良好，得到了用户的一致好评。在本大型信息系统项目的进度管理方面，我总结了四条有用的管理经验：（1）把自己的主要精力放在项目整体进度计划和对项目整体进度的宏观把控上。（2）建立项目的内部管理团队，实现分级管理。（3）采用合适的自动化工具协助进行进度控制。（4）发现进度偏差一定要立即着手解决，不能拖延。

然而，在本项目的进度管理方面，也存在着一些问题，需要我们在以后不断改进，如：（1）进度监控还有不到位的地方，曾出现有个别成员虚报进度，影响了项目工作的正常开展。（2）在如何解决好赶工和项目质量之间关系的问题上，我还做得不够好。（**本段响应子标题 3 的后半部分，总结本项目所取得的实际效果，同时对该项目在进度管理方面的经验和不足进行总结。括号中的这段话考试时不用写。**）

6.3 下半年论题一：论信息系统项目的绩效管理

一、题目描述

绩效管理是任何组织都必须面对的问题，是组织管理的重要组成部分。作为项目经理或项目团队的相关负责人员，不仅必须关注项目绩效，激发员工的活力，并且还需要定期或不定期地对项目的绩效进行考核，保证项目能够按照预期的计划实施。如何有效地实施项目绩效管理，充分发挥项目团队每个成员的积极性，是项目经理在管理项目时必须面对的一项重要任务。

请以"信息系统项目的绩效管理"为题，分别从以下三个方面进行论述：

1. 简要说明你参与的信息系统项目的背景、目的、发起单位的性质、技术和运行特点、周期、绩效管理的特点，以及你在项目中的主要角色和职责。

2. 结合你参与的项目，论述项目绩效管理的流程、方法，以及使用的基本工具。

3. 根据你的项目绩效管理实践，说明你是如何进行项目绩效管理的，有哪些经验和教训。

二、写作分析

该论文考查的是考生对信息系统项目绩效管理的认识和理解。根据题目描述和题目要求论述的三个方面，本论文除了需要简单介绍项目基本情况（如项目的背景、项目规模、发起单位、目的、项目内容、组织结构、项目周期和交付的产品等），还需要阐述项目绩效考核的特点，需要结合项目论述项目绩效管理的流程、方法，以及使用的基本工具，并需要阐述"我"是如何进行项目绩效管理的，有哪些经验和教训。从出题要求来分析，编者认为，本论文的重点应该是响应子标题 3：根据你的项目绩效管理实践，说明你是如何进行项目绩效管理的，有哪些经验和教训。（论文写作难度：★★★★）

三、范文

【摘要】

本文讨论了××省社保系统民政统一软件开发这一大型项目的绩效管理。该项目是在国家大社会保险政策指导下于 2018 年 10 月正式启动的。该系统为用户提供了优抚安置、救灾救济等十大主要业务功能。在本文中首先讨论了项目绩效管理的特点，接着阐述了项目绩效管理的七大基本步骤和我在绩效管理中使用过的发放奖金、授予荣誉证书、赢取外派学习的机会、晋升等方法和工具，同时结合我的项目实践重点从绩效考核方面论述了我是如何对项目组成员进行月度考核和项目考核的，最后总结了我在该项目绩效管理方面的经验和不足。在本项目建设过程中，本人担任项目经理。本系统已于 2019 年 12 月 4 日成功上线并顺利通过了用户验收，目前运行状况良好，得到了用户的高度评价。

【论文大纲】（考生可以把论文大纲先写在草稿纸上，用于写作论文时扩展和引导自己的写作思路）

该篇论文，编者把正文分为五段。

第一段：响应子标题 1，描述项目的背景、系统包括的功能、系统建设的基本要求、采用的 IT 技术、我的职责，并切入论文的论题——信息系统项目的绩效管理。

第二段：继续响应子标题 1，阐述该项目绩效管理的特点，同时响应子标题 2：结合我参与的项目，论述项目绩效管理的流程、方法，以及使用的基本工具。

第三段：响应子标题 3，结合我管理的项目在绩效管理方面的实践，阐述我是如何进行项目绩效管理的。

第四段：总结本项目通过有效项目绩效管理所取得的实际效果。

第五段：响应子标题 3 的后面部分，在绩效管理方面，哪些做得好（四条经验），哪些需要改进（两点不足）。

【正文】

××省社保系统民政统一软件开发项目是在国家大社会保险政策指导下于 2018 年 10 月正式启动的，合同金额 1352 万元。该项目由××省民政厅发起，旨在为全省民政部门提供一套集优抚安置、救灾救济、社会福利、民间组织管理、社区建设、基层政权、社会事务、区划地名、老龄工作和民政事业费管理等十大主要民政业务于一体的全省民政统一软件系统。该系统采用浏览器/Web 服务器/应用服务器/数据库服务器四层 J2EE 体系结构，应用服务器（中间件）采用 Oracle 公司的 WebLogic 11g，数据库服务器（数据库管理系统）采用 Oracle 11g，界面层主要采用 ExtJs 3.3/Ajax/Servlet/JSP，业务逻辑层组件主要采用 EJB 3.0 技术实现。在该项目的建设过程中，本人担任项目经理，负责项目的全面管理。系统建设规模大（有 1.6 万多个功能点），建设时间紧（用户要求在 2019 年 12 月 31 日前所有功能子系统都必须全部上线）。为了保证项目如期完成，我带领项目团队全体成员，采用强矩阵项目组织结构，通过有效的项目管理特别是出色的项目绩效管理，取得了可喜的成绩。（**本段响应子标题 1：叙述我参与管理过的大型信息系统项目，包括项目的背景、发起单位、目的、项目周期和交付的产品等。这句话是让考生理解如何正确地响应题目中的要求。括号中的这段话考试时不用写。**）

一、项目绩效管理的特点及绩效管理流程

需要特别指出，我们这个项目绩效管理的特点是：工种多（有需求、设计、编码、测试、实施和文档等不同工种）、人员层次差异大（有工作十几年的骨干，有工作几年的新锐，也有刚入职不到一年的新兵）。另外，公司要求我们必须做到多劳者多得、少劳者少得。为了通过绩效管理激发大家的工作热情和绩效、激励员工提升技能、激发员工之间的良性竞争和合作意识，我们在绩效管理方面下了很大的功夫，力图通过绩效管理来正向推进团队成员的工作绩效。在项目开始时，我们就梳理出了项目绩效管理的基本流程：第一步，绩效考核动员，让被考核者理解绩效考核对自身的好处，让他们从心底里乐于接受考核。第二步，绩效考核办法的制订，围绕岗位职责和工作内容，和被考核者一起制订合理、科学的绩效考核办法。第三步，绩效考核办法的宣传，让被考核者充分了解绩效考核指标，清楚自己的行动方向。第四步，绩效考核的辅导，根据工作需要进行培养和辅导，让被考核者具备胜任绩效指标要求的能力。第五步，绩效考核的执行，工作结束后，不折不扣、公平、公正、公开地执行绩效考核办法。第六步，绩效考核的面谈，让被考核者知道自己的绩效考核结果，并向其解释考核结果，指出其成绩和待改进之处。第七步，绩效考核总结，总结绩效考核办法和绩效考核过程中的经验和不足，作为下一绩效考核周期内绩效考核改进的依据。在绩效管理方面，我们用到过的方法和工具主要有：发放奖金、授予荣誉证书、赢取外派学习的机会、晋升等。（**本段继续响应子标题 1，阐述该项目绩效管理的特点，同时响应子标题 2：结合我所参与的项目，论述项目绩效管理的流程、方法，以及使用的基本工具。括号中的这段话考试时不用写。**）

二、项目绩效管理的具体执行

在绩效管理方面，我想重点谈谈绩效考核。我们项目组对项目成员的绩效考核，分为月度考核和项目考核。月度考核影响员工每月的收入，项目考核是项目结束后的考核，影响员工的项目奖金和晋升。在月度考核方面，项目组对项目成员的绩效考核主要包括三大指标：有效工作量（以工作任务评估时的工作量作为统计口径）、工作质量（通过评审和测试的数据统计得出），以及项目经理的评价（项目经理从员工工作态度、工作能力提升和团队精神等方面进行

综合评价)。在项目考核方面,项目组对项目成员的绩效考核主要包括四大指标：有效工作量（以工作任务评估时的工作量作为统计口径）、工作质量（通过评审和测试的数据统计得出）、项目整体绩效（公司对项目业绩的考核数据）以及项目经理的评价（项目经理从员工工作态度、工作能力提升、团队精神等方面进行综合评价）。通过月度考核,我们明显感觉到员工工作动力增强了,客户满意度提升了,计划准确性提高了;对个人而言,原来干多干少一个样,每月拿固定工资,实施月度绩效考核后,技术好、工作积极和出活多的员工收入明显增加,这些员工还受到项目经理的表扬,这样也迫使那些后进的员工积极提升技术能力、主动索取工作任务以及增强自己的团队合作意识。在绩效考核的执行方面,我们是这样做的：第一步,在考核周期内,项目经理把项目组成员的绩效按考核指标进行统计并按照事先约定的比例进行加权后得到总分。第二步,项目经理汇总项目组所有成员的绩效数据形成本考核周期内的绩效考核表。第三步,项目经理分别和项目组各成员沟通本考核周期内的绩效数据、纠正偏差直至达成共识。第四步,项目经理把本考核周期内项目组成员的绩效考核数据分别提交给项目组成员所在部门的部门经理。第五步,各部门经理汇总审核各项目组提交的这些数据,加入本部门的评价后提交给主管领导审批。第六步,部门经理将主管领导审批后的绩效数据提交给公司人力资源部。第七步,公司人力资源部会同公司财务部按考核结果发放员工工资或奖金。**(本段响应子标题3,结合我管理的项目在绩效管理方面的实践,阐述我是如何进行项目绩效管理的。括号中的这段话考试时不用写。)**

通过有效的项目管理特别是出色的绩效管理,项目于 2019 年 12 月 4 日正式上线并顺利通过了用户验收,在用户期望的日期前三周圆满完成了各项任务。项目完成后,我们对项目实际数据进行了统计,发现该项目的实际成本比预算少花了 7%,总生产率比公司的标准生产率高 12%,人月成本也比公司标准人月成本低 8%。工作效率的提高和人月成本的下降与我们良好的绩效管理有着密切的关系。(本段总结本项目通过有效的项目绩效管理所取得的实际效果。括号中的这段话考试时不用写。)

××省社保系统民政统一软件系统自正式上线并顺利通过用户验收至今,运行状况良好,得到了用户的一致好评。在本项目的绩效管理方面,我总结了四条经验：（1）绩效考核用数据说话,提升了可信度和大家的认可程度。（2）管理制度一定要坚持执行,在执行中发现问题和不断改善。（3）设置的绩效考核指标只有把公司、项目组和项目成员三者的利益统一起来,才具有更强大的效用。（4）绩效考核的最终目标不是奖惩,而是改进工作绩效,因此,绩效面谈很重要。

然而，在绩效管理方面，也存在着一些问题，需要我们不断改进，如：（1）绩效考核办法不尽完善，个别急功近利的员工，想方设法钻考核办法的漏洞和空子，损公肥私。（2）考核指标的量化程度还不够，这在一定程度上损害了个别优秀员工的个人利益。（**响应子标题3的后面部分，在绩效管理方面，哪些做得好，哪些需要改进。括号中的这段话考试时不用写。**）

6.4　下半年论题二：论信息系统项目的人力资源管理

一、题目描述

随着信息系统集成项目不断地向智能化、规模化发展，项目团队成员呈现高学历、高专业化分工以及年轻化的趋势。如何管理好项目团队成员，并充分调动他们的积极性，成为当前项目经理亟待解决的问题。尤其是对于专业的信息系统集成公司和软件公司而言，人力资源成本基本是公司最大的投入。如何充分利用公司的人力资源，实现公司的战略目标，保证项目能够按照计划完成，是项目经理的重要任务。

请以"信息系统项目的人力资源管理"为题，分别从以下三个方面进行论述：

1. 简要说明你参与的信息系统项目的背景、目的和发起单位的性质，项目的技术和运行特点，项目的周期、人力资源需求的特点，以及你在项目中的主要角色和职责。

2. 结合你参与的项目，论述项目人力资源管理的主要流程，关键的输入输出、使用的基本工具，以及相关的激励理论和团队建设理论。

3. 根据你的项目人力资源管理实践，说明你是如何进行项目人力资源管理的，有哪些经验和教训。

二、写作分析

该论文考查的是考生对信息系统项目人力资源管理的认识和理解。根据题目要求论述的三个方面，本论文除了需要简单介绍项目基本情况（如项目的背景、项目规模、发起单位、目的、项目内容、组织结构、项目周期和交付的产品等），还需要结合项目论述项目人力资源管理的主要流程，关键的输入输出、使用的基本工具，以及相关的激励理论和团队建设理论；并需要阐述"我"是如何进行项目人力资源管理的，有哪些经验和教训。从出题要求来分析，编者认为，本论文的重点应该是响应子标题 3：根据你的项目人力资源管理实践，说明你是如何进行项目人力资源管理的，有哪些经验和教训。（论文写作难度：★★★）

三、范文

【摘要】

本文讨论了××省社保系统民政统一软件开发这一大型信息系统项目的人力资源管理。该项目是在国家大社会保险政策指导下于 2018 年 10 月正式启动的。该系统为用户提供了优抚安置、救灾救济等十大主要业务功能。本文首先讨论了项目人力资源管理的主要流程：做人力资源管理计划、估算活动资源、组建团队、建设团队和管理团队，五个过程关键的输入输出、使用的基本工具，以及相关的激励理论和团队建设理论；接着结合该项目实例，重点阐述了在团队建设和团队管理方面我是如何进行项目人力资源管理的。在论文的最后总结了我在该项目人力资源管理方面的三条经验和两点不足。在本项目建设过程中，本人担任项目经理。本系统已于 2019 年 12 月 4 日成功上线并顺利通过了用户验收，目前运行状况良好，得到了用户的高度评价。

【论文大纲】（考生可以把论文大纲先写在草稿纸上，用于写作论文时扩展和引导自己的写作思路）

该篇论文，编者把正文分为六段。

第一段：响应子标题 1，概要叙述我参与管理过的信息系统项目（项目的背景、项目规模、发起单位、目的、项目内容、组织结构、项目周期和交付的产品等）、我的职责，并切入论文的论题——项目的人力资源管理。

第二段：响应子标题 2，结合我所管理的项目，论述项目人力资源管理的主要流程，关键的输入输出、使用的基本工具，以及相关的激励理论和团队建设理论。

第三段：响应子标题 3，根据我的项目人力资源管理实践，说明我是如何进行团队建设的。

第四段：继续响应子标题 3，根据我的项目人力资源管理实践，说明我是如何进行团队管理的。

第五段：总结本项目通过有效的项目人力资源管理取得的实际效果。

第六段：响应子标题 3 的后面部分，总结我在项目人力资源管理方面哪些做得好（三条经验），哪些需要改进（两点不足）。

【正文】

××省社保系统民政统一软件开发项目是在国家大社会保险政策指导下于 2018 年 10 月正式启动的，合同金额 1352 万元。该项目由××省民政厅发起，旨在为全省民政部门提供一套集优抚安置、救灾救济、社会福利、民间组织管理、社区建设、基层政权、社会事务、区划地名、老龄工作和民政事业费管理等十大主要民政业务于一体的全省民政统一软件系统。该系统采用浏览器/Web 服务器/应用服务器/数据库服务器四层 J2EE 体系结构，应用服务器（中间件）采用 Oracle 公司的 WebLogic 11g，数据库服务器（数据库管理系统）采用 Oracle 11g，界面层主要采用 ExtJs 3.3/Ajax/Servlet/JSP，业务逻辑层组件主要采用 EJB 3.0 技术实现。在该项目的建设过程中，本人担任项目经理，负责项目的全面管理。系统建设规模大（有 1.6 万多个功能点）、建设时间紧（用户要求在 2019 年 12 月 31 日前所有功能子系统都必须全部上线）。为了保证项目如期完成，我带领项目团队全体成员，采用强矩阵项目组织结构，通过有效的项目管理特别是出色的项目人力资源管理，取得了可喜的成绩。（**本段响应子标题 1：叙述我参与管理过的信息系统项目，包括项目的背景、项目规模、发起单位、目的、项目内容、项目周期、交付的产品等以及我承担的工作。这句话是让考生理解如何正确地响应题目中的要求。括号中的这段话考试时不用写。**）

一、项目人力资源管理的基本过程

××省社保系统民政统一软件开发这一大型信息系统项目的管理经验告诉我，项目人力资源管理的含义是规划、组织、管理与领导项目团队，从而让项目团队成员高效地和项目经理一起工作。项目人力资源管理的主要流程：首先制订出人力资源管理计划，然后按人力资源管理计划估算活动资源并更新人力资源管理计划，接着组建项目团队，最后按人力资源管理计划建设项目团队和管理项目团队。因此，项目人力资源管理包括四个过程：规划（人力）资源管理、获取资源、建设团队和管理团队。在本项目的规划资源管理过程中，我们利用项目章程和项目管理计划这两个主要输入，使用组织图与职位描述和组织理论这两个工具和技术，输出了适合本项目需求的资源管理计划；在估算活动资源过程中，我们在资源管理计划的指导下，使用自下而上估算、类比估算和参数估算这三个工具和技术，输出了项目的资源需求和资源分解结构，并更新了资源管理计划；在获取资源过程中，我们利用资源管理计划这一主要输入，使用谈判、虚拟团队和多标准决策分析这三个工具和技术在合适的时间让合适的团队成员进驻了项目组，输出了项目团队派工单和资源日历；在建设团队过程中，我们利用资源管理计划、项目团队派工单和资源日历这三个主要输入，使用建立团队工作和绩效考核制度、培训、搞团队集体活动、鼓励和激励等工具和技术营造了良好的团队氛围，输出了团队绩效评价；在管理团队过程中，我们利用资源管理计划、项目团队派工单、团队绩效评价和工作绩效报告这几个输入，使用观察与交谈、影响力和冲突处理等工具和技术较好地解决了项目工作开展过程中存在的与人有关的冲突和矛盾，输出了变更请求和组织过程资产的更新。在团队建设方面，我们用到的激励理论主要有马斯洛需求层次理论、赫兹伯格的双因素理论、麦克雷戈的 X 理论和 Y 理论以及维克特的期望理论，用到的团队建设理论有：学习曲线和 KISS 法则等。（**本段响应子标题 2，结合我所管理的项目，论述项目人力资源管理的主要流程，关键的输入输出、使用的基本工具，以及相关的激励理论和团队建设理论。括号中的这段话考试时不用写。**）

二、项目人力资源管理中的团队建设

在项目人力资源管理方面，我想重点谈谈团队建设和团队管理。由于项目规模大、时间紧，公司为我们项目组单独配备了一个集中办公的场所——"作战室"。在"作战室"的醒目位置，我们悬挂了项目计划进度表和项目实际进度表，营造了一种积极、紧张的工作气氛。实践证明，团队成员的集中办公，培养了集体荣誉感和团队精神，大大增强了我们的整体战斗力。项目历时一年多时间，虽然大家都非常辛苦，有时候甚至需要加班加点工作，但大家认为收获很大，经历了一段值得回忆的美好时光。就拿培训来说，在项目进行期间，我们一共进行了 5 次业务培训、6 次技术培训和 4 次项目管理过程培训，通过这些培训，一方面有效地保证了"有合适的资源从事合适的工作"，另一方面，受训的项目组成员也很开心，因为在项目进展的工作过程中，他们的能力得到了最大程度的提高。实践经验告诉我，做好项目人力资源管理的关键就是正确认识人才的特点，合理安排他们的工作，尊重并尽可能满足他们的需求。（**本段响应子标题 3，根据我的项目人力资源管理实践，说明我是如何进行团队建设的。括号中的这段话考试时不用写。**）

三、项目人力资源管理中的团队管理

在团队管理方面，平时我会留意观察成员的工作状态，发现成员有异常表现时，积极地和他们沟通，努力开导并和他们一道寻求问题的解决方案；我会通过观察团队成员的精神面貌了解他们的心态和情绪，发现有异常情况时，我一般会通过私下找员工谈心的方式了解是否存在问题以及导致问题产生的原因，然后采取有针对性的措施协助解决。如在该项目的执行过程中，有一次一位项目组成员由于感情问题情绪不佳，导致工作进度一度延误，我发现这一问题后，和他进行了两个小时的沟通，认真聆听了他的倾诉并推心置腹、设身处地地开导他，结果他情绪恢复得很快，迅速解决了感情问题，后段时间工作效率也很高，为整个项目的顺利完成做出了较大的贡献。在项目建设过程中，当团队中出现冲突或问题时，我主要采用"面对"的解决策略，这样比较容易在双赢模式下彻底解决冲突或问题。有一次一个员工的绩效不理想，考核后被扣罚了一个月浮动工资；当时这个员工的情绪比较低落，甚至动了离职的念头。知道这个情况后，我找到了这个员工，和他一起分析了绩效不佳的原因，并鼓励他面对和正视自己存在的问题，然后和他一起寻找提升绩效的具体措施；后来他端正了心态，通过自己的主动学习加上我对他的技能辅导，他的绩效突飞猛进，年底还被公司评为了优秀员工。（**本段继续响应子标题3，根据我的项目人力资源管理实践，说明我是如何进行团队管理的。括号中的这段话考试时不用写。**）

　　通过有效的项目管理，项目于2019年12月4日正式上线并顺利通过了用户验收，在用户期望的日期前三周圆满完成了各项任务。项目完成后，我们对项目实际数据进行了统计，发现该项目的实际成本比预算少花了7%，总生产率比公司的标准生产率高12%，人月成本也比公司标准人月成本低8%。工作效率的提高和人月成本的下降与我们良好的人力资源管理有着密切的关系。（**本段总结本项目通过有效的项目（人力资源）管理所取得的实际效果。括号中的这段话考试时不用写。**）

　　××省社保系统民政统一软件系统自正式上线并顺利通过用户验收至今，运行状况良好，得到了用户的一致好评。在本项目人力资源管理方面，我总结了三条经验：（1）处理冲突时把握对事不对人的原则。（2）处理问题成员时，采用私下、正式、惩戒的逐步升级原则。（3）项目团队建设的重点是需要关注人、关注细节。

　　然而，在本项目的人力资源管理方面，也存在着一些问题，需要我们不断改进，如：（1）对如何灵活使用冲突处理的五种策略（强迫、妥协、包容、回避和面对）把握得还不够准确，导致个别冲突处理得不当。（2）个别团队建设活动策划欠妥，导致并非大家都有兴趣参与。（**最后是对该项目在人力资源管理方面经验和不足的总结。括号中的这段话考试时不用写。**）

第7章 2017年论文考试科目真题解析及范文

7.1 上半年论题一：论信息系统项目的范围管理

一、题目描述

实施项目范围管理的目的是确保项目做且只做所需的全部工作，以顺利完成项目的各个过程。项目范围管理关注为项目界定清楚工作边界，防止范围蔓延。当必须改变项目工作边界时，项目范围管理提供了一套规范的方法处理范围变更。

请以"信息系统项目的范围管理"为题，分别从以下三个方面进行论述：

1．概要叙述你所参与管理过的信息系统项目（项目的背景、目标、规模、发起单位、项目内容、组织结构、项目周期和交付成果等），并说明你在其中承担的工作。

2．结合项目实际，论述你对项目范围管理的认识。可以包括但不限于以下几个方面。

（1）项目范围对项目的意义。

（2）项目范围管理的主要过程、工具和技术。

（3）引起项目范围变更的因素。

（4）如何做好项目范围控制，防止项目范围蔓延。

3．请结合论文中所提到的信息系统项目，介绍你是如何进行范围管理的，包括具体做法和经验教训。

二、写作分析

该论文考查的是考生对信息系统项目范围管理的认识和理解。根据题目要求论述的三个方面，本论文需要描述"我"所管理的项目的基本情况和"我"在项目中所承担的角色和主要工作，需要从"项目范围对项目的意义"、"项目范围管理的主要过程、工具和技术"、"引起项目范围变更的因素"以及"如何做好项目范围控制，防止项目范围蔓延"这四个方面论述"我"对项目范围管理的认识，同时还需结合具体的项目论述"我"是如何进行范围管理的。从出题要求来分析，编者认为，本论文的重点应该是响应问题 2：结合项目管理实际情况从四个方面论述你对项目范围管理的认识以及问题 3：结合论文中所提到的信息系统项目，介绍你是如何进行范围管理的，包括具体做法和经验教训。（论文写作难度：★★★）

三、范文

【摘要】

本文讨论了××省社保系统民政统一软件开发这一大型信息系统项目的范围管理。该项目是在国家大社会保险政策指导下于 2018 年 10 月正式启动的。该系统为用户提供了优抚安置、救灾救济等十大主要业务功能。本文首先讨论了我在"项目范围对项目的意义""项目范围管理的主要过程、工具和技术""引起项目范围变更的因素"以及"如何做好项目范围控制，防止项目范围蔓延"等方面对项目范围管理的认识；接着结合该项目，举了一个范围变更管理的实例从控制范围的角度介绍我是如何进行范围管理的。在论文的最后总结了我在该项目范围管理方面的经验和不足。在本项目建设过程中，本人担任项目经理。本系统已于 2019 年 12 月 4 日成功上线并顺利通过了用户验收，目前运行状况良好，得到了用户的高度评价。

【论文大纲】（考生可以把论文大纲先写在草稿纸上，用于写作论文时扩展和引导自己的写作思路）

该篇论文，编者把正文分为六段。

第一段：响应子标题 1，概要叙述我参与管理过的信息系统项目（项目的背景、项目规模、发起单位、目的、项目内容、组织结构、项目周期和交付的产品等），我的职责，并切入论文的论题——项目的范围管理。

第二段：响应子标题 2 的第（1）小点和第（2）小点，论述我在"项目范围对项目的意义"和"项目范围管理的主要过程、工具和技术"两方面对项目范围管理的认识。

第三段：响应子标题 2 的第（3）小点和第（4）小点，论述我在"引起项目范围变更的因素"和"如何做好项目范围控制，防止项目范围蔓延"两方面对项目范围管理的认识。

第四段：响应子标题 3，结合论文中所提到的信息系统项目，举一个范围变更管理的实例从控制范围的角度介绍我是如何进行范围管理的。

第五段：总结本项目通过有效的项目范围管理所取得的实际效果。

第六段：论文总结，在项目范围管理方面哪些做得好（六条经验），哪些需要改进（两点不足）。

【正文】

　　××省社保系统民政统一软件开发项目是在国家大社会保险政策指导下于 2018 年 10 月正式启动的，合同金额 1352 万元。该项目由××省民政厅发起，旨在为全省民政部门提供一套集优抚安置、救灾救济、社会福利、民间组织管理、社区建设、基层政权、社会事务、区划地名、老龄工作和民政事业费管理等十大主要民政业务于一体的全省民政统一软件系统。该系统采用浏览器/Web 服务器/应用服务器/数据库服务器四层 J2EE 体系结构，应用服务器（中间件）采用 Oracle 公司的 WebLogic 11g，数据库服务器（数据库管理系统）采用 Oracle 11g，界面层主要采用 ExtJs 3.3/Ajax/Servlet/JSP，业务逻辑层组件主要采用 EJB 3.0 技术实现。在该项目的建设过程中，本人担任项目经理，负责项目的全面管理。系统建设规模大（有 1.6 万多个功能点）、建设时间紧（用户要求在 2019 年 12 月 31 日前所有功能子系统都必须全部上线）。为了保证项目如期完成，我带领项目团队全体成员，采用强矩阵项目组织结构，通过有效的项目管理特别是出色的项目范围管理，取得了可喜的成绩。（**本段响应子标题 1：叙述我管理过的信息系统项目，包括项目的背景、项目规模、发起单位、目的、项目内容、项目周期和交付的产品等，以及我承担的工作。这句话是让考生理解如何正确地响应题目中的要求。括号中的这段话考试时不用写。**）

一、范围管理的意义及范围管理的基本过程

　　业界数据显示，大部分的失败项目不是失败在技术上，而是失败在项目范围没有管理好。作为一个有多年信息系统项目建设经验的项目经理，我一直非常清楚，项目范围是一个信息系统项目能否建设成功的关键，项目范围如果管理得好，范围就是万善之源；如果管理得不好，范围就是万恶之源。因此，我们说项目范围对项目的意义是成败的起点和根源，一点也不为过。在该项目上，我认真利用了项目范围管理的六个过程：规划范围管理、收集需求、定义范围、创建 WBS、确认范围和控制范围，切实做好项目范围管理工作。在本项目规划范围管理的过程中，我们在《项目管理计划》的总体指导下，主要通过专家判断和会议这两个工具和技术制订了《项目范围管理计划》和《需求管理计划》；在收集需求的过程中，我们主要采用访谈、焦点小组、引导式研讨会和静态原型展示相结合的工具和技术；在定义范围的过程中，我们主要采用产品分析的工具和技术；在创建 WBS 的过程中，我们与从事设计和编码的人员协同，主要通过利用"分解"这一工具和技术创建 WBS，由于该项目我们选择了分子系统、分批次进行的迭代开发模式，因此采用的是滚动式 WBS 分解规划，即已

经明确的需求先分解，需求暂不明确的，先作为规划包，等需求明确后再分解；在确认范围时，使用得最多的工具和技术就是用户内部组织的评审和邀请第三方对系统进行的验收测试。在项目建设的整个过程中，我一直很重视控制范围，严格采用公司规定的配置管理系统和我们与用户达成一致的需求变更控制程序这两个主要工具和技术来实施项目的范围控制和范围变更管理。（**本段响应子标题 2 的第（1）小点和第（2）小点，论述我在"项目范围对项目的意义"和"项目范围管理的主要过程、工具和技术"两方面对项目范围管理的认识。**）

二、范围变更的因素及范围蔓延的防止

在项目建设过程中，如何管控范围变更一直是项目经理比较头疼的事情。根据我在该项目上的经验，我认为引起项目范围变更的因素主要有三个方面：（1）前期范围调研不充分，范围描述不准确。（2）用户出现新需求。（3）政策改变导致范围变更。要有效地做好范围控制，我们可以从如下四个方面下功夫：（1）定义科学合理的范围变更控制流程；（2）甲乙双方明确范围或需求变更的接口人；（3）所有变更一律要求书面化；（4）严格按范围变更控制流程执行范围变更，绝不允许特例。在上面四个方面做到位，则能很好地防止项目范围的蔓延。（**本段响应子标题 2 的第（3）小点和第（4）小点，论述我在"引起项目范围变更的因素"和"如何做好项目范围控制，防止项目范围蔓延"两方面对项目范围管理的认识。**）

三、范围管理中的变更控制

在项目建设过程中，我认为范围管理的六个方面都非常重要，而最不容易做好的就是范围的变更管理。以下用一个实例说明我是如何进行范围变更管理的。虽然在项目一开始我们就和相关干系人一起制订了项目范围变更控制程序，但有一次，甲方项目经理非常着急地打电话给我，说他们副厅长有一项需求变更，时间很紧迫，要求我们不要走变更控制程序就立即修改程序模块。我给甲方项目经理做了不按"规矩"办事而随意变更弊远远大于利的解释无果后，打电话给该副厅长说明了理由。因为我深知，如果出现了一次"例外"，就会出现第二次、第三次……以后就会让"例外"成为常态，那范围变更控制程序就会形同虚设，项目将不可控，后果不堪设想。但副厅长提出的这个变更属于一项任务，必须在规定的时间内完成；于是我和甲方项目经理商量，采用"加快"实施变更控制流程的策略来响应此次变更，即由我方代替甲方填写《范围变更申请表》，甲方签字确认后我们立即组织人马评估该变更，然后通过网络会议的形式提交 CCB 审批，这样既遵守了范围变更控制程序，又大大加快了对此次

范围变更的响应速度，确保了该项任务在既定的时间内完成。此次"范围变更"解决得很漂亮，该副厅长对我们非常满意。从那以后，他对我们的项目工作就更支持了，我们项目组也多次得到了这位领导的表扬和肯定。（**本段响应子标题 3：结合论文中所提到的信息系统项目，举一个范围变更管理的实例介绍我是如何进行范围管理的。括号中的这段话考试时不用写。**）

　　整个项目做下来，在范围管理方面的基本情况是：项目范围定义得比较清晰，工作分解得比较恰当，我们提交给客户的工作成果也几乎没有返工，项目共进行了 89 次需求变更，全部遵循了范围变更控制程序，所有变更都有纸质文档记录并被归档。通过有效的项目管理特别是出色的范围管理，项目于 2019 年 12 月 4 日全部上线并顺利通过了用户验收，在用户期望的日期前三周圆满完成了各项任务。项目完成后，我们对项目实际数据进行了统计，发现该项目的实际成本比预算少花了 7%，总生产率比公司的标准生产率高 12%，人月成本也比公司标准人月成本低 8%。工作效率的提高和人月成本的下降与我们良好的范围管理有着密切的关系。（**本段总结本项目通过有效的项目范围管理所取得的实际效果。括号中的这段话考试时不用写。**）

　　××省社保系统民政统一软件开发这一大型信息系统自正式上线并通过用户验收至今，运行状况良好，得到了用户的一致好评。在本项目的范围管理中，我总结了六条经验：（1）事先要有明确的计划作为指导。（2）一定要和用户制订一份双方都认可的需求变更控制程序。（3）在编写《项目范围说明书》上多花一些时间是相当值得的。（4）一定要严格按计划和流程开展需求管理和范围管理的工作。（5）WBS 分解最好是让执行后续工作任务的当事人参与。（6）保持和干系人良好的沟通有利于更好地了解项目范围并达成对项目范围理解上的一致。

　　然而，在本项目的范围管理方面，也存在着一些问题，需要我们不断改进，如：（1）在确认范围的过程中，和用户之间配合得不够到位。（2）对范围的监控还存在一定的盲区，这在一定程度上影响了项目的绩效。（**最后是对该项目在范围管理方面经验和不足的总结。括号中的这段话考试时不用写。**）

7.2　上半年论题二：论项目的采购管理

一、题目描述

　　项目采购管理是为完成项目工作，从承担该项目的组织外部购买或获取所需要的产品、服务或成果的过程。随着 IT 行业的快速发展和技术的不断进步，行业的分工更细，更加强调分工与合作。规范的采购不仅能够降低成本、增强市场竞争力，而且还能为项目贡献"利润"。项目采购管理对项目的成功至关重要。规范的采购管理兼顾符合项目的需要、经济性、合理性和有效性。可以有效降低项目成本，促进项目顺利实现各个目标，从而成功完成项目。

请以"项目采购管理"为题，分别从以下三个方面进行论述：

1．概要叙述你参与管理过的信息系统项目（项目的背景、目标、规模、发起单位、项目内容、组织结构、项目周期和交付成果等），并说明你在其中承担的工作。

2．结合项目管理实际情况并围绕以下要点论述你对项目采购管理的认识。

（1）编制采购计划。

（2）控制采购。

3．请结合论文中所提到的信息系统项目，介绍你是如何进行项目采购管理的（可叙述具体做法），并总结你的心得体会。

二、写作分析

该论文考查的是考生对信息系统项目采购管理的认识、理解和具体实施情况。根据题目要求论述的三个方面，本论文除需要简单介绍项目背景情况（包括项目名称、客户、项目目标、系统构成和采购特点等），还需要结合项目采购管理的亲身经历论述"我"在编制采购计划、控制采购等方面对采购管理的认识；另外还需要结合论文中所提到的信息系统项目，介绍"我"是如何进行项目采购管理的。从出题要求来分析，编者认为，本论文的重点应该是响应问题 3：请结合论文中所提到的信息系统项目，介绍你是如何进行项目采购管理的（可叙述具体做法），并总结你的心得体会。（论文写作难度：★★★）

三、范文

【摘要】

本文讨论了××省社保系统民政统一软件开发这一大型项目的采购管理。该项目是在国家大社会保险政策指导下于 2018 年 10 月正式启动的。该系统为用户提供了优抚安置、救灾救济等十大主要业务功能。在本文中首先讨论了该项目的背景信息；接着简单阐述了我在编制采购计划、实施采购和控制采购三个方面对采购管理的认识；然后结合论文中所提到的信息系统项目，介绍我是如何进行项目采购管理的；同时举出一个典型的采购问题，论述我是如何解决的；最后总结了我在该项目采购管理方面的四条经验和两点不足。在本项目建设过程中，本人担任项目经理。本系统已于 2019 年 12 月 4 日成功上线并顺利通过了用户验收，目前运行状况良好，得到了用户的高度评价。

【论文大纲】（考生可以把论文大纲先写在草稿纸上，用于写作论文时扩展和引导自己的写作思路）

该篇论文，编者把正文分为五段。

第一段：响应子标题 1，描述项目的背景、系统包括的功能、系统建设的基本要求、采用的 IT 技术和我的职责，并切入论文的论题——项目的采购管理。

第二段：响应子标题 2，结合项目采购管理的亲身经历论述我在编制采购计划、实施采购和控制采购三方面对采购管理的认识。

第三段：响应子标题 3，结合论文中所提到的信息系统项目，介绍我是如何进行项目采购管理的。

第四段：继续响应子标题 3，举出一个典型的采购问题，论述我是如何解决的。

第五段：总结本项目的实施结果；进行论文总结，哪些做得好（四条经验），哪些需要改进（两点不足）。

【正文】

××省社保系统民政统一软件开发项目是在国家大社会保险政策指导下于 2018 年 10 月正式启动的，合同金额 1352 万元。该项目由××省民政厅发起，旨在为全省民政部门提供一套集优抚安置、救灾救济、社会福利、民间组织管理、社区建设、基层政权、社会事务、区划地名、老龄工作和民政事业费管理等十大主要民政业务于一体的全省民政统一软件系统。该系统采用浏览器/Web 服务器/应用服务器/数据库服务器四层 J2EE 体系结构，应用服务器（中间件）采用 Oracle 公司的 WebLogic 11g，数据库服务器（数据库管理系统）采用 Oracle 11g，界面层主要采用 ExtJs 3.3/Ajax/Servlet/JSP，业务逻辑层组件主要采用 EJB 3.0 技术实现。在该项目的建设过程中，本人担任项目经理，负责项目的全面管理。系统建设规模大（有 1.6 万多个功能点）、建设时间紧（用户要求在 2019 年 12 月 31 日前所有功能子系统都必须全部上线）。为了保证项目如期完成，我带领项目团队全体成员，通过有效的项目管理，取得了可喜的成绩。该大型信息系统项目的建设内容中，除了十大业务子系统开发，还涉及民政办公大厅"公众触摸屏查询子系统"的开发。由于我们公司之前没有开发过触摸屏查询应用软件，也不打算在该应用领域投入开发，因此这个子系统是通过采购供应商的服务来完成的。本论文就重点讨论该信息系统项目的采购管理。（**本段响应子标题 1：叙述我参与管理过的信息系统项目，包括项目名称、客户、项目目标和系统构成等。这句话是让考生理解如何正确地响应题目中的要求。**

括号中的这段话考试时不用写。)

一、项目采购管理的基本过程

我们知道，采购管理包括三个方面的工作：规划采购管理、实施采购和控制采购。根据我的工程经验，我认识到规划采购管理就是记录项目采购决策、明确采购方法、识别潜在卖方；实施采购则是选定卖方并授予合同；控制采购则是管理采购关系、监督合同执行情况，实施必要的变更和纠偏，完成当次采购工作并总结经验和教训以及关闭合同。我认为，编制采购计划是采购工作得以有效开展的源头，而控制采购则是采购工作得以有效开展的核心。（**本段响应子标题 2：结合项目采购管理的亲身经历论述我在编制采购计划、实施采购和控制采购三方面对采购管理的认识。**）

二、项目采购管理的具体执行

具体执行时，"公众触摸屏查询子系统"采购工作主要由我们公司采购部派出的采购专员小李负责，我作为项目经理提供必要的协助和把关。在采购计划编制时，我们依据规划采购管理过程，利用"自制或外购分析"和"市场调研"两种工具，编制了《采购管理计划》和《采购工作说明书》，理清了是否采购、怎样采购、采购什么、采购多少以及何时采购这几个主要问题，编制了本项目的招标文件，并确定了潜在供应商的入围标准和后续采购工作中对潜在供应商投标文件的评估标准。紧接着，我们在公司主页上投放了招标公告，开始进行实施采购的工作，一共有六家合格的潜在供应商购买了标书。当时我们这个采购项目从发标到开标一共是 20 天时间，在开标前 8 天，我们组织召开了一次投标人会议，6 家潜在供应商都参加了投标人答疑会，最后有 5 家潜在供应商在规定的时间提交了它们的投标文件。开标和评标的那一天，由 7 位专家组成的评标小组（这 7 位专家分别来自管理、技术、财务、采购、市场和法律等领域，我和采购专员小李都是本采购评标专家之一）按照《采购管理计划》、《评估标准》和采购文件，通过筛选系统和加权系统等工具，对 5 家潜在供应商的投标书从技术方案、商务资质和价格三方面进行了综合评价和打分，最后确定了得分最高的一家潜在供应商中标。和中标供应商签订采购合同之后，我们和供应商按采购合同开始履行双方的责任和义务；按采购合同中的规定，供应商需要在 6 个月内完成采购合同所规定的工作内容（实际上花了近 7 个月时间）。在控制采购的过程中，我们综合使用了合同变更控制系统、买方绩效审查、检查和采购审计等几个工具，最后编写了《项目采购工作总结报告》，对本次采购工作过程的成功经验和存在的不足进行了详细总结。采购工作虽然说整体效果不错，但在整个采购的履约过程中，遇到了一个典型的采购问题，虽然这个问题得到了成功解决，但对本次采购还是造成了一定程度的影响（这个问题就是：供应商实际提供合格的触摸屏系统的时间比计划推迟了近一个月）。**（本段响应子标题 3：结合论文中所提到的信息系统项目，介绍我是如何进行项目采购管理的。括号中的这段话考试时不用写。）**

三、采购中遇到的问题及解决办法

前面提到，在采购合同履约的过程中，由于我们管理不太到位，曾出现了一个典型的采购问题。这个问题就是供应商承诺按时交付的工作成果经常出现延期。针对这个问题，我们最开始认为是供应商投入的人手不够，于是要求增加人手，供应商增加人手后效果还是非常有限。后来在和另一位项目经理（刚好他负责的那个项目也需要从外部供应商采购一套软件子系统）进行沟通的过程中，我向他咨询了这个问题。在他的分析和启发下，我终于搞清楚了真正的问题所在，那就是我们只是听供应商的汇报，却没有安排专人及时、主动跟踪供应商的开发进度。找到原因后，我们专门安排了一位项目成员负责监督供应商，把对供应商的管理作为团队管理的一部分，对供应商的开发过程进行及时跟踪和监控，对发现的问题要求当即整改。在我们的严格把关下，供应商的工作过程"可视化"了，效果果然很明显，自那以后供应商很少出现延迟提交工作成果的现象。**（本段继续响应子标题 3：举出一个典型的采购问题，论述我是如何解决的。括号中的这段话考试时不用写。）**

通过有效的项目采购管理，触摸屏查询子系统很好地配合了整体项目的实施，项目于 2019 年 12 月 4 日全部上线并顺利通过了用户验收，在用户期望的日期前三周圆满完成了各项任务。××省社保系统民政统一软件系统自上线至今，运行状况良好，得到了用户的一致好评。在本项目的采购管理方面，我们总结了四条有用的管理经验：（1）尽可能在项目的早期就确定项目需要采购的内容，以便有足够的时间确定采购方式和选择合适的供应商。（2）选择供应商时一定要根据被采购产品或服务的特点设定供应商入选门槛，这样不但可以提高供应商选择工作的效率和质量，而且可以避免鱼目混珠。（3）必须把对外包模块供应商的管理当作整个项目管理的一部分。（4）不仅要供应商提供满足要求的工作结果，还要监控供应商的工作过程。

但是，在本项目的采购管理方面，也存在着一些问题，需要我们在以后的项目管理过程中不断改进，如：（1）由于采购管理经验不足，对一些问题产生的原因分析不到位，导致在一定程度上影响了采购工作的实施进度。（2）在如何把甲方的需求完整、正确地传达给供应商的问题上，我们还需要改进工作方式。（最后是对该项目在采购管理方面经验和不足的总结，同时也是对响应子标题 **3** 后面部分的响应。括号中的这段话考试时不用写。）

7.3　下半年论题一：论信息系统项目的安全管理

一、题目描述

2017 年 6 月 1 日《中华人民共和国网络安全法》正式实施，全社会对信息安全的关注提到前所未有的新高度。目前，很多单位都建立了信息安全管理体系，制订了与信息安全相关的制度、规范或要求等。在项目实施过程中如何遵循这些制度、规范和要求，成为项目经理需要重点关注的问题。

请以"信息系统项目的安全管理"为题，分别从以下三个方面进行论述：

1. 概要叙述你参与过的或者你所在组织开展过的信息系统相关项目的基本情况（项目背景、规模、目的、项目内容、组织结构、项目周期和交付成果等），并说明你在其中承担的工作。

2. 结合项目实际，论述你对项目安全管理的认识，可以包括但不限于以下几个方面。

（1）信息安全管理的主要工作内容。

（2）信息安全管理中可以使用的工具、技术和方法等。

（3）信息安全管理的工作内容、使用的工具、技术和方法如何在项目管理的各方面（如人力资源管理、文档管理、沟通管理和采购管理）得到体现。

3. 请结合论文中所提到的信息系统项目，介绍你是如何进行安全管理的，包括具体做法和经验教训。

二、写作分析

该论文考查的是考生对信息系统安全策略的认识和理解。如果考生之前很少参与组织信息化工作中信息安全体系的建设，则写起来就会比较困难；如果是这种情况，考生就应该避免选择写此论文。根据题目要求论述的三个方面，本论文除需要简单介绍项目基本情况（包括项目背景、项目规模、发起单位、目的、项目内容、组织结构、项目周期、交付的产品和项目安全需求等），还需要结合项目实际，从信息安全管理的主要工作内容，信息安全管理中使用的工具、技术和方法以及这些工具、技术和方法如何在项目管理的各方面得到体现三个方面论述"我"对项目安全管理的认识，另外还需要结合论文中所提到的信息系统项目，介绍"我"是如何进行安全管理的。从出题要求来分析，编者认为，本论文的重点应该是响应问题2：结合项目实际，从三个方面论述"我"对项目安全管理的认识和问题3：结合论文中所提到的信息系统项目，介绍"我"是如何进行安全管理的。（论文写作难度：★★★★★）

三、范文

【摘要】

本文讨论了我所服务的公司ERP系统项目的安全管理。该系统项目是在公司2015~2020年战略规划的指导下，为了适应竞争日益加剧的市场环境、提高企业的快速应变能力和效率，于2018年2月正式启动的一个企业信息化建设项目。该项目包括财会管理子系统、销售管理子系统等六大功能子系统。本文首先从信息安全管理的主要工作内容，信息安全管理中使用的工具、技术和方法以及这些工具、技术和方法如何在项目管理的各方面得到体现三个方面论述了我对项目安全管理的认识，接着结合该项目，论述我是如何进行安全管理的。在论文的最后总结了我在本项目安全管理方面的经验和不足。在本项目的建设过程中，本人担任甲方项目经理，除了负责与乙方协调外，另一项很重要的工作就是负责该项目的安全管理。

【论文大纲】（考生可以把论文大纲先写在草稿纸上，用于写作论文时扩展和引导自己的写作思路）

该篇论文，编者把正文分为六段。

第一段：响应子标题1，描述我参与的信息系统项目的情况（项目背景、项目规模、发起单位、目的、项目内容、组织结构、项目周期、交付的产品和项目安全需求等），我的职责，并切入论文的论题——信息系统项目的安全管理。

第二段：本段响应子标题2的第（1）小点，信息安全管理的主要工作内容。

第三段：本段响应子标题2的第（2）小点，信息安全管理中可以使用的工具、技术和方法等。

第四段：本段响应子标题2的第（3）小点，信息安全管理的工作内容、使用的工具、技术和方法如何在项目管理的各方面（如人力资源管理、文档管理、沟通管理和采购管理）中得到体现。

第五段：本段响应子标题3，结合论文中所提到的信息系统项目，介绍我是如何进行安全管理的。

第六段：对该项目在信息安全管理方面的经验进行总结，同时也响应子标题 3 的后面部分——总结经验和教训。

【正文】

我所服务的公司的 ERP 系统项目是在公司 2015～2020 年战略规划的指导下，为了适应竞争日益加剧的市场环境、提高企业的快速应变能力和效率于 2018 年 2 月份正式启动的一个企业信息化建设项目。该项目由公司总经办发起，系统覆盖公司所有业务（包括软件、系统集成和智能建筑等）和所有部门，分为财会管理子系统、销售管理子系统、工程管理子系统、采购管理子系统、合同管理子系统、人力资源管理子系统、行政后勤综合管理子系统等七大部分。该系统采用浏览器/Web 服务器/应用服务器/数据库服务器四层 J2EE 体系结构，应用服务器（中间件）采用 Oracle 公司的 WebLogic 11g，数据库管理系统采用 Oracle 11g，界面层主要采用 Servlet/JSP，业务逻辑层组件主要采用 EJB 3.0 技术实现。该系统项目总投资 890 万元，通过公司对外公开招标的方式被国内某大型 ERP 厂商中标，该 ERP 系统需要在 2019 年 3 月 1 日前投入正式使用（项目工期为 1 年左右）。该系统是公司截至目前最为重要的一个集生产、运营和日常管理于一体的大型信息化系统，因此公司对该系统的安全提出了较高的要求，公司领导批示，该 ERP 系统要做到三大安全：信息系统设备安全、应用系统管理和使用安全、数据储存和访问安全。在该项目的建设过程中，我担任甲方项目经理，除了负责与乙方（ERP 厂商）协调该项目的建设工作，另一项很重要的工作就是组织我方人员，建立该项目的信息系统安全体系。本项目我们采用强矩阵的项目组织结构形式。经过一年左右时间的建设，本项目的信息安全体系卓有成效。（**本段响应子标题 1：叙述我参与管理过的信息系统项目的情况。这句话是让考生理解如何正确地响应题目中的要求。括号中的这段话考试时不用写。**）

一、信息安全管理的主要工作内容

我们知道，信息安全管理的主要内容包括十四个方面：（1）制定信息安全方针和政策，为信息安全提供管理指导和支持。（2）建立管理框架，以启动和控制组织范围内的信息安全的实施，确保组织信息安全。（3）进行人力资源安全管理，减少盗窃、滥用或误用的风险。（4）对组织资产进行保护，实现资产管理安全。（5）进行访问控制，确保对信息、信息处理设施和业务过程的访问基于业务和安全需求进行。（6）通过加密来保护信息的保密性、真实性和完整性。（7）通过物理和环境安全管理，防止对组织办公场所和信息的非授权物理访问。（8）确保信息处理设施的正确和安全操作，实现运行安全。（9）确保网络中的信息和支持性基础设施得到保护，实现通信安全。（10）确保信息系统的获取、开发和使用安全。（11）与供应商签订协议，确保供应商访问组织资产的合理性和安全性。（12）通过流程确保安全事件得到有效处理。（13）通过安全手段的实施，确保业务的持续性。（14）避免违反法律、法规、规章、合同要求和其他安全要求。（**本段响应子标题 2 的第（1）小点：信息安全管理的主要工作内容。括号中的这段话考试时不用写。**）

二、信息安全管理使用的工具、技术和方法

在信息安全管理方面，我们主要关注的是三个方面：（1）物理安全管理。（2）人员安全管理。（3）应用系统安全管理。物理安全管理方面，我们使用的工具、技术和方法有：选择安全的机房场地，对机房进行降温、防水、防潮、防静电、防雷击和防电磁干扰等处理，给计算机设备设置标签，建立机房安全管理制度，安装检测监控系统等。人员安全管理方面，我们使用的工具、技术和方法有：建立组织单元一把手负责制的安全组织形式，进行岗位安全考核与培训，建立离岗人员安全管理制度等。应用系统安全管理方面，我们使用的工具、技术和方法有：建立应用系统的操作安全控制，设置严格的访问权限，采用入侵检测系统，进行信息和数据容灾备份等。（**本段响应子标题 2 的第（2）小点：信息安全管理中可以使用的工具、技术和方法等。括号中的这段话考试时不用写。**）

三、信息安全管理与项目管理

具体来说，在人力资源管理方面，我们要求凡是参与本项目的任何人员（包括公司内、外部人员）都需要经过资格审查并与公司签订保密协议；在文档管理方面，初审、复审和归档由不同的人员操作；在沟通管理方面，我们制订了沟通管理细则，涉及机密或影响信息安全管理方面的内容，一律不得随意外发；在采购管理方面，我们严格实行供应商的准入制度和原件查验制度，与中标供应商除签署双方的履约合同之外，还需要签署保密协议。总体来说，我们力求把信息安全管理与项目管理各方面结合起来，在确保安全的前提下实现项目的成功建设。（**本段响应子标题 2 的第（3）小点：信息安全管理的工作内容、使用的工具、技术和方法如何在项目管理的各方面，如人力资源管理、文档管理、沟通管理、采购管理中得到体现。括号中的这段话考试时不用写。**）

四、信息安全管理的具体落实

在信息安全管理方面，我重点论述信息系统安全管理。我非常清楚，针对

信息系统安全的威胁主要来自三方面：一是对信息系统设备的威胁，二是对业务处理过程的威胁，三是对数据的威胁。考虑到这三方面的威胁和公司领导对ERP系统提出的信息系统设备安全、应用系统管理和使用安全、数据储存和访问安全三方面的要求，我们设计了八种具体的安全管理规范：机房设备安全管理规范、主机和操作系统安全管理规范、网络和数据库管理规范、应用和输入输出管理规范、应用开发管理规范、应急事故管理规范、密码和安全设备管理规范、信息审计管理规范。在机房设备安全管理规范方面，我们制定了"机房管理人员要爱护机器设备，确保设备财产不受损坏，机房管理员对所管机房的计算机及设备负全部责任；未经机房管理员同意，任何人不准擅自使用、移动和调换设备；钥匙由指定人员保管，不能随意转借他人；未经领导批准，钥匙不能随意配制"等10条机房管理措施。在主机和操作系统安全管理规范方面，我们制定了"没有公司CTO批准，任何人不得擅自关闭或重启操作系统"等6条措施。在网络和数据库管理规范方面，我们制定了"禁止一切非本公司人员自带电脑接入公司内部网络"等8条措施。在应用和输入输出管理规范方面，我们要求ERP厂商在系统设计和构建时使用动态口令、数据传输加密和数据存储加密等相关技术。在应用开发管理规范方面，我们要求参与本ERP系统开发和实施的所有人员都必须签订保密协议。在应急事故管理规范方面，我们根据经常出现的一些问题开发了对应的应急预案。在密码和安全设备管理规范方面，我们制订了"两人各掌握数据库管理员密码的一部分，互不透露"等7条措施。在信息审计管理规范方面，我们制订了"任何人不得以任何理由威胁或左右审计人员执行信息审计工作"等5条措施。（**本段响应子标题3：结合论文中所提到的信息系统项目，介绍我是如何进行安全管理的。括号中的这段话考试时不用写。**）

公司ERP系统于2019年3月1日成功上线，由于信息系统安全管理体系设计和执行到位，运行至今，还没有发生过信息安全事件。在本项目的信息安全管理方面，我总结了三条经验：（1）有规矩方能成方圆，一定要订立科学合理的信息安全管理制度。（2）信息安全是一个系统工程，需要从多方面入手来系统防范。（3）要有专人负责信息安全体系的落实和执行。

然而，虽然我们在本项目的信息系统安全管理方面取得了不错的成绩，但还存在如下问题需要改进：（1）容灾和备份方案还不十分完善，应该尽快考虑和实施异地灾备。（2）信息安全责任的落实如何和个人绩效更好地挂钩，还需要在考核体系中进一步完善。（**最后是对该项目在信息安全方面的经验进行总结，同时也响应子标题3的后面部分：总结经验和教训。括号中的这段话考试时不用写。**）

7.4 下半年论题二：论信息系统项目的成本管理

一、题目描述

项目管理受范围、时间、成本和质量的约束，项目成本管理在项目管理中占有重要的地位，项目成本管理就是要确保在批准的项目预算内完成项目，通过项目成本管理尽量使项目实际发生的成本控制在预算范围之内。如果项目建设的实际成本远远超出批准的投资预算，就很容易造成成本失控。

请以"信息系统项目的成本管理"为题，分别从以下三个方面进行论述：

1. 概要叙述你参与管理过的信息系统项目（项目背景、项目规模、目的、项目内容、组织结构、项目周期和交付的产品等），并说明你在其中承担的工作。

2. 结合项目管理实际情况并围绕以下要点论述你对项目成本管理的认识。

（1）制订项目成本管理计划。

（2）项目成本估算、项目成本预算、项目成本控制。

3. 请结合论文中所提到的信息系统项目，介绍你是如何进行项目成本管理的（可叙述具体做法），并总结你的心得体会。

二、写作分析

该论文考查的是考生对信息系统项目成本管理的认识和理解。根据题目要求论述的三个方面，本论文除需要简单介绍项目基本情况（如项目的背景、发起单位、目的、项目周期和交付产品等），还需要结合该项目案例，从规划成本管理、估算成本、制订预算和控制成本四个方面论述"我"对项目成本管理的认识，同时需要结合论文中所提到的信息系统项目，介绍"我"是如何进行项目成本管理的。从出题要求来分析，编者认为，本论文的重点应该是响应问题 3：结合论文中所提到的信息系统项目，介绍"我"是如何进行项目成本管理的。（论文写作难度：★★★）

三、范文

【摘要】

本文讨论了××省社保系统民政统一软件开发这一大型项目的成本管理。该项目是在国家大社会保险政策指导下于 2018 年 10 月正式启动的。该系统为用户提供了优抚安置、救灾救济等十大主要业务功能。在本文中我首先从规划成本管理、估算成本、制订预算和控制成本四个方面简单讨论了我对项目成本管理的认识；接着结合论文中所提到的信息系统项目，从上述四个方面重点论述了我的具体做法；论文最后总结了我在项目成本管理方面的心得体会。在本项目的建设过程中，本人担任项目经理。本系统已于 2019 年 12 月 4 日成功上线并顺利通过了用户验收，目前运行状况良好，得到了用户的高度评价。

【论文大纲】（考生可以把论文大纲先写在草稿纸上，用于写作论文时扩展和引导自己的写作思路）

该篇论文，编者把正文分为五段。

第一段：响应子标题 1，描述项目的背景、系统包括的功能、系统建设的基本要求、采用的 IT 技术和我的职责，并切入论文的论题——项目的成本管理。

第二段：响应子标题 2，从规划成本管理、估算成本、制订预算和控制成本四个方面简单讨论了我对项目成本管理的认识。

第三段：响应子标题 3，结合论文中所提到的信息系统项目，从规划成本管理、估算成本、制订预算和控制成本四个方面重点论述了我的具体做法。

第四段：总结本项目通过有效的项目成本管理所取得的实际效果。

第五段：论文总结，哪些做得好（三条经验），哪些需要改进（两点不足）。

【正文】

××省社保系统民政统一软件开发项目是在国家大社会保险政策指导下于 2018 年 10 月正式启动的，合同金额 1352 万元。该项目由××省民政厅发起，旨在为全省民政部门提供一套集优抚安置、救灾救济、社会福利、民间组织管理、社区建设、基层政权、社会事务、区划地名、老龄工作和民政事业费管理等十大主要民政业务于一体的全省民政统一软件系统。该系统采用浏览器/Web 服务器/应用服务器/数据库服务器四层 J2EE 体系结构，应用服务器（中间件）采用 Oracle 公司的 WebLogic 11g，数据库服务器（数据库管理系统）采用 Oracle 11g，界面层主要采用 ExtJs 3.3/Ajax/Servlet/JSP，业务逻辑层组件主要采用 EJB 3.0 技术实现。在该项目的建设过程中，本人担任项目经理，负责项目的全面管理。系统建设规模大（有 1.6 万多个功能点）、建设时间紧（用户要求在 2019 年 12 月 31 日前所有功能子系统都必须全部上线），同时公司对该项目的成本绩效也提出了较高的要求。为了保证项目如期完成，我带领项目团队全体成员，采用强矩阵项目组织结构，通过有效的项目管理特别是出色的成本管理，取得了可喜的成绩。（**本段响应子标题 1：叙述我参与管理过的信息系统项**

目的情况。这句话是让考生理解如何正确地响应题目中的要求。括号中的这段话考试时不用写。）

一、项目成管理的基本过程

为保证项目能完成预定的目标，必须加强对项目实际发生成本的控制，因为一旦项目成本失控，就难以在预算内完成项目。因此，项目启动时，我们就通过培训在团队全体成员中建立起了"尽可能一次把事情做对、巧用方法和工具、绝不浪费一分钱"的成本管理意识和思想。项目组全体成员也深刻认识到如果项目建设的实际成本远远超出批准的投资预算，就很容易造成成本失控。我深深知道，项目成本管理在项目管理中占有重要的地位，项目成本管理就是要确保在批准的项目预算内完成项目，通过项目成本管理尽量使项目实际发生的成本控制在预算范围之内。根据我的项目经验，我认为规划成本管理就是为规划、管理、花费和控制项目成本而制订政策、程序和文档；估算成本是对完成项目活动所需资金进行估算；制订预算是汇总所有单个活动或工作包的估算成本，建立一个经批准的成本基准；控制成本则是监督项目状态以更新项目预算、管理成本基准变更。（**本段响应子标题 2：从规划成本管理、估算成本、制订预算和控制成本四个方面简单讨论了我对项目成本管理的认识。括号中的这段话考试时不用写。）**

二、项目成本管理的具体执行

首先我们运用规划成本管理过程制订了成本估算预算流程和成本管控流程。制订成本估算预算流程的基本步骤：第一步，制订成本管理计划。第二步，项目经理组织成本估算。第三步，高层审批估算确定预算。第四步，项目经理按进度计划分配预算形成成本基线。成本管控流程的基本步骤：第一步，定期评估成本绩效。第二步，根据评估结果确定成本控制措施。第三步，跟踪成本管控措施的实施效果。第四步，调整和优化成本管控措施。接下来，我们按照成本估算预算流程，制订了以成本估算精确等级、成本测量单位、成本偏差标准和成本报告格式等为主要内容的成本管理计划，并建立了本项目的成本变更控制系统，然后对它们进行了严格的评审。有了这样一份合适的成本管理计划（后续阶段根据需要进行过必要的调整），为后续项目建设过程中的估算成本、制订预算、控制成本等奠定了良好的基础。在制订了《项目范围说明书》和《工作分解结构》的基础上，结合风险识别和风险分析的成果，我们首先采用功能点估算方法估算出了本项目的功能点数，然后采用参数估算的方法，利用公司开发的成本估算模型：项目成本=功能点数/生产力/176×平均人月成本（其中生产力的单位为"功能点数/人工时"，176 表示"一个月有 176 人工时"，平均人月成本的单位为"元/人月"）估算出项目成本。由于该项目是我公司第一个民政业务系统项目，为保险起见，我又组织了项目组成员采用自下而上的方式进行了估算，然后针对这两种方式的估算结果进行了综合分析并确定了项目成本的估算值。根据我们的工程经验，结合本项目的风险特征，我们预留了 10% 的应急储备金和 5% 的管理储备金，然后将最终的估算结果上报给公司领导批准。由于成本评估工作做得比较细、评估依据也比较充分，预算很快就被领导批准了。之后，我们根据项目进度计划对预算进行了分配并形成成本基准，为日后的成本控制提供了依据。同时，我们编制了一份《项目资金需求计划表》提交给公司财务部，方便财务部对该项目的资金进行储备和安排。成本基准确定后，我们描绘出了成本基准的"S 曲线"，为日后的项目绩效分析和成本控制提供参照。当然，在项目的进展过程中，我们根据项目的实际情况，利用成本变更控制系统对成本基准的"S 曲线"也进行过两次更新。在控制成本方面，在项目的执行过程中，我们定期（一般一个星期一次）采用进度报告和项目绩效报告等多种形式跟踪项目进度和费用情况。报告绩效时，项目前期我们按照 20/80 法则（工作尚未完成时挣值按计划价值的 20% 计算，工作完成后再按计划价值的 80% 作为挣值）、项目中后期我们按照 50/50 法则（工作尚未完成时挣值按计划价值的 50% 计算，工作完成后再按计划价值的 50% 作为挣值）统计实现值，然后利用挣值技术（EVT），每周将 PV（计划值）、AC（实际值）和 EV（挣值）绘制成"S 曲线"，并根据 PV、AC 和 EV 及其他相关信息进行项目偏差分析和趋势分析，根据偏差情况及时采取相应的成本控制措施（本项目我们采用过的成本控制措施有加班、调整人力资源、实施技能培训、选用更高效的技术等）。（**本段响应子标题 3：结合论文中所提到的信息系统项目，从规划成本管理、估算成本、制订预算和控制成本四个方面重点论述了我的具体做法。括号中的这段话考试时不用写。**）

　　项目于 2019 年 12 月 4 日全部上线并顺利通过了用户验收，在用户期望的日期前三周圆满完成了各项任务。项目完成后，我们对项目实际数据进行了统计，发现该项目的实际成本比预算少花了 7%，总生产率比公司的标准生产率高 12%，人月成本也比公司标准人月成本低 8%。工作效率的提高和人月成本的下降与我们良好的成本管理有着密切的关系。（**总结本项目通过有效的项目成本管理所取得的实际效果。括号中的这段话考试时不用写。**）

　　××省社保系统民政统一软件系统自正式上线并通过用户验收至今，运行状况良好，得到了用户的一致好评。在本项目的成本管理中，我总结了三条经验：（1）进行成本估算时一定要充分考虑项目的风险。（2）只要控制得当，适当的加班赶工可以在不影响项目质量的情况下实现节省项目的总成本。（3）人员培训是一种提高生产效率进而节省项目成本的有效方式。

然而，在本项目的成本管理方面，也存在着一些问题，需要我们在以后的项目管理过程中不断改进，如：（1）我们在进行成本估算时没有充分考虑到该项目的实施工作量所占比例比一般项目要大这一因素，导致实际差旅费用有所超支。（2）在赶工时由于管控失当导致了少量返工，浪费了原本可以节省的一些成本。**（最后是对该项目在成本管理方面经验和不足的总结。括号中的这段话考试时不用写。）**

第8章 2018年论文考试科目真题解析及范文

8.1 上半年论题一：论信息系统项目的质量管理

一、题目描述

成功的项目管理是在约定的时间、范围、成本以及质量的要求下，达到项目干系人的期望。质量管理是项目管理中非常重要的一个方面，质量与范围、成本和时间都是项目是否成功的关键因素。

请以"信息系统项目的质量管理"为题，分别从以下三个方面进行论述：

1. 概要叙述你参与管理过的信息系统项目（项目的背景、项目规模、发起单位、目的、项目内容、组织结构、项目周期、交付的产品等），并说明你在其中承担的工作。

2. 结合项目管理实际情况并围绕以下要点论述你对信息系统项目质量管理的认识。

（1）项目质量与进度、成本、范围之间的密切关系。

（2）项目质量管理的过程及其输入和输出。

（3）项目质量管理中用到的工具和技术。

3. 请结合论文中所提到的信息系统项目，介绍在该项目中是如何进行质量管理的（可叙述具体做法），并总结你的心得体会。

二、写作分析

该论文考查的是考生对信息系统项目质量管理的认识和理解。根据题目要求论述的三个方面，本论文除需要简单介绍项目基本情况（项目的背景、项目的规模、发起单位、目的、项目内容、组织结构、项目周期、交付的产品等）之外，还需要从"项目质量与进度、成本、范围之间的密切关系""项目质量管理的过程及其输入和输出"以及"项目质量管理中用到的工具和技术"等三个方面论述"我"对信息系统项目质量管理的认识；同时结合论文中所提到的信息系统项目，具体介绍在该项目中"我"是如何进行质量管理的。从出题要求来分析，编者认为，本论文的重点应该是响应子标题 2：从"项目质量与进度、成本、范围之间的密切关系""项目质量管理的过程及其输入和输出"以及"项目质量管理中用到的工具和技术"等三个方面论述"我"对信息系统项目质量管理的认识和子标题 3：结合论文中所提到的信息系统项目，具体介绍在该项目中"我"是如何进行质量管理的。（论文写作难度：★★★）

三、范文

【摘要】

本文讨论了××省社保系统民政统一软件开发项目的项目质量管理。该项目是在国家大社会保险政策指导下于 2018 年 10 月份正式启动的。该系统为用户提供了优抚安置、救灾救济等十大主要业务功能。在本文中首先结合项目管理实际情况从"项目质量与进度、成本、范围之间关系""项目质量管理的过程及其输入和输出"以及"项目质量管理中用到的工具和技术"三个方面论述了我对信息系统项目质量管理的认识，接着结合论文中所提到的项目，介绍我是如何规划质量管理、管理质量和控制质量的；最后总结了我在本项目质量管理方面的五点经验和两点不足。在本项目建设过程中，本人担任项目经理。本系统已于 2019 年 12 月 4 日成功上线并顺利通过了用户验收，目前运行状况良好，得到了用户的高度评价。

【论文大纲】（考生可以把论文大纲先写在草稿纸上，用于写作论文时扩展和引导自己的写作思路）

该篇论文，编者把正文分为六段。

第一段：响应子标题 1，描述项目的背景，系统所包括的功能，系统建设的基本要求，所采用的 IT 技术，我的职责，并切入论文的论题——项目的质量管理。

第二段：响应子标题 2 的第（1）小点，结合项目管理实际情况从"项目质量与进度、成本、范围之间的密切关系"这一角度阐述我对信息系统项目质量管理的认识。

第三段：响应子标题 2 的第（2）、（3）小点，主要是结合该项目，从项目质量管理的主要内容——规划质量管理、管理质量和控制质量三个方面详细论述了三个质量管理过程的输入、输出、工具与技术。

第四段：响应子标题 3，结合论文中所提到的信息系统项目，具体介绍在该项目中"我"是如何进行质量管理的。

第五段：总结本项目通过有效的项目管理所取得的实际效果。

第六段：论文总结，哪些做得好（五点经验）、哪些需要改进（两点不足）。

【正文】

　　××省社保系统民政统一软件开发项目是在国家大社会保险政策指导下于 2018 年 10 月份正式启动的，合同金额 1352 万元。该项目由××省民政厅发起，旨在为全省民政部门提供一套集优抚安置、救灾救济、社会福利、民间组织管理、社区建设、基层政权、社会事务、区划地名、老龄工作和民政事业费管理等十大主要民政业务于一体的全省民政统一软件系统。该系统采用浏览器/Web 服务器/应用服务器/数据库服务器四层 J2EE 体系结构，应用服务器（中间件）采用 Oracle 公司的 WebLogic 11g，数据库服务器（数据库管理系统）采用 Oracle 11g，界面层主要采用 ExtJs 3.3/Ajax/Servlet/JSP，业务逻辑层组件主要采用 EJB3.0 技术实现。在该项目的建设过程中，本人担任项目经理，负责项目的全面管理。由于系统建设规模大（有 1.6 万多个功能点）、建设时间紧（用户要求在 2019 年 12 月 31 日前所有功能子系统都必须全部上线），为了保证项目的如期完成，我带领项目团队全体成员，采用强矩阵项目组织结构，通过有效的项目管理，取得了可喜的成绩。本文重点论述该项目的质量管理。（**本段响应标题 1：叙述我参与管理过的信息系统项目，包括项目的背景、项目规模、发起单位、目的、项目内容、项目周期、交付的产品等以及我承担的工作。这句话是让考生理解如何正确地响应题目中的要求。括号中的这段话考试时不用写。**）

一、项目质量与进度、成本、范围之间的关系

　　我们通常把项目范围、进度、成本和质量称为项目的四重约束，足以可以看出四者之间的联系是非常密切的。范围蔓延或范围管理不善会导致项目可交付成果和最终的产品质量不达标；盲目赶工项目进度会导致工作质量下降、需要返工甚至某些工作被迫推倒重来；不科学地压缩预算会导致偷工减料而损害项目质量。项目管理实践告诉我，质量是项目的生命之本，我们一定要牢牢把握质量标准不动摇这一准绳，在项目建设过程中，可以根据项目的实际情况，适当增大或缩小项目范围、延长或缩短项目工期、追加或削减项目预算，但一定不能轻易改变项目的质量标准。（**本段响应子标题 2 的第（1）小点：结合项目管理实际情况从"项目质量与进度、成本、范围之间的密切关系"这一角度阐述我对信息系统项目质量管理的认识。括号中的这段话考试时不用写。**）

二、项目质量管理的基本过程

　　通过××省社保系统民政统一软件开发项目的管理实践，我知道，项目质

量管理的主要内容有规划质量管理、管理质量和控制质量。在该项目的质量管理过程中，针对规划质量管理，我们用到的主要输入有项目管理计划、干系人登记册和需求文件，工具和技术有成本效益分析、标杆对照和质量成本，规划质量管理的输出主要是质量管理计划和质量测量指标；针对管理质量，我们用到的主要输入有质量管理计划、质量测量指标、经验教训登记册和质量控制的测量结果，工具和技术有质量审计和过程分析，管理质量的输出主要是质量报告和测试与评估文件；针对控制质量，我们用到的主要输入有质量管理计划、质量测量指标、测试与评估文件和工作绩效数据，工具和技术有评审、测试、质量核对单、因果图和根本原因分析，控制质量的输出主要是核实的可交付成果、变更请求和质量控制测量结果。（**本段响应子标题2的第（2）和第（3）小点：结合该项目，从项目质量管理的主要内容：规划质量管理、管理质量和控制质量三个方面详细论述了三个质量管理过程的输入、输出、工具与技术。括号中的这段话考试时不用写。**）

三、项目质量管理的具体执行

具体来说，在项目建设之初进行质量规划时，作为本项目的项目经理，我组织了项目质量保证工程师和测试经理等一起依据《项目管理计划》和《需求文件》等相关文件，采用标杆对照（利用历史项目的信息）和会议（大家通过会议的形式集思广益）等多种形式制订了《项目质量管理计划》《质量测量指标》《项目质量保证计划》和《项目产出物评审及测试计划》等计划，并对这些主要计划组织了严格的评审，为实施质量保证和控制质量做准备。我们制订的《项目质量管理计划》所包括的主要内容是：本项目采用的主要质量政策、项目主要产出物的质量标准、项目质量保证措施、项目质量控制措施、本项目对公司过程改进的贡献、质量管理计划的落实等。在管理质量方面，我在公司质量保证中心的指导下，带头执行好公司要求的项目管理过程，同时全力支持QA对该项目的质量审计，发现问题马上整改绝不含糊；对QA采用质量审计等工具审计项目后提交的《项目质量审计报告》中提出的问题和建议，我们都会积极认真对待，把问题落实到具体责任人并确定改进期限，对好的建议和意见，我们会立即在后续项目管理中及时采用。针对项目成果的质量，在质量控制方面，我们重点把好评审和测试关。在评审方面，我们对项目实施过程中的一些主要产出物，如《用户需求说明书》《系统设计说明书》《数据库设计说明书》和《系统测试用例》等，我们都严格按计划组织了认真细致的评审，通过《产出物评审报告》来汇总文档中的问题，并跟踪和解决。在系统测试方面，我们主要是执行单元测试、集成测试和系统测试。单元测试是针对每一具体模块的测试，这部分工作由开发小组的开发工程师交叉完成；集成测试主要是把相关模块集合成更大的功能模块进行测试，重点是测试模块与模块之间的接口，这部分工作是由负责需求的工程师完成；系统测试主要是针对已经开发完工的子系统或整个软件系统进行测试，重点是测试其功能和可操作性等是否可以满足客户的要求，这部分工作由公司软件测试部派出的专业测试团队完成。软件测试部对软件系统执行每轮测试都会提交《测试报告》，通过《测试报告》汇总软件系统中的问题，并跟踪和解决。在质量控制方面，我们常采用的工具除了评审和测试，还用因果图、直方图和帕累托图来分析原因、识别主要原因，这些信息和问题被返回项目组逐一落实和解决。（**本段响应子标题 3：结合论文中所提到的信息系统项目，具体介绍在该项目中我是如何进行质量管理的。括号中的这段话考试时不用写。**）

通过有效的项目管理，特别是出色的质量管理，项目于 2019 年 12 月 4 日全部上线并顺利通过了用户验收，在用户期望的日期前三周左右圆满完成了各项任务。项目完成后，我们对项目实际数据进行了统计，发现该项目的实际成本比预算少花了 7%，总生产率比公司的标准生产率高 12%，人月成本也比公司标准人月成本低 8%。工作效率的提高和人月成本的下降与我们良好的项目质量管理有着密切的关系。（**本段总结本项目通过有效的项目管理所取得的实际效果。括号中的这段话考试时不用写。**）

××省社保系统民政统一软件系统自正式上线并通过用户验收至今，运行状况良好，得到了用户的一致好评。在本项目的质量管理中，我总结了五条有用的管理经验：（1）制订并严格执行科学合理的质量管理计划很重要。（2）确定质量标准时，要统筹考虑质量、进度、成本、范围的关系，找出平衡点。（3）质量管理的工具和技术不宜采用过多，适用和够用就好，关键是如何把这些工具和技术用好、用透。（4）质量控制过程中发现的问题或缺陷一定要严格跟踪直至解决。（5）条件成熟的情况下，可以把产出物质量和软件系统的质量作为绩效考核的指标之一。

然而，在本项目的质量管理方面，也存在着一些问题，需要我们在以后的项目管理过程中不断改进，如：（1）测试人员如何在项目质量控制过程中更加充分、主动地发挥作用。（2）如何尽量减少同类错误的二次出现。（**最后是对该项目在质量管理方面经验和不足的总结。括号中的这段话考试时不用写。**）

8.2 上半年论题二：论信息系统项目的人力资源管理

一、题目描述

项目中的所有活动都是由人来完成的，因此在项目管理中，"人"的因素至关重要。如何充分发挥人的作用，使团队成员达到更好的绩效，对于项目管理者来说是不能忽视的任务。项目的人力资源管理就是有效地发挥每一个参与项目人员作用的过程。

请以"信息系统项目的人力资源管理"为题，分别从以下三个方面进行论述：

1. 概要叙述你参与管理过的信息系统项目（项目的背景、发起单位、主要内容、项目周期、交付的产品、实现的社会经济效益等），以及该项目在人力资源管理方面的情况。

2. 结合项目管理实际情况并围绕以下要点论述你对信息系统项目人力资源管理的认识：

（1）项目人力资源管理的基本过程。

（2）信息系统项目中人力资源管理方面经常会遇到的问题和所采取的解决措施。

3. 结合项目实际情况说明在该项目中你是如何进行人力资源管理的（可叙述具体做法），并总结你的心得体会。

二、写作分析

该论文考查的是考生对信息系统项目人力资源管理的认识和理解。根据题目要求论述的三个方面，本论文需要描述"我"在项目人力资源管理方面的情况，项目人力资源管理所包括的基本过程以及需要论述在信息系统项目中人力资源管理方面"我"经常会遇到哪些问题及其解决措施，同时需要说明"我"在该项目中是如何进行人力资源管理的。编者认为，本论文的重点应该是响应子标题 2 的第（2）小点：从"信息系统项目中人力资源管理方面经常会遇到的问题和所采取的解决措施"这个方面论述你对信息系统项目人力资源管理的认识和子标题 3：结合项目实际情况说明在该项目中你是如何进行人力资源管理的（可叙述具体做法），并总结你的心得体会。

三、范文

【摘要】

本文讨论了××省社保系统民政统一软件开发这一大型信息系统项目的人力资源管理。该项目是在国家大社会保险政策指导下于 2018 年 10 月份正式启动的。该系统为用户提供了优抚安置、救灾救济等十大主要业务功能。在本文中首先讨论了该项目人力资源管理方面的情况，接着从"项目人力资源管理所涵盖的过程"和"项目中人力资源管理方面经常会遇到的问题和所采取的解决措施"两个方面论述了我对项目人力资源管理的认识；紧接着结合该项目实例，阐述了我是如何进行项目人力资源管理的。在论文的最后总结了我在该项目人力资源管理方面的三点实用经验和两点不足。在本项目建设过程中，本人担任项目经理。本系统已于 2019 年 12 月 4 日成功上线并顺利通过了用户验收，目前运行状况良好，得到了用户的高度评价。

【论文大纲】（考生可以把论文大纲先写在草稿纸上，用于写作论文时扩展和引导自己的写作思路）

该篇论文，编者把正文分为七段。

第一段：响应子标题 1，概要叙述我参与管理过的信息系统项目（项目的背景、项目规模、发起单位、目的、项目内容、组织结构、项目周期、交付的成果等），所采用的 IT 技术，我的职责，并切入论文的论题——项目的人力资源管理。

第二段：响应子标题 1 的后面部分：该项目在人力资源管理方面的情况。

第三段：响应子标题 2 的第（1）小点，从"项目人力资源管理所涵盖的基本过程"这一角度论述我对项目人力资源管理的认识。

第四段：响应子标题 3，结合项目实际情况论述在该项目中我是如何进行人力资源管理的。

第五段：响应子标题 2 的第（2）小点，从"信息系统项目中人力资源管理方面经常会遇到的问题和所采取的解决措施"这一角度论述我对项目人力资源管理的认识。

第六段：总结本项目通过有效的管理所取得的实际效果。

第七段：论文总结，哪些做得好（三点经验）、哪些需要改进（两点不足）。

【正文】

××省社保系统民政统一软件开发项目是在国家大社会保险政策指导下于 2018 年 10 月份正式启动的，合同金额 1352 万元。该项目由××省民政厅发起，旨在为全省民政部门提供一套集优抚安置、救灾救济、社会福利、民间组织管理、社区建设、基层政权、社会事务、区划地名、老龄工作和民政事业费管理等十大主要民政业务于一体的全省民政统一软件系统。该系统采用浏览器/Web 服务器/应用服务器/数据库服务器四层 J2EE 体系结构，应用服务器（中间件）采用 Oracle 公司的 WebLogic 11g，数据库服务器（数据库管理系统）采用 Oracle 11g，界面层主要采用 ExtJs 3.3/Ajax/Servlet/JSP，业务逻辑层组件主要采用 EJB 3.0 技术实现。在该项目的建设过程中，本人担任项目经理，负责项目的全面管理。由于系统建设规模大（有 1.6 万多个功能点）、建设时间紧（用户要求在 2019 年 12 月 31 日前所有功能子系统都必须全部上线），为了保证项目的如期完成，我带领项目团队全体成员，采用强矩阵项目组织结构，通过有效的项目管理，取得了可喜的成绩。本文重点论述项目的人力资源管理。（**本段响应子标题 1：叙述我参与管理过的信息系统项目，包括项目的背景、发起单位、目的、项目周期、交付的产品等。这句话是让考生理解如何正确地响应题目中的要求。括号中的这段话考试时不用写。**）

一、该项目在人力资源管理方面的情况

总体说来，该项目在人力资源管理方面的基本情况是：人员稳定，团队成员的工作士气保持得很好，团队成员之间的关系比较融洽，大家都能很好地感受到项目团队这个集体的温暖。（**本段响应子标题 1 的后面部分：该项目在人力资源管理方面的情况。括号中的这段话考试时不用写。**）

二、项目人力资源管理涵盖的基本过程

通过本项目实践，我认为，项目人力资源管理主要涵盖五个过程，它们分别是：规划资源管理、估算活动资源、获取资源、建设团队和管理团队；其中规划资源管理涉及人力资源方面的主要就是制订人力资源管理计划（计划中包括角色名称，学历、能力、专业知识要求，职责，职权，绩效考核办法等）；估算活动资源涉及人力资源方面的主要就是估算执行项目所需的团队资源；获取资源涉及人力资源方面的主要是依据人力资源管理计划获取项目所需的团队成员并"因才施用"；建设团队主要就是在项目工作开展的过程中不断激发大家的潜能从而获得更优秀的绩效；管理团队主要就是跟踪团队成员的工作表现并解决与之相关的问题从而让团队成员按既定的绩效开展工作。（**本段响应子标题 2 的第（1）小点：从"项目人力资源管理所涵盖的基本过程"这一角度论述我对项目人力资源管理的认识。**）

三、项目人力资源管理的具体执行

具体来说，本项目，我们通过利用项目管理计划和相关的项目文件，使用

组织图与职位描述、组织理论等工具和技术制订了本项目的资源管理计划（含人力资源管理计划）；然后在资源管理计划的指导下，使用自下而上估算和参数估算相结合的方式估算了项目的人力资源和实物资源并更新了项目的资源管理计划（含人力资源管理计划）；接着使用谈判和招募等工具和技术获取团队资源，组建了项目团队；在建设团队过程中，我们通过利用人力资源管理计划、项目团队派工单和资源日历等信息，使用建立团队绩效考核制度、培训、搞团队集体活动、鼓励和激励等工具和技术营造了良好的团队氛围；在管理团队过程中，我们通过利用人力资源管理计划、项目团队派工单、团队绩效评价和工作绩效报告等信息，使用观察与交谈、项目绩效评估和冲突处理等工具和技术较好地解决了项目中存在的与人有关的冲突和矛盾。在团队建设方面，特别值得一提的是，由于项目规模大、时间紧，公司为我们项目组单独配备了一个集中办公的场所——作战室。我们在“作战室”的醒目位置，悬挂了各子项目的计划进度表和实际进度表，营造了一种积极、紧张的工作气氛。实践证明，团队成员的集中办公，培养了集体荣誉感和团队精神，大大增强了我们的整体战斗力。项目历时一年多时间，虽然大家都非常辛苦，有时候甚至需要加班加点工作，但大家认为收获很大，经历了一段值得回忆的美好时光。（**本段响应子标题 3：结合项目实际情况论述在该项目中我是如何进行人力资源管理的。括号中的这段话考试时不用写。**）

四、人力资源管理方面遇到的问题及其解决措施

项目完工后，我们进行了深入总结，我们总结了信息系统项目在人力资源管理方面经常面临的主要问题和采取的解决措施，这份经验总结文档，后来被公司其他项目组采用，大家都认为受益匪浅。为此，该文档被纳入公司级知识库并获得了公司项目管理最佳实践案例奖。在该总结文档中，我们总结出了信息系统项目在人力资源管理方面经常面临的五类主要问题及其所采取的解决措施，具体如下所述。

问题一：团队成员的技能不能满足项目工作的要求。我们的应对措施：采用集中培训、师傅带徒弟、技术研讨会等多种形式来提升团队相关成员的技能。

问题二：部分成员对团队考核办法不认同。我们的应对措施：制定考核办法时我们就一直倡导大家共同参与，一起出谋划策，考核办法成型后，我们又组织多次宣讲会，让大家真正透彻了解各项考核指标。

问题三：团队成员之间存在误会和冲突。我们的应对措施：建立起工作沟通交流平台，鼓励坦诚相待，定期组织大家参加集体活动，增加彼此之间了解和交流的机会。

问题四：团队工作士气下降。我们的应对措施：组织一些团队户外的放松运动（如爬山、打羽毛球、聚餐等），经常激励和鼓励员工，不断帮助大家调整心态和情绪。

问题五：团队成员之间的协同配合不佳。我们的应对措施：项目一开始我们就通过多次会议在团队成员中就项目目标达成共识，通过项目计划清晰分工、明确职责。（**本段响应子标题 2 的第（2）小点：从"信息系统项目中人力资源管理方面经常会遇到的问题和所采取的解决措施"这一角度论述我对项目人力资源管理的认识。**）

通过有效的项目管理，项目于 2019 年 12 月 4 日全部上线并顺利通过了用户验收，在用户期望的日期前三周左右圆满完成了各项任务。项目完成后，我们对项目实际数据进行了统计，发现该项目的实际成本比预算少花了 7%，总生产率比公司的标准生产率高 12%，人月成本也比公司标准人月成本低 8%。工作效率的提高和人月成本的下降与我们良好的人力资源管理有着密切的关系。（**本段总结本项目通过有效的项目管理所取得的实际效果。括号中的这段话考试时不用写。**）

××省社保系统民政统一软件系统自正式上线并通过用户验收至今，运行状况良好，得到了用户的一致好评。在本项目人力资源管理方面，我得到了三条有用的管理经验：（1）处理冲突时把握对事不对人的原则。（2）处理问题成员时，采用私下、正式、惩戒的升级原则。（3）项目团队建设的重点是需要关注人、关注细节。

然而，在本项目的人力资源管理方面，也存在着一些问题，需要不断改进，如：（1）对如何灵活使用冲突处理的五种策略（强迫、回避、妥协、包容、解决）把握得还不够，导致个别冲突处理不当。（2）个别团队建设活动策划欠妥，导致并非大家都有兴趣参与。（**最后是对该项目在人力资源管理方面经验和不足的总结。括号中的这段话考试时不用写。**）

8.3　下半年论题一：论信息系统项目的沟通管理

一、题目描述

项目沟通管理是产生、收集、分发、存储及最终处理项目信息的过程。项目经理需花费大量时间与项目团队和项目干系人沟通，项目每一成员也应当了解沟通对项目整体的影响。

请以"信息系统项目的沟通管理"为题，分别从以下三个方面进行论述：

1. 概要叙述你参与管理过的信息系统项目（项目的背景、项目规模、发起单位、目的、项目内容、组织结构、项目周期、交付的产品等），并说明你在其中承担的工作。

2. 结合项目管理实际情况并围绕以下要点论述你对信息系统项目沟通管理的认识。

（1）沟通渠道的类别、优缺点及其在沟通管理中的重要性。

（2）项目沟通管理的过程及其输入和输出。

（3）项目管理中如何灵活地应用沟通技巧和沟通方法。

3. 请结合论文中所提到的信息系统项目，介绍在该项目中是如何进行沟通管理的（可叙述具体做法），并总结你的心得体会。

二、写作分析

该论文考查的是考生对信息系统项目沟通管理的认识和理解。根据题目要求论述的三个方面，本论文除需要简单介绍项目基本情况（包括项目背景、发起单位、项目目标、项目内容、组织结构、项目周期、交付产品、涉及的主要干系人等）之外，还需要从"项目沟通管理的过程及其输入和输出"、"沟通渠道的类别、优缺点及其在沟通管理中的重要性"和"项目管理中如何灵活地应用沟通技巧和沟通方法"三个方面论述"我"对信息系统项目沟通管理的认识，同时需要结合项目管理理论和"我"在项目沟通管理中的具体工作，详细论述在项目中如何做好沟通管理。从出题要求来分析，编者认为，本论文的重点应该是响应子标题 2：结合项目管理实际情况从三个方面论述你对信息系统项目沟通管理的认识和子标题 3：结合论文中所提到的信息系统项目，介绍在该项目中是如何进行沟通管理的（可叙述具体做法），并总结你的心得体会。（论文写作难度：★★★）

三、范文

【摘要】

本文讨论了××省社保系统民政统一软件开发项目的沟通管理。该项目是在国家大社会保险政策指导下于 2018 年 10 月份正式启动的。该系统为用户提供了优抚安置、救灾救济等十大主要业务功能。在本文中首先描述了我所负责的项目的背景信息，接着从"项目沟通管理的过程及其输入和输出"和"沟通渠道的类别、优缺点及其在沟通管理中的重要性"两方面论述我对信息系统项目沟通管理的认识；然后结合论文中所提到的项目，介绍在该项目中我是如何进行沟通管理的以及在项目管理中如何灵活应用沟通技巧和沟通方法。在论文的最后总结了我在该项目沟通管理方面的经验和不足。在本项目建设过程中，我担任项目经理。本系统已于 2019 年 12 月 4 日成功上线并顺利通过了用户验收，目前运行状况良好，得到了用户的高度评价。

【论文大纲】（考生可以把论文大纲先写在草稿纸上，用于写作论文时扩展和引导自己的写作思路）

该篇论文，编者把正文分为七段。

第一段：响应子标题 1，概要叙述我参与管理过的信息系统项目（项目的背景、项目规模、发起单位、目的、项目内容、组织结构、项目周期、交付的成果等），所采用的 IT 技术，我的职责，并切入论文的论题——信息系统项目的沟通管理。

第二段：响应子标题 2 的第（2）小点：从"项目沟通管理的过程及其输入和输出"这一方面论述我对信息系统项目沟通管理的认识。

第三段：响应子标题 2 的第（1）小点：从"沟通渠道的类别、优缺点及其在沟通管理中的重要性"这一方面论述我对信息系统项目沟通管理的认识。

第四段：响应子标题 3：请结合论文中所提到的信息系统项目，介绍在该项目中我是如何进行沟通管理的。

第五段：响应子标题 2 的第（3）小点：从"项目管理中如何灵活地应用沟通技巧和沟通方法"这一方面论述我对信息系统项目沟通管理的认识。

第六段：总结本项目通过有效项目管理所取得的实际效果。

第七段：论文总结，哪些做得好（三点经验），哪些需要改进（两点不足）。

【正文】

××省社保系统民政统一软件开发项目是在国家大社会保险政策指导下于 2018 年 10 月份正式启动的，合同金额 1352 万元。该项目由××省民政厅发起，旨在为全省民政部门提供一套集优抚安置、救灾救济、社会福利、民间组织管理、社区建设、基层政权、社会事务、区划地名、老龄工作和民政事业费管理等十大主要民政业务于一体的全省民政统一软件系统。该系统采用浏览器/Web 服务器/应用服务器/数据库服务器四层 J2EE 体系结构，应用服务器（中间件）采用 Oracle 公司的 WebLogic 11g，数据库服务器（数据库管理系统）采用 Oracle 11g，界面层主要采用 ExtJs 3.3/Ajax/Servlet/JSP，业务逻辑层组件主要采用 EJB 3.0 技术实现。在该项目的建设过程中，本人担任项目经理，负责项目的全面管理。由于系统建设规模大（有 1.6 万多个功能点）、建设时间紧（用户要求在 2019 年 12 月 31 日前所有功能子系统都必须全部上线），为了保证项目的如期完成，我带领项目团队全体成员，采用强矩阵项目组织结构，通过有效的项目管理，取得了可喜的成绩。本文重点论述项目的沟通管理。（**本段响应子标题 1：叙述我参与管理过的信息系统项目，包括项目的背景、项目规模、发起单位、目的、项目内容、组织结构、项目周期、交付的产品等。这句话是让考生理解如何正确地响应题目中的要求。括号中的这段话考试时不用写。**）

一、项目沟通管理的基本过程

根据本项目的实践，我知道，项目沟通管理包括三个过程：规划沟通管理、管理沟通和监督沟通。在该项目的建设过程中，在规划沟通管理方面，我们用到的主要输入有《项目管理计划》《干系人登记册》和以往类似项目的沟通计划，主要的输出是《沟通管理计划》；在管理沟通方面，我们用到的主要输入有《沟通管理计划》和《项目绩效报告》，主要的输出是在沟通过程中与项目相关的绩效报告、可交付成果状态、进度进展情况等文件；在监督沟通方面，我们用到的主要输入有《项目管理计划》《问题日志》《工作绩效数据》等，主要的输出有《项目绩效信息》《变更请求》以及针对沟通中出现的偏差和问题所采取的特定措施的理由等文件。（**本段响应子标题 2 的第（2）小点：从"项目沟通管理的过程及其输入和输出"这一角度论述我对信息系统项目沟通管理的认识。括号中的这段话考试时不用写。**）

二、沟通渠道的类别、优缺点及其在沟通管理中的重要性

在项目沟通过程中，沟通渠道的选择和应用非常重要。我们这个项目采用的有传达文件、召开会议、上下级之间定期交换思想、技术交流等正式的沟通渠道和团队成员私下交换看法、聚餐会等非正式的沟通渠道两种。我们发现，正式沟通的优点是：沟通效果好，比较严肃、约束力强，易于保密，可以使信息沟通保持权威性；缺点是：由于依赖组织系统层次的传递，所以比较刻板，沟通速度慢。我们发现，非正式沟通的优点是：沟通形式不拘，直接明了，速度很快，容易及时了解到正式沟通难以提供的"内幕新闻"；缺点是：非正式沟通难以控制，传递的信息不确切，易于失真、曲解，可能会导致小集团、小圈子、小山头，影响人心稳定和团队凝聚力。我发现，正式沟通在解决"官方"方面的事情和与外部单位之间的事务时是很重要的沟通方式；非正式沟通在解决"民间"方面的事情、在解决员工思想方面的问题时是重要的沟通方式。有时候，一件事情需要把正式的沟通方式和非沟通的方式相结合使用。（**本段响应子标题 2 的第（1）小点：从"沟通渠道的类别、优缺点及其在沟通管理中的重要性"这一角度论述我对信息系统项目沟通管理的认识。括号中的这段话考试**

时不用写。）

三、项目沟通管理的具体执行

具体来说，在项目的沟通管理方面，在制订项目管理计划的过程中，我带领项目组成员对项目干系人（包括项目团队成员）的沟通需求进行了充分的分析，在此基础上，制订了《沟通管理计划》，主要内容为在什么时候由谁把什么信息通过什么方式送达给何人，然后将该计划提交给各类型利害干系方负责人核实和确认，直到获得认可。有了这样一份切实可行的《沟通管理计划》（当然在项目进展过程中，我们根据项目实际情况也对该计划进行过必要的调整），为后续项目建设过程中的有效沟通奠定了良好的基础。有了《沟通管理计划》的指导，我们进行管理沟通和监督沟通时比较得心应手。在管理沟通方面，我们应用了项目管理信息系统和项目报告发布等工具，每周将收集到的项目信息（包括项目状态信息、项目绩效信息、项目变更信息、项目经验教训等）通过既定的方式传递给《沟通管理计划》中所规划的项目干系人，这样保证了各干系人及时得到并且只得到了他们所关心的项目信息。如我们发送给干系人的工作绩效报告，项目前期我们按照 20/80 法则（工作尚未完成时挣值按计划价值的 20% 计算，工作完成后再计算计划价值的 80% 作为挣值）、项目中后期我们按照 50/50 法则（工作尚未完成时挣值按计划价值的 50% 计算，工作完成后再计算计划价值的 50% 作为挣值），采用挣值技术（EVT）每周计算项目挣值，并将 PV（计划值）、AC（实际值）和 EV（挣值）绘制成"S 曲线"提交给项目相关干系人，然后根据 PV、AC 和 EV 及其他相关信息进行项目偏差分析和趋势分析，同时将这些信息汇报给《沟通管理计划》中所约定的相关领导。在监督沟通方面，我们利用项目管理信息系统和会议等工具，找出沟通中的问题和偏差，并提出相应的解决方案予以解决。（**本段响应子标题 3：请结合论文中所提到的信息系统项目，介绍在该项目中我是如何进行沟通管理的。括号中的这段话考试时不用写。**）

四、沟通技巧和沟通方法的应用

在本项目的沟通工作中，我感触比较深的方面之一是有关沟通技巧和沟通方法的应用。我体会到能让干系人满意的最有效的沟通技巧就是站在客户的角度来思考和处理问题，即换位思考，同时一定要站在对项目有利的高度来沟通和处理问题。抱着合作共赢的思想与干系人进行沟通和交流，双方的意见分歧基本都能比较容易地得到解决。有些信息涉及的干系人较少，宜采用交互式沟通的方法；有些信息涉及的干系人很多而我们又很清楚具体涉及哪些干系人，就宜采用推式沟通的方法；而有些信息虽然涉及的干系人很多，但我们不清楚具体涉及哪些干系人，需要干系人自主自行地访问，就宜采用拉式沟通的方法。**（本段响应子标题 2 的第（3）小点：从"项目管理中如何灵活地应用沟通技巧和沟通方法"这一角度论述我对信息系统项目沟通管理的认识。括号中的这段话考试时不用写。）**

通过有效的项目管理，项目于 2019 年 12 月 4 日全部上线并顺利通过了用户验收，在用户期望的日期前三周左右圆满完成了各项任务。项目完成后，我们对项目实际数据进行了统计，发现该项目的实际成本比预算少花了 7%，总生产率比公司的标准生产率高 12%，人月成本也比公司标准人月成本低 8%。工作效率的提高和人月成本的下降与我们良好的沟通管理有着密切的关系。**（本段总结本项目通过有效的项目管理所取得的实际效果。括号中的这段话考试时不用写。）**

××省社保系统民政统一软件系统自正式上线并顺利通过用户验收至今，运行状况良好，得到了用户的一致好评。在本项目的沟通管理方面，我总结了有效沟通的三点经验：（1）不同的干系人的偏好不同，需要采用不同的沟通方式和风格与他们进行沟通。（2）一定要用干系人所期望的方式和他们沟通。（3）用"我们"的心态来解决与干系人合作过程中遇到的问题。

但是，在本项目的沟通管理方面，也存在着一些问题，需要我们去不断改进，如：（1）在外部环境对沟通效果的影响上我把握得还不够，导致有个别的沟通活动失败。（2）在沟通技巧上还不十分娴熟，因此出现过一次让用户投诉的现象。**（最后是对该项目在沟通管理方面经验和不足的总结。括号中的这段话考试时不用写。）**

8.4 下半年论题二：论信息系统项目的风险管理

一、题目描述

项目风险是种不确定的事件和条件，一旦发生，对项目目标产生某种正面或负面的影响、项目风险管理的目标在于增加积极事件的概率和影响，降低项目消极事件的概率和影响。

请围绕"项目的风险管理"论题，从以下三个方面进行论述：

1．概要叙述你参与管理过的信息系统项目（项目的背景、项目规模、发起单位、目的、项目内容、组织结构、项目周期、交付的产品等），并说明你在其中承担的工作。

2．结合项目管理实际情况并围绕以下要点论述你对信息系统项目风险管理的认识：

（1）项目风险管理的基本过程。

（2）信息系统项目中风险管理方面经常会遇到的问题和所采取的解决措施。

3．结合项目实际情况说明在该项目中你是如何进行风险管理的（可叙述具体做法），并总结你的心得体会。

二、写作分析

该论文考查的是考生对信息系统项目风险管理的认识和理解。根据题目要求论述的三个方面，本论文除需要简单介绍项目基本情况（包括项目的背景、发起单位、目的、项目周期、交付产品等）之外，还需要从"项目风险管理的基本过程"和"信息系统项目中风险管理方面经常会遇到的问题和所采取的解决措施"两个方面论述"我"对信息系统项目风险管理的认识，同时还需要结合项目实际情况说明在该项目中"我"是如何进行风险管理的。从出题要求来分析，编者认为，本论文的重点应该是响应子标题 2：从两个方面论述你对信息系统项目风险管理的认识和子标题 3：结合项目实际情况说明在该项目中你是如何进行风险管理的。（论文写作难度：★★★）

三、范文

【摘要】

本文讨论了××省社保系统民政统一软件开发项目的项目风险管理。该项目是在国家大社会保险政策指导下于 2018 年 10 月份正式启动的。该系统为用户提供了优抚安置、救灾救济等十大主要业务功能。在本文中首先结合实际项目，从"项目风险管理的基本过程"这个方面论述了我对信息系统项目风险管理的认识；接着结合项目实际情况，从风险管理的七个方面论述了我是如何进行有效的风险管理的，然后总结了信息系统项目中风险管理方面经常会遇到的四个问题和所采取的解决措施。在论文的最后总结了该项目的实际管理效果以及我在该项目风险管理方面的经验和不足。在本项目的建设过程中，本人担任项目经理。本系统已于 2019 年 12 月 4 日成功上线并顺利通过了用户验收，目前运行状况良好，得到了用户的高度评价。

【论文大纲】（考生可以把论文大纲先写在草稿纸上，用于写作论文时扩展和引导自己的写作思路）

该篇论文，编者把正文分为六段。

第一段：响应子标题 1，概要叙述我参与管理过的信息系统项目（项目的背景、项目规模、发起单位、目的、项目内容、组织结构、项目周期、交付的成果等），所采用的 IT 技术，我的职责，并切入论文的论题——项目的风险管理。

第二段：响应子标题 2 的第（1）小点：从"项目风险管理的基本过程"这一方面论述我对信息系统项目风险管理的认识。

第三段：响应子标题 3：结合项目实际情况论述在该项目中我是如何进行风险管理的。

第四段：响应子标题 2 的第（2）小点：从"信息系统项目中风险管理方面经常会遇到的问题和所采取的解决措施"这一方面论述我对信息系统项目风险管理的认识。

第五段：总结本项目通过有效的项目管理所取得的实际效果。

第六段：论文总结，在风险管理方面，哪些做得好（四点经验），哪些需要改进（两点不足）。

【正文】

××省社保系统民政统一软件开发这一大型项目是在国家大社会保险政策指导下于 2018 年 10 月份正式启动的，合同金额 1352 万元。该项目由××省民政厅发起，旨在为全省民政部门提供一套集优抚安置、救灾救济、社会福利、民间组织管理、社区建设、基层政权、社会事务、区划地名、老龄工作和民政事业费管理等十大主要民政业务于一体的全省民政统一软件系统。该系统采用浏览器/Web 服务器/应用服务器/数据库服务器四层 J2EE 体系结构，应用服务器（中间件）采用 Oracle 公司的 WebLogic 11g，数据库服务器（数据库管理系统）采用 Oracle 11g，界面层主要采用 ExtJs 3.3/Ajax/Servlet/JSP，业务逻辑层组件主要采用 EJB 3.0 技术实现。在该项目的建设过程中，本人担任项目经理，负责项目的全面管理。由于系统建设规模大（有 1.6 万多个功能点）、建设时间紧（用户要求在 2019 年 12 月 31 日前所有功能子系统都必须全部上线），为了保证项目的如期完成，我带领项目团队全体成员，采用强矩阵项目组织结构，通过有效的项目管理，取得了可喜的成绩。本文重点论述项目的风险管理。

（本段响应子标题 1：叙述我参与管理过的信息系统项目，包括项目的背景、项目规模、发起单位、目的、项目内容、组织结构、项目周期、交付的成果等。这句话是让考生理解如何正确地响应题目中的要求。括号中的这段话考试时不

用写。括号中的这段话考试时不用写。）

一、项目风险管理的基本过程

根据我在本项目中的实践经验，我认为项目风险管理主要包括七个过程：规划风险管理、识别风险、实施定性风险分析、实施定量风险分析、规划风险应对、实施风险应对和监督风险。"规划风险管理"主要是编制《项目风险管理计划》；"识别风险"就是把项目中可能存在的所有消极风险和积极风险尽可能全部找出来；"实施定性风险分析"就是对风险发生的可能性和后果进行大致评估并对风险进行优先级排序；"实施定量风险分析"就是对风险发生的可能性和后果进行相对精确的评估；"规划风险应对"就是根据风险的性质、现实环境和条件等给已经识别和经过分析的风险制订应对方案；"实施风险应对"就是执行风险应对方案；"监督风险"主要是在项目进行过程中，监督风险应对计划的实施、跟踪已识别风险、识别和分析新风险，以及评估风险管理的有效性。（**本段响应子标题 2 的第（1）小点：从"项目风险管理的基本过程"这一方面论述我对信息系统项目风险管理的认识。括号中的这段话考试时不用写。）**

二、项目风险管理的具体执行

具体来说，首先，我们采用会议和分析技术进行**规划风险管理**的工作，编制出《项目风险管理计划》；接着在《项目风险管理计划》的指导下，利用了文件审查、信息搜集技术、核对单分析等技术**识别风险**，把项目中可能存在的所有风险尽可能全部找出来，并形成《风险登记册》（项目从开始到结束，我们一共识别出了 22 个消极风险）；在识别风险之后，我们利用风险概率和影响评估、概率和影响矩阵、风险分类等技术对这 22 个风险都进行了**定性风险分析**，对风险发生的可能性和后果进行了大致评估，把用文字形式表达的风险发生的可能性和后果的大小填入《风险登记册》；然后根据这些风险的特性和我们的现实能力，对其中 7 个风险采用建模和模拟技术进行了**定量风险分析**，即对风险发生的可能性和后果进行了相对精确的评估，把用具体数据表示的风险发生的可能性和后果的大小更新到《风险登记册》之中；接着我们组织讨论会进行**规划风险应对**，即根据风险的性质、现实环境和条件等给已经识别和经过分析的风险制订了应对方案（应对这些风险的方案我们把它们归结为五类：上报、回避、减轻、转移和接受），同时把每一个风险的应对方案都及时更新到了《风险登记册》之中。在项目的执行过程中，我们根据《风险管理计划》和《风险登记册》**实施风险应对**和**监督风险**，执行风险应对方案、对风险进行跟踪和施加影响；我们会每周把风险监控的结果形成《风险监控报告》，根据《风险监控报告》提出变更请求或修改风险应对预案等。在本项目风险管理工作开展的过程中，根据本项目的特点和我以往的工程经验，我在识别项目风险、规划风险应对和监督风险 3 个方面的投入较大，实践证明我当初的做法是比较正确的。（**本段响应子标题 3：结合项目实际情况论述在该项目中我是如何进行风险管理的。括号中的这段话考试时不用写。**）

三、项目风险管理方面的常见问题及其解决措施

在项目建设过程中，总体来说进展比较顺利，我和我的团队风险意识较强，严格按计划执行风险应对措施，效果是挺不错的。根据我的项目实践，我认为在风险管理过程中，常见的问题有如下四个。

问题一：外部风险识别不够充分。我们的解决措施是：尽量充分识别出项目外部单位的干系人，采用访谈、专家判断等多种方式充分识别此类风险。

问题二：风险应对措施不够有效。我们的解决措施是在进行风险应对规划时，采用了多次头脑风暴的方式进行集思广益，并邀请公司中的风险专家组复审我们的风险应对措施；同时，在发现风险应对措施效果不理想的情况下，及时召开风险审计会议进行问题分析和解决。

问题三：风险再评估不及时。我们的解决措施是在每周五下午项目例会中，固定议程用于讨论风险变化情况以及可能产生的新风险。

问题四：风险监控过程中发现的问题跟踪、整改不彻底。我们的解决措施是让专业人员负责专业风险，每个风险负责人对自己专管的部分单一接口负责，超过规定完成时间没有解决的问题，项目管理系统会自动向项目经理报警。（**本段响应子标题 2 的第（2）小点：从"信息系统项目中风险管理方面经常会遇到的问题和所采取的解决措施"这一方面论述我对信息系统项目风险管理的认识。括号中的这段话考试时不用写。**）

通过有效的项目管理，项目于 2019 年 12 月 4 日全部上线并顺利通过了用户验收，在用户期望的日期前三周左右圆满完成了各项任务。项目完成后，我们对项目实际数据进行了统计，发现该项目的实际成本比预算少花了 7%，总生产率比公司的标准生产率高 12%，人月成本也比公司标准人月成本低 8%。工作效率的提高和人月成本的下降与我们良好的风险管理有着密切的关系。（**本段总结本项目通过有效的项目管理所取得的实际效果。括号中的这段话考试时不用写。**）

××省社保系统民政统一软件系统自正式上线并顺利通过用户验收至今，运行状况良好，得到了用户的一致好评。在本项目的风险管理中，我总结了四条有用的管理经验：（1）事先要有明确的计划作为指导。（2）风险识别得越充

分、识别得越早效果越好。（3）一定要严格按计划和流程开展风险监督和控制工作。（4）要根据风险性质的不同安排不同专长的人负责跟踪和监控风险，这样效果会更好。

然而，在本项目的风险管理方面，也存在着一些问题，需要我们在以后的项目管理过程中去不断改进，如：（1）我们对风险的量化水平还不高，导致对有些风险给项目带来的负面影响估计不足。（2）有些风险的应对预案和措施效果不理想，这在一定程度上影响了项目更好绩效的达成。（**最后是对该项目在风险管理方面经验和不足的总结。括号中的这段话考试时不用写。**）

第9章 2019年论文考试科目真题解析及范文

9.1 上半年论题一：论信息系统项目的风险管理和安全管理

一、题目描述

项目风险是一种不确定事件和条件，对项目目标产生某种正面或负面的影响。信息系统安全策略是指针对信息系统的安全风险进行有效的识别和评估后，所采取的各种措施和手段，以及建立的各种管理制度和规章等。

请以"论信息系统项目的风险管理与安全管理"为题，分别从以下三个方面进行论述：

1. 概要叙述你参与管理过的信息系统项目（项目的背景、项目规模、发起单位、目的、项目内容、组织结构、项目周期、交付的成果等），并说明你在其中承担的工作。

2. 结合项目管理实际情况并围绕以下要点论述你对信息系统项目风险管理和安全管理的认识。

（1）项目风险管理和安全管理的联系和区别。

（2）项目风险管理的主要过程和方法。

（3）请解释适度安全、木桶效应这两个常见的安全管理中的概念，并说明安全与应用之间的关系。

3. 请结合论文中所提到的信息系统项目，介绍在该项目中你是如何进行风险管理和安全管理的（可叙述具体做法），并总结你的心得体会。

二、写作分析

该论文考查的是考生对信息系统项目风险管理和安全管理的认识和理解。根据题目要求论述的三个方面，本论文需要描述"我"所管理的项目的基本情况、"我"在项目中所承担的角色和主要工作，需要从"项目风险管理和安全管理的联系和区别""项目风险管理的主要过程和方法"以及"解释适度安全和木桶效应、说明安全与应用之间的关系"这三个方面论述"我"对信息系统项目风险管理和安全管理的认识，同时还需要结合具体的项目论述"我"是如何进行风险管理和安全管理的。从出题要求来分析，编者认为，本论文的重点应该是响应子标题 2：结合项目管理实际情况从三个方面论述你对项目风险管理和安全管理的认识以及子标题 3：结合项目实际情况说明在该项目中你是如何进行风险管理和安全管理的（可叙述具体做法），并总结你的心得体会。（这是自 2005 年信息系统项目管理师开考以来，第一次出现论文中要论述两个领域，这也意味着信息系统管理师的考试难度有加大的趋势。论文写作难度：★★★★★★）

三、范文

【摘要】

本文讨论了××省社保系统民政统一软件开发这一大型信息系统项目的风险管理和安全管理。该项目是在国家大社会保险政策指导下于 2018 年 10 月份正式启动的。该系统为用户提供了优抚安置、救灾救济等十大主要业务功能。在本文中首先结合该项目论述了项目风险管理和安全管理的联系和区别；接着描述了该项目风险管理中涉及的主要过程和方法；然后解释了适度安全和木桶效应的基本概念，并说明了安全与应用之间的关系；紧接着阐述了在本项目中我是如何进行风险管理和安全管理的；最后总结了我在该项目风险管理和安全管理方面的四点经验和两点不足。在本项目建设过程中，本人担任项目经理。本系统已于 2019 年 12 月 4 日成功上线并顺利通过了用户验收，目前运行状况良好，得到了用户的高度评价。

【论文大纲】（考生可以把论文大纲先写在草稿纸上，用于写作论文时扩展和引导自己的写作思路）

该篇论文，编者把正文分为七段。

第一段：响应子标题 1，概要叙述我参与管理过的信息系统项目（项目的背景、项目规模、发起单位、目的、项目内容、组织结构、项目周期、交付的成果等），我的职责，并切入论文的论题——项目的风险管理和安全管理。

第二段：响应子标题 2 的第（1）小点，阐述项目风险管理和安全管理的联系和区别。

第三段：响应子标题 2 的第（2）小点，描述在该项目风险管理中涉及的主要过程和方法。

第四段：响应子标题 2 的第（3）小点，解释适度安全、木桶效应这两个常见的安全管理中的概念，并说明安全与应用之间的关系。

第五段：响应标题 3，具体阐述在本项目中我是如何进行风险管理和安全管理的。

第六段：总结本项目通过有效的项目管理所取得的实际效果。

第七段：论文总结，在项目风险管理和安全管理方面哪些做得好（四点经验），哪些需要改进（两点不足）。

【正文】

××省社保系统民政统一软件开发项目是在国家大社会保险政策指导下于 2018 年 10 月份正式启动的，合同金额 1352 万元。该项目由××省民政厅发起，旨在为全省民政部门提供一套集优抚安置、救灾救济、社会福利、民间组织管理、社区建设、基层政权、社会事务、区划地名、老龄工作和民政事业费管理等十大主要民政业务于一体的全省民政统一软件系统。该系统采用浏览器/Web 服务器/应用服务器/数据库服务器四层 J2EE 体系结构，应用服务器（中间件）采用 Oracle 公司的 WebLogic 11g，数据库服务器（数据库管理系统）采用 Oracle 11g，界面层主要采用 ExtJs 3.3/Ajax/Servlet/JSP，业务逻辑层组件主要采用 EJB 3.0 技术实现。在该项目的建设过程中，本人担任项目经理，负责项目的全面管理。由于系统建设规模大（有 1.6 万多个功能点）、建设时间紧（用户要求在 2019 年 12 月 31 日前所有功能子系统都必须全部上线），为了保证项目的如期完成，我带领项目团队全体成员，采用强矩阵项目组织结构，通过有效的项目管理取得了可喜的成绩。本文重点论述项目风险管理和安全管理。（**本段响应标题 1：叙述我参与管理过的信息系统项目，包括项目的背景、项目规模、发起单位、目的、项目内容、项目周期、交付的产品等以及我承担的工作。这句话是让考生理解如何正确地响应题目中的要求。括号中的这段话考试时不用写。**）

一、项目风险管理和安全管理的联系与区别

其实，我们知道，风险管理和安全管理，它们之间是既有联系又有区别的。从本项目的实践经验中，我进一步认识到，安全风险是风险中的一种类别，安全风险和其他风险一样也需要进行识别、评估、规划应对和监控，这就是风险管理和安全管理最主要的联系；然而，风险管理侧重于项目建设过程中（包括信息系统本身）的风险管理，但安全管理不仅仅是项目建设过程中安全风险的管理，还包括项目建成投产后的使用运行安全（如物理安全管理、人员安全管理和应用系统安全管理等），我认为这就是风险管理和安全管理最主要的区别。（**本段响应子标题 2 的第（1）小点：项目风险管理和安全管理的联系和区别。括号中的这段话考试时不用写。**）

二、项目风险管理的主要过程和方法

接下来谈谈我对项目风险管理的基本认识。根据本项目的实践，我认为风险管理的基本过程有：规划风险管理、识别风险、实施定性风险分析、实施定量风险分析、规划风险应对、实施风险应对和监督风险；**规划风险管理**过程常用的方法有专家判断、干系人风险偏好分析和会议等，**识别风险**过程常用的方法有文件分析、提示清单、核对单分析和 SWOT 分析等，**实施定性风险分析**过程常用的方法有风险概率和影响评估、概率和影响矩阵、风险分类等，**实施定量风险分析**过程常用的方法有访谈、专家判断和决策树等，**规划风险应对**过程常用的方法有消极风险或威胁的应对策略、积极风险或机会的应对策略和应急应对策略等，**实施风险应对**过程常用的方法有专家判断和项目管理信息系统等，**监督风险**过程常用的方法有风险再评估、风险审计、技术绩效分析等。（**本段响应子标题 2 的第（2）小点：项目风险管理的主要过程和方法。括号中的这段话考试时不用写。**）

三、适度安全和木桶效应

需要特别指出的是，在本项目的实施过程中，我们采用了风险管理和安全管理并重的策略。而要能真正做好安全管理，就离不开对适度安全和木桶效应的正确理解以及对安全与应用之间关系的正确认识。我们知道，适度安全就是要控制好安全风险和安全代价之间的平衡，安全代价低、安全风险肯定大，安全风险要降到很低、安全代价肯定大，如果找不到两者的平衡点，不是得不偿失，就是开发出来的应用根本不敢投入使用。而木桶效应则是说，我们将整个信息系统比作一个木桶，其安全水平由构成木桶最短的那块木板决定。在项目建设过程中，我们努力做到了适度安全和避免了木桶效应的出现。其实，安全和应用既矛盾又统一：没有应用，就不会产生相应的安全需求；而如果发生安全问题，就不能更好地开展应用；应用需要安全，安全为了应用；在本项目系统开发过程中，我们尽量让安全和应用不失偏颇。（**本段响应子标题 2 的第（3）小点：解释适度安全、木桶效应这两个常见的安全管理中的概念，并说明安全与应用之间的关系。括号中的这段话考试时不用写。**）

四、项目风险管理和安全管理的具体执行

回到本项目的风险管理和安全管理，具体来说，在风险管理方面，我们首先在项目总体计划的指导下编制出了《项目风险管理计划》，接着在《项目风险管理计划》的指导下进**风险识别**，把项目中可能存在的所有风险尽可能全部找

出来，并形成《风险登记册》（项目从开始到结束，我们一共识别出了 22 个消极风险）；在识别风险之后，我们对这 22 个风险都进行了**定性风险分析**，对风险发生的可能性和后果进行了大致评估，把用文字形式表达的风险发生的可能性和后果的大小填入《风险登记册》；然后根据这些风险的特性和我们的现实能力，对其中 7 个风险预期值最大的风险进行了**定量风险分析**，即对风险发生的可能性和后果进行了相对精确的评估，把用具体数据表示的风险发生的可能性和后果的大小更新到《风险登记册》之中；接着进行了**规划风险应对**，即根据风险的性质、现实环境和条件等给已经识别和经过分析的风险制订了应对方案（应对这些风险的方案我们把它们归结为五类：上报、回避、减轻、转移和接受），同时把每一个风险的应对方案都及时更新到了《风险登记册》之中。在项目的执行过程中，我们根据《风险管理计划》和《风险登记册》**实施风险应对**和**监督风险**，执行风险应对方案、对风险进行跟踪和施加影响；我们会每周把风险监控的结果形成《风险监控报告》，根据《风险监控报告》提出变更请求或修改风险应对预案等。而在安全管理方面，由于篇幅所限，我这里侧重谈两方面的安全管理：一方面是应用系统和数据的安全，我们使用了动态口令、数据传输加密、数据存储加密等相关技术；另一方面是人员安全管理，我们要求凡是参与本项目的任何人员，包括公司内外部人员都必须经过资格审查并与公司签订保密协议。（**本段响应问题 3：请结合论文中所提到的信息系统项目，介绍在该项目中你是如何进行风险管理和安全管理的。括号中的这段话考试时不用写。**）

通过有效的项目管理，项目于 2019 年 12 月 4 日全部上线并顺利通过了用户验收，在用户期望的日期前三周左右圆满完成了各项任务。项目完成后，我们对项目实际数据进行了统计，发现该项目的实际成本比预算少花了 7%，总生产率比公司的标准生产率高 12%，人月成本也比公司标准人月成本低 8%，项目中没有出现明显的风险管理和安全管理不到位的问题。（**本段总结本项目通过有效的项目管理所取得的实际效果。括号中的这段话考试时不用写。**）

××省社保系统民政统一软件系统自正式上线并顺利通过用户验收至今，运行状况良好，得到了用户的一致好评。在本项目风险管理和安全管理方面，我实践并总结了四条有用的管理经验：（1）风险识别得越充分、识别得越早效果越好。（2）一定要严格按计划和流程来开展风险管理和安全管理。（3）要根据风险性质的不同安排不同专长的人负责跟踪和监控风险。（4）管理要适度。

然而，在本项目的风险管理和安全管理方面，也存在着一些问题，需要我们去不断改进，如：（1）我们对风险的量化水平还不高，导致对有些风险给项目带来的负面影响估计不足。（2）如何提高项目组成员的风险意识和安全意识，还需要开发更有效的方法。（**最后是对该项目在风险管理和安全管理方面经验和**

不足的总结。括号中的这段话考试时不用写。）

9.2 上半年论题二：论信息系统项目人力资源管理和成本管理

一、题目描述

项目中的所有活动都是由人来完成的，因此在项目管理中，"人"的因素至关重要。如何充分发挥人的作用，使团队成员达到更好的绩效，对于项目管理者来说不容忽视。项目的人力资源管理就是有效地发挥每一个参与项目人员作用的过程。

请以"信息系统项目的人力资源管理和成本管理"为题，分别从以下三个方面进行论述：

1. 概要叙述你参与管理过的信息系统项目（项目的背景、项目规模、发起单位、目的、项目内容、组织结构、项目周期、交付的成果等），以及该项目在人力资源方面的情况。

2. 结合项目管理实际情况并围绕以下要点论述你对信息系统项目人力资源管理和成本管理的认识。

（1）项目人力资源管理的基本过程和常用方法。

（2）项目人力资源管理中涉及的成本管理问题和成本管理中涉及的人力资源管理问题。

（3）信息系统发生成本超支后，如何通过人力资源管理来进行改善。

3. 结合项目实际情况说明在该项目中你是如何进行人力资源管理和成本管理的（可叙述具体做法），并总结你的心得体会。

二、写作分析

该论文考查的是考生对信息系统项目人力资源管理和成本管理的认识和理解。根据题目要求论述的三个方面，本论文需要描述"我"所管理的项目的基本情况、"我"在项目中所承担的角色和主要工作，需要从"项目人力资源管理的基本过程和常用方法""项目人力资源管理中涉及的成本管理问题和成本管理中涉及的人力资源管理问题"以及"信息系统发生成本超支后，如何通过人力资源管理来进行改善"论述"我"对信息系统项目人力资源管理和成本管理的认识，同时还需要结合具体的项目论述"我"是如何进行人力资源管理和成本管理的。从出题要求来分析，编者认为，本论文的重点应该是响应子标题2：结合项目管理实际情况从三个方面论述你对项目人力资源管理和成本管理的认识以及子标题 3：结合项目实际情况说明在该项目中你是如何进行人力资源管理和成本管理的（可叙述具体做法），并总结你的心得体会。（这是自 2005 年信息系统项目管理师开考以来，第一次出现论文中要论述两个领域的管理情况，这也意味着信息系统管理师的考试难度有加大的趋势。论文写作难度：★★★★★）

三、范文

【摘要】

本文讨论了××省社保系统民政统一软件开发这一大型信息系统项目的人力资源管理和成本管理。该项目是在国家大社会保险政策指导下于 2018 年10 月份正式启动的。该系统为用户提供了优抚安置、救灾救济等十大主要业务功能。在本文中首先讨论了该项目所涉及的人力资源管理的基本过程和常用方法，接着描述了该项目人力资源管理中涉及的成本管理问题和成本管理中涉及的人力资源管理问题，然后阐述了该项目在发生成本超支后，我是如何通过人力资源管理来进行改善的，紧接着阐述了在本项目中我是如何进行人力资源管理和成本管理的，最后总结了我在该项目人力资源和成本管理方面的经验和不足。在本项目建设过程中，本人担任项目经理。本系统已于 2019 年 12 月 4 日成功上线并顺利通过了用户验收，项目大获成功。

【论文大纲】（考生可以把论文大纲先写在草稿纸上，用于写作论文时扩展和引导自己的写作思路）

该篇论文，编者把正文分为七段。

第一段：响应子标题 1，概要叙述我参与管理过的信息系统项目（项目的背景、项目规模、发起单位、目的、项目内容、组织结构、项目周期、交付的成果等），我的职责，并切入论文的论题——项目的人力资源管理和成本管理。

第二段：响应子标题 1 的后面部分：该项目在人力资源方面的情况和子标题 2 的第（1）小问：讨论该项目所涉及的人力资源管理的基本过程和常用方法。

第三段：响应子标题 2 的第（2）小问，描述该项目人力资源管理中涉及的成本管理问题和成本管理中涉及的人力资源管理问题。

第四段：响应子标题 2 的第（3）小问，阐述该项目在发生成本超支后，我是如何通过人力资源管理来进行改善的。

第五段：响应子标题 3，具体阐述在本项目中我是如何进行人力资源管理和成本管理的。

第六段：总结本项目通过有效的项目管理所取得的实际效果。

第七段：论文总结，在项目人力资源管理和成本管理方面哪些做得好（四点经验），哪些需要改进（两点不足）。

【正文】

××省社保系统民政统一软件开发项目是在国家大社会保险政策指导下于2018年10月份正式启动的，合同金额1352万元。该项目由××省民政厅发起，旨在为全省民政部门提供一套集优抚安置、救灾救济、社会福利、民间组织管理、社区建设、基层政权、社会事务、区划地名、老龄工作和民政事业费管理等十大主要民政业务于一体的全省民政统一软件系统。该系统采用浏览器/Web服务器/应用服务器/数据库服务器四层J2EE体系结构，应用服务器（中间件）采用Oracle公司的WebLogic 11g，数据库服务器（数据库管理系统）采用Oracle 11g，界面层主要采用ExtJs 3.3/Ajax/Servlet/JSP，业务逻辑层组件主要采用EJB 3.0技术实现。在该项目的建设过程中，本人担任项目经理，负责项目的全面管理。由于系统建设规模大（有1.6万多个功能点）、建设时间紧（用户要求在2019年12月31日前所有功能子系统都必须全部上线），为了保证项目的如期完成，我带领项目团队全体成员，采用强矩阵项目组织结构，通过有效的项目管理取得了可喜的成绩。本文重点论述项目人力资源管理和成本管理。**（本段响应标题1：叙述我参与管理过的信息系统项目，包括项目的背景、项目规模、发起单位、目的、项目内容、项目周期、交付的产品等以及我承担的工作。这句话是让考生理解如何正确地响应题目中的要求。括号中的这段话考试时不用写。）**

一、项目人力资源管理涉及的过程及常用方法

总体来说，该项目在人力资源方面的情况是不错的：项目期间，团队成员能及时到位，人员稳定、积极性高，也没有出现明显的影响项目进展的冲突。这得益于我们使用了合适的人力资源管理的过程和方法。根据本项目的实践，我认为人力资源管理涉及的基本过程有：规划资源管理、估算活动资源、获取资源、建设团队和管理团队；**规划资源管理**过程常用的方法有组织图与职位描述和组织理论等，**估算活动资源**常用的方法有类比估算、参数估算和自下而上估算，**获取资源**过程常用的方法有谈判、虚拟团队和多标准决策分析等，**建设团队**过程常用的方法有培训、团队建设活动、集中办公和认可与激励等，**管理团队**过程常用的方法有观察与交谈、影响力和冲突处理等。**（本段响应子标题1的后面部分：该项目在人力资源方面的情况和子标题2的第（1）小问：讨论该项目所涉及的人力资源管理的基本过程和常用方法。括号中的这段话考试时不用写。）**

二、人力资源管理和成本管理的相互影响

虽然单纯从人力资源管理这一角度来看，该项目的管理水平是不错的。但我们知道，人力资源管理和成本管理是紧密联系的，从这两个角度综合来看，在该项目中还是存在互相影响和难以协同的问题。在本项目人力资源管理方面，会因为预算限制而不得不"忍痛割爱"放弃选择那些更合适的团队成员，会因为预测到成本可能超支而不得不缩减一些原本安排的团队建设活动或改变培训的实施方式（如考虑到成本超支的问题，我们就把一次原本外聘讲师来公司培训的课程改成了公司内训师培训，当然最后效果也不甚理想）；在成本管理方面，会因为人力资源管理计划对人员数量和质量的规划而影响成本估算，会因为选择的人员工资级别不同而要增加项目预算，会因为增加团队建设活动或调整团队建设活动的方式而增加项目预算。因此，人力资源管理和成本管理是互相影响和制约的，需要进行权衡和取舍。（本段响应子标题 2 的第（2）小问，描述该项目人力资源管理中涉及的成本管理问题和成本管理中涉及的人力资源管理问题。括号中的这段话考试时不用写。）

三、成本超支的改善

记得有一次，我们项目从第四个月到第五个月，我们通过挣值计算，发现项目出现了近 10 万元的成本超支。发现这个问题后，我通过更换两个工作效率低下的人员、培训三个新员工的工作技能、做三个技术能力强但工作态度不太端正的老员工的思想工作和调整项目绩效考核办法等手段进行改善，项目进展到第六个月，我们通过挣值计算，发现项目的成本超支情况得到了较好的改善，到第七个月，实际成本与预算基本保持了一致。之后我们用类似方法，确保了项目成本再也没有出现过超支情况，最终项目的实际成本比预算少花了 7%。（本段响应子标题 2 的第（3）小问，阐述该项目在发生成本超支后，我是如何通过人力资源管理来进行改善的。括号中的这段话考试时不用写。）

四、项目人力资源管理和成本管理的具体执行

谈到本项目的人力资源和成本管理，具体来说，我们首先是根据项目总体计划和活动资源需求，制订了项目人力资源管理计划和成本管理计划；然后根据成本管理计划和人力资源管理计划，结合范围基准和进度基准，估算了各活动的成本；我们把成本汇总后，连同估算依据一起发给领导，通过领导审批后得到了项目预算；我们把项目预算和进度计划相结合，绘制出了成本基线，然后开展项目的具体实施工作，并利用挣值技术和绩效审查来进行成本控制。在

项目实施过程中，我们在人力资源管理计划的指导下，从相关职能部门中动态地将合适的人员拉入项目组。在团队建设方面，由于项目规模大、时间紧，公司为我们项目组单独配备了一个集中办公的场所——"作战室"。在"作战室"的醒目位置，我们悬挂了项目计划进度表和项目实际进度表，营造了一种积极、紧张的工作气氛；实践证明，团队成员的集中办公，培养了集体荣誉感和团队精神，大大增强了我们的整体战斗力；项目历时一年多时间，虽然大家都非常辛苦，有时候甚至需要加班加点，但大家认为收获很大，经历了一段值得回忆的美好时光。在团队管理方面，当团队中出现冲突或问题时，我主要采用"面对"的解决策略，这样比较容易在双赢模式下彻底解决冲突或问题。有一次一个员工的绩效不理想，考核后被扣罚了一个月浮动工资；当时这个员工的情绪比较低落，甚至动了离职的念头。知道这个情况后，我找到了这个员工，和他一起分析了绩效不佳的原因，并鼓励他面对和正视自己存在的问题，然后和他一起寻找提升绩效的具体措施；后来他端正了心态，通过他自己的主动学习加上我对他的技能辅导，他的绩效突飞猛进，年底还被公司评为了优秀员工！（**本段响应标题 3，具体阐述在本项目中我是如何进行人力资源管理和成本管理的。括号中的这段话考试时不用写。**）

通过有效的项目管理，项目于 2019 年 12 月 4 日全部上线并顺利通过了用户验收，在用户期望的日期前三周左右圆满完成了各项任务。项目完成后，我们对项目实际数据进行了统计，发现该项目的实际成本比预算少花了 7%，总生产率比公司的标准生产率高 12%，人月成本也比公司标准人月成本低 8%。工作效率的提高和人月成本的下降与我们良好的人力资源管理和成本管理有着密切的关系。（**本段总结本项目通过有效的项目管理所取得的实际效果。括号中的这段话考试时不用写。**）

××省社保系统民政统一软件系统自正式上线并顺利通过用户验收至今，运行状况良好，得到了用户的一致好评。在本项目人力资源管理和成本管理方面，我实践并总结了四条有用的管理经验：（1）处理冲突时把握对事不对人的原则。（2）项目团队建设的重点是需要关注人、关注细节。（3）进行成本估算时一定要充分结合项目人力资源计划。（4）人员培训是一种提高生产效率进而节省项目成本的有效方式。

然而，在本项目的人力资源管理和成本管理方面，也存在着一些不足，需要我们去不断改进，如：（1）个别团队建设活动策划欠妥，导致花了钱但实际效果不理想。（2）在选择合适的团队成员和把握项目成本两方面还做得不够好。（**最后是对该项目在人力资源管理和成本管理两方面经验和不足的总结。括号中的这段话考试时不用写。**）

9.3　下半年论题一：论信息系统项目的整体 管理

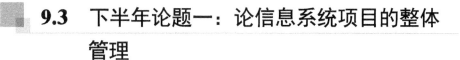

一、题目描述

项目整体管理包括选择资源分配方案、平衡相互竞争的目标和方案，以及协调项目管理各知识领域之间的依赖关系。

请以"论信息系统项目的整体管理"为题进行论述：

1. 概要叙述你参与管理过的信息系统项目（项目的背景、项目规模、发起单位、目的、项目内容、组织结构、项目周期、交付的成果等），并说明你在其中承担的工作（项目背景要求本人真实经历，不得抄袭及杜撰）。

2. 请结合你所叙述的信息系统项目，围绕以下要点论述你对信息系统项目整体管理的认识，并总结你的心得体会：

（1）项目整体管理过程。

（2）项目整体变更管理过程，并结合项目管理实际情况写出一个具体变更从申请到关闭的全部过程记录。

二、写作分析

该论文考查的是考生对信息系统项目整体管理的认识和理解。根据题目要求论述的两个方面，本论文需要描述"我"所管理的项目的基本情况、"我"在项目中所承担的角色和主要工作，需要从"项目整体管理所包括的过程""项目整体变更管理实例"论述"我"对信息系统项目整体管理的认识，并需要进行经验和教训的总结。从出题要求来分析，编者认为，本论文的重点是响应子标题 2：结合项目管理实际情况从两个方面论述你对项目整体管理的认识，并总结你的心得体会。（论文写作难度：★★★★）

三、范文

【论文大纲】（考生可以把论文大纲先写在草稿纸上，用于写作论文时扩展和引导自己的写作思路）

该篇论文，编者把正文分为六段。

第一段：响应子标题 1，概要叙述我参与管理过的信息系统项目（项目的背景、项目规模、发起单位、目的、项目内容、组织结构、项目周期、交付的成果等），我的职责，并切入论文的论题——信息系统项目的整体管理。

第二段：响应子标题 2 的第（1）小点，阐述项目整体管理所包括的七个过程及其基本应用。

第三段：过渡段，承上启下。

第四段：响应子标题 2 的第（2）小点，举出一个具体变更的例子，完整地演绎变更从申请到关闭的全部过程。

第五段：总结本项目通过有效的项目管理所取得的实际效果。

第六段：论文总结，在项目整体管理方面哪些做得好（四点经验），哪些需要改进（两点不足）。

【正文】

××省社保系统民政统一软件开发项目是在国家大社会保险政策指导下于 2018 年 10 月份正式启动的，合同金额 1352 万元。该项目由××省民政厅发起，旨在为全省民政部门提供一套集优抚安置、救灾救济、社会福利、民间组织管理、社区建设、基层政权、社会事务、区划地名、老龄工作和民政事业费管理等十大主要民政业务于一体的全省民政统一软件系统。该系统采用浏览器/Web 服务器/应用服务器/数据库服务器四层 J2EE 体系结构，应用服务器（中间件）采用 Oracle 公司的 WebLogic 11g，数据库服务器（数据库管理系统）采用 Oracle 11g，界面层主要采用 ExtJs 3.3/Ajax/Servlet/JSP，业务逻辑层组件主要采用 EJB 3.0 技术实现。在该项目的建设过程中，本人担任项目经理，负责项目的全面管理。由于系统建设规模大（有 1.6 万多个功能点）、建设时间紧（用户要求在 2019 年 12 月 31 日前所有功能子系统都必须全部上线），为了保证项目的如期完成，我带领项目团队全体成员，采用强矩阵项目组织结构，通过有效的项目管理取得了可喜的成绩。本文重点论述项目整体管理。（**本段响应子标题 1：叙述我参与管理过的信息系统项目，包括项目的背景、项目规模、发起单位、目的、项目内容、项目周期、交付的产品等以及我承担的工作。这句话是让考生理解如何正确地响应题目中的要求。括号中的这段话考试时不用写。**）

一、项目整体管理的基本过程

通过本项目的亲身实践，我知道，项目整体管理包括七个过程，它们分别是制定项目章程、制订项目管理计划、指导与管理项目工作、管理项目知识、监控项目工作、实施整体变更控制、结束项目或阶段。拿"××省社保系统民政统一软件开发项目"来说，首先，我们公司主管工程项目的副总经理通过使用制定项目章程发布《项目章程》，《项目章程》中明确了项目的主要目标以及对我的任命和授权；接着我作为项目经理召开了项目启动会议并使用制订项目管理计划过程会同项目骨干成员制订出《项目管理计划》（该计划包括项目总体计划和各相关子计划）;《项目管理计划》通过评审和审批之后，我们严格按《项目管理计划》，通过指导与管理项目工作过程来组织和分配团队成员的工作，创造出项目的可交付成果；在项目建设过程中，我们采用管理项目知识过程充分利用公司组织过程资产中的最佳实践，同时我们项目组也积极总结了该项目建设过程中的经验和教训并提交给项目管理部作为公司组织过程资产积累的素材；在项目团队成员开展工作的过程中，我采用监控项目工作过程来跟踪和监督各成员工作进展情况、每月汇总工作绩效信息生成工作绩效报告，并针对偏差和问题及时提出变更请求；针对变更请求，我们严格遵循实施整体变更控制过程来实施变更（下段将以实例的形式详细阐述我们是如何管理变更的）；在项目的每一个阶段收尾和整个项目工作收尾时，我们都不折不扣地采用结束项目或阶段过程进行问题挖掘、梳理和经验教训的总结。（**本段响应子标题 2 的第（1）小点：从项目整体管理的七个过程及其基本应用这一方面论述我对项目整体管理的认识。括号中的这段话考试时不用写。**）

关于整体变更控制，其实这是很多项目和项目经理做得不够好的方面：不是变更控制流程缺失或不科学，就是受各种方面因素的影响而难以坚持执行下去。在这方面，我们在项目建设之初就和客户一起建立了项目整体变更控制流程；在项目建设过程中，我们顶住各种压力严格执行变更控制流程，效果显著。这里举一个具体变更的例子，完整地演绎了我们这个项目中的变更从申请到关闭的全部过程。（**本段承上启下。括号中的这段话考试时不用写。**）

二、变更从申请到关闭的全部过程实录

一次，客户方一副厅长提出要变更已经经过需求调研、双方签字确认、测试结束正准备发布实施的社区文化建设功能模块，我们就是严格按整体变更控制流程来执行的。首先，我们让客户方负责该项业务的经办人按副厅长的变更要求，采用我们提供的《需求变更申请表》提交变更文件；然后我和开发经理对《需求变更申请表》进行了初审，确认了变更的必要性和信息的完整性；接着组织相关人员对该变更从范围、进度、成本、质量、风险等多方面进行了整体评估和论证，形成了《需求变更评估论证表》；评估和论证得到客户确认后，我们将《需求变更申请表》和《需求变更评估论证表》一起提交给变更控制委员会（CCB）进行审批；CCB 召开评审会议审批通过该项变更后，我将该项变更任务纳入计划并根据变更的内容和评估的工作量分别分配需求人员、设计人员、开发人员和测试人员进行需求调研、模块设计、编码和测试等相关工作；在这一变更实施的过程中，我严密监控该变更的实施进展以及该变更对其他工

作的影响并及时采取了必要的措施；在该变更结束后，即变更后的功能模块被开发和测试通过后，我们组织了项目组相关成员及客户方代表，对该变更效果进行了评估，发现已经达到了客户方副厅长当初提出的要求和目的；最后，我从项目整体进度和整体预算的角度，判断出该变更发生后，对项目整体工作没有造成明显的影响，项目仍然在按照正常的轨道进行；变更结束后，我们把相关文件进行了分发和归档并正式关闭了该变更。以上就是我们针对一个项目整体变更实例从申请到关闭的全部过程记录。（**本段响应子标题 2 的第（2）小点：举出一个具体变更的例子，完整地演绎变更从申请到关闭的全部过程这一方面论述我对项目整体管理的认识。括号中的这段话考试时不用写。**）

通过有效的项目管理，项目于 2019 年 12 月 4 日全部上线并顺利通过了用户验收，在用户期望的日期前三周左右圆满完成了各项任务。项目完成后，我们对项目实际数据进行了统计，发现该项目的实际成本比预算少花了 7%，总生产率比公司的标准生产率高 12%，人月成本也比公司标准人月成本低 8%，项目绩效是我们公司该年度在建项目中最好的之一。（**本段总结本项目通过有效的项目管理所取得的实际效果。括号中的这段话考试时不用写。**）

××省社保系统民政统一软件系统自正式上线并顺利通过用户验收至今，运行状况良好，得到了用户的一致好评。在本项目整体管理方面，我实践并总结了四条有用的管理经验：（1）把自己的主要精力放在项目计划和对项目整体工作的宏观把控上。（2）对大项目宜建立项目的内部管理团队，实现分级管理。（3）必要时，一定要深入一线了解项目的具体情况。（4）重视与外部干系人关系的协调和沟通。

然而，在本项目的整体管理方面，也存在着一些问题，如：（1）由于项目组人员较多（项目组高峰人数接近 60 人），我对一些问题把握不及时，对项目造成了一定的不利影响。例如我们项目在执行到第四个月的时候，一员工和同事闹矛盾，由于我没有及时发现和介入，险些导致该员工离职。（2）对于项目中制定的规章和制度，落实得还不够到位。（**最后是对该项目在整体管理方面经验和不足的总结。括号中的这段话考试时不用写。**）

9.4 下半年论题二：论信息系统项目的沟通管理

一、题目描述

项目沟通管理是确保及时、正确地产生、收集、分发、储存和最终处理项目信息所需的过程。项目经理应该根据项目特点充分了解项目涉及的各方利益诉求，并且在项目初期为沟通活动分配适当的时间、预算等资源。

请以"论信息系统项目的沟通管理"为题进行论述：

1. 概要叙述你参与管理过的信息系统项目（项目的背景、项目规模、发起单位、目的、项目内容、组织结构、项目周期、交付的成果等），并说明你在其中承担的工作（项目背景要求本人真实经历，不得抄袭及杜撰）。

2. 请结合你所叙述的信息系统项目，围绕以下要点论述你对信息系统项目沟通管理的认识，并总结你的心得体会：

（1）项目沟通管理的过程。

（2）项目干系人管理过程，并结合项目管理实际情况制订一个具体的干系人管理计划。

二、写作分析

该论文看论文题目好像考的是单领域：项目的沟通管理，看完论题要论述的子标题后，我们发现其实考的是双领域：项目沟通管理和干系人管理。因此，该论文实际上考查的是考生对信息系统项目沟通管理和干系人管理的认识和理解。根据题目要求论述的两个方面，本论文需要描述"我"所管理的项目的基本情况和"我"在项目中所承担的角色和主要工作，需要从"项目沟通管理所包括的过程"和"项目干系人管理所包括的过程"两个方面论述"我"对信息系统项目沟通管理和干系人管理的认识，并要求结合项目管理实际情况制订一个具体的干系人管理计划，然后需要进行经验和教训的总结。从出题要求来分析，编者认为，本论文的重点是响应子标题 2：结合项目管理实际情况从两个方面论述你对项目沟通管理的认识，并总结你的心得体会。该论文难度最大的地方，应该是"结合项目管理实际情况制订一个具体的干系人管理计划"（因为如果没有实际管理过项目，那么这部分是很难写好的）。（论文写作难度：★★★★）

三、范文

【论文大纲】（考生可以把论文大纲先写在草稿纸上，用于写作论文时扩展和引导自己的写作思路）

该篇论文，编者把正文分为五段。

第一段：响应子标题 1，概要叙述我参与管理过的信息系统项目（项目的背景、项目规模、发起单位、目的、项目内容、组织结构、项目周期、交付的成果等），我的职责，并切入论文的论题——项目的沟通管理和干系人管理。

第二段：响应子标题 2，阐述项目干系人管理所包括的四个过程和项目沟通管理所包括的三个过程及其基本应用。

第三段：响应子标题 2 的第（2）小点，详细阐述该项目干系人管理计划的编制过程和具体内容。

第四段：总结本项目通过有效的项目管理所取得的实际效果。

第五段：论文总结，在项目沟通管理和干系人管理方面哪些做得好（四点经验）、哪些需要改进（两点不足）。

【正文】

××省社保系统民政统一软件开发项目是在国家大社会保险政策指导下于 2018 年 10 月份正式启动的，合同金额 1352 万元。该项目由××省民政厅发起，旨在为全省民政部门提供一套集优抚安置、救灾救济、社会福利、民间组织管理、社区建设、基层政权、社会事务、区划地名、老龄工作和民政事业费管理等十大主要民政业务于一体的全省民政统一软件系统。该系统采用浏览器/Web 服务器/应用服务器/数据库服务器四层 J2EE 体系结构，应用服务器（中间件）采用 Oracle 公司的 WebLogic 11g，数据库服务器（数据库管理系统）采用 Oracle 11g，界面层主要采用 ExtJs 3.3/Ajax/Servlet/JSP，业务逻辑层组件主要采用 EJB 3.0 技术实现。在该项目的建设过程中，本人担任项目经理，负责项目的全面管理。由于系统建设规模大（有 1.6 万多个功能点）、建设时间紧（用户要求在 2019 年 12 月 31 日前所有功能子系统都必须全部上线），为了保证项目的如期完成，我带领项目团队全体成员，采用强矩阵项目组织结构，通过有效的项目管理取得了可喜的成绩。本文重点论述项目沟通管理和干系人管理。（本段响应子标题1：叙述我参与管理过的大型信息系统项目，包括项目的背景、发起单位、目的、项目周期、交付的产品等。这句话是让考生理解如何正确地响应题目中的要求。括号中的这段话考试时不用写。）

一、项目沟通管理和干系人管理的基本过程及其应用

我们知道，项目沟通管理和项目干系人管理这两个知识领域是联系得非常紧密的，在实际项目管理活动中，沟通管理和干系人管理往往是交织在一起的。通过本项目的管理实践，我知道，项目沟通管理包括三个过程：规划沟通管理、管理沟通和监督沟通；项目干系人管理包括四个过程：识别干系人、规划干系人参与、管理干系人参与和监督干系人参与。拿"××省社保系统民政统一软件开发项目"来说，首先，在项目启动之初，我们就使用识别干系人过程，运用会议和干系人分析等多个工具和技术，尽量多、尽量全地识别出项目干系人，并将干系人信息填写在《干系人登记册》中；接着在《项目管理总体计划》的

指导下，使用规划沟通管理过程，运用沟通需求分析、沟通技术和沟通方法等工具和技术制订出《沟通管理计划》和使用规划干系人参与过程，运用专家判断和会议等工具和技术制订出《干系人管理计划》（下段将详细阐述该项目的《干系人管理计划》）。在项目建设过程中，我们使用管理沟通过程，通过运用沟通技术、沟通方法、项目报告发布等工具和技术与干系人沟通并将相关信息按《沟通管理计划》中的要求报告给相关干系人；我们使用管理干系人参与过程，通过运用沟通方法和人际关系软技能等工具和技术与干系人进行互动，确保干系人对项目的支持和满意度。当然，在整个项目的建设过程中，我们都一直在使用监督沟通和监督干系人参与过程中的会议、专家判断、干系人参与度评估矩阵等工具，找出沟通管理和干系人管理过程中出现的问题和偏差，并提出相应的方案予以解决。如在项目的建设过程中，我们了解到甲方主管该项目的副局长视力不太好，我们特别把提交给该副局长的项目报告中的文字由最初的五号字调整为了四号字，该副局长后来在项目阶段汇报会上夸我们的服务很贴心。**（本段响应子标题 2：结合项目实际情况从项目沟通管理的三个过程和干系人管理的四个过程及其基本应用这一方面论述我对项目沟通管理和干系人管理的认识。括号中的这段话考试时不用写。）**

二、项目干系人管理计划的编制过程和具体内容

特别值得一提的是我们这个项目的《干系人管理计划》，因为该计划在干系人管理方面发挥了重要作用。以下具体阐述该计划的编制过程和具体内容。首先，我们在识别干系人的基础上，在《项目管理总体计划》的指导下，运用专家判断和会议等工具和技术编写了《干系人管理计划》，然后将该子计划整合进《项目管理计划》之中，并组织了严格的评审，通过审批之后，我们将计划分发给相关人员，并严格按计划执行干系人管理。我们编制的《干系人管理计划》包括两部分：一部分是干系管理计划的版本信息，内容包括版本号、编写人、评审时间、评审人员、审批人、审批时间、发布时间、发布说明等；另一部分是干系人管理计划的具体事项，内容包括干系人姓名、职务、所需参与程度、当前参与程度、所需要的信息、管理策略、跟踪频率、跟踪负责人、备注等。例如：干系人 A，职务是副厅长，所需要参与程度是"领导"（我们将干系人参与分为 5 种，分别是"不知晓""抵制""中立""支持"和"领导"），所需要的信息是项目周报和月报，管理策略是重点管理，跟踪频率是每周、跟踪负责人是项目经理，备注信息是该干系人比较坚持自己的观点；类似这样的内容，我们都是按每一个干系人进行逐项记录的。需要说明的是，针对几个对项目持反对态度的干系人，我们没有将这部分信息公开在干系人管理计划中，而是另

外用一个文档进行了单独记录并跟踪。在项目建设过程中，我们严格按照《沟通管理计划》和《干系人管理计划》与干系人进行沟通和互动，效果很好。（**本段响应子标题 2 的第（2）小问：结合项目实际情况详细阐述该项目的干系人管理计划的编制过程和具体内容。括号中的这段话考试时不用写。**）

通过有效的项目管理，项目于 2019 年 12 月 4 日全部上线并顺利通过了用户验收，在用户期望的日期前三周左右圆满完成了各项任务。项目完成后，我们对项目实际数据进行了统计，发现该项目的实际成本比预算少花了 7%，总生产率比公司的标准生产率高 12%，人月成本也比公司标准人月成本低 8%。××省社保系统民政统一软件系统自正式上线并通过用户验收至今，运行状况良好，得到了用户的一致好评。（**本段总结本项目通过有效的项目管理所取得的实际效果。括号中的这段话考试时不用写。**）

在本大型信息系统项目的沟通管理和干系人管理方面，我总结了四条有用的管理经验：（1）一定要尽早把项目干系人识别出来。（2）不同的干系人他们的偏好不同，需要采用不同的沟通方式和风格与他们进行沟通。（3）一定要用干系人所期望的方式和他们沟通和互动。（4）用"我们"的心态来解决与干系人合作过程中遇到的问题。

然而，在本项目的沟通管理和干系人管理方面，也存在着一些问题，需要我们去不断改进，如：（1）在外部环境对沟通效果的影响上我把握得还不够，导致有个别的沟通活动失败。（2）在人际关系软技能的应用上我还不十分娴熟，因此出现过一次让用户投诉的现象。（**本段响应子标题 2 第（2）小问的后半部分，对该项目在沟通管理和干系人管理方面的经验和不足进行总结。括号中的这段话考试时不用写。**）

第10章 2020年论文考试科目真题解析及范文

10.1 下半年论题一：论信息系统项目的成本管理

一、题目描述

项目成本管理在项目管理中占非常重要的地位，成本管理是在项目实施过程中通过对成本进行管理，使项目实际发生的成本控制在预算范围内。

请以"论信息系统项目的成本管理"为题进行论述。

1．概要叙述你参与管理过的信息系统项目（项目的背景、项目规模、发起单位、目的、项目内容、组织结构、项目周期、交付的成果等），并说明你在其中承担的工作（项目背景要求本人真实经历，不得抄袭及杜撰）。

2．请结合你所叙述的信息系统项目，围绕以下要点论述你对信息系统项目成本管理的认识，并总结你的心得体会：

（1）项目成本管理的过程。

（2）项目预算的形成过程。

二、写作分析

该论文考查的是考生对信息系统项目成本管理的认识和理解。根据题目要求论述的两个方面，本论文除需要简单介绍项目基本情况（如项目的背景、发起单位、目的、项目周期、交付产品等）之外，还需要结合该项目案例，从规划成本管理、估算成本、制订预算和控制成本四个方面论述"我"对项目成本管理的认识，同时需要结合论文中所提到的信息系统项目，介绍项目预算的形成过程。从出题要求来分析，编者认为，本论文的重点应该是响应子标题 2：结合论文中所提到的信息系统项目，从两个方面论述我对项目成本管理的认识。（论文写作难度：★★★）

三、范文

【论文大纲】（考生可以把论文大纲先写在草稿纸上，用于写作论文时扩展

和引导自己的写作思路）

该篇论文，编者把正文分为五段。

第一段：响应子标题 1，描述项目的背景、系统所包括的功能，系统建设的基本要求，所采用的 IT 技术，我的职责，并切入论文的论题——项目的成本管理。

第二段：响应子标题 2 第（1）小点，结合项目，从规划成本管理、估算成本、制订预算和控制成本四个过程的主要输入、输出以及工具与技术方面详细讨论了我对项目成本管理的认识。

第三段：响应子标题 2 的第（2）小点，结合论文中所提到的信息系统项目，阐述了项目预算的形成过程。

第四段：总结本项目通过有效的项目管理所取得的实际效果。

第五段：总结在成本管理方面，哪些做得好（三点经验）、哪些需要改进（两点不足）。

【正文】

××省社保系统民政统一软件开发项目是在国家大社会保险政策指导下于 2018 年 10 月份正式启动的，合同金额 1352 万元。该项目由××省民政厅发起，旨在为全省民政部门提供一套集优抚安置、救灾救济、社会福利、民间组织管理、社区建设、基层政权、社会事务、区划地名、老龄工作和民政事业费管理等十大主要民政业务于一体的全省民政统一软件系统。该系统采用浏览器/Web 服务器/应用服务器/数据库服务器四层 J2EE 体系结构，应用服务器（中间件）采用 Oracle 公司的 WebLogic 11g，数据库服务器（数据库管理系统）采用 Oracle 11g，界面层主要采用 ExtJs 3.3/Ajax/Servlet/JSP，业务逻辑层组件主要采用 EJB 3.0 技术实现。在该项目的建设过程中，本人担任项目经理，负责项目的全面管理。由于系统建设规模大（有 1.6 万多个功能点）、建设时间紧（用户要求在 2019 年 12 月 31 日前所有功能子系统都必须全部上线），同时公司对该项目的成本绩效也提出了较高的要求，为了保证项目的如期、高绩效完成，我带领项目团队全体成员，采用强矩阵项目组织结构，通过有效的项目管理，取得了可喜的成绩。本文重点阐述该项目的成本管理。（**本段响应子标题 1：叙述我参与管理过的信息系统项目的情况。这句话是让考生理解如何正确地响应题目中的要求。括号中的这段话考试时不用写。**）

一、项目成本管理过程及其应用

为保证项目能完成预定的目标，必须要加强对项目实际发生成本的控制，因为一旦项目成本失控，就难以在预算内完成项目。因此，项目启动时，我们就通过培训在团队全体成员中建立起了"尽可能一次把事情做对、巧用方法和工具、绝不白浪费一分钱"的成本管理意识和思想。根据我的项目经验，我认为规划成本管理就是为规划、管理、花费和控制项目成本而制定政策、程序和文档；估算成本是对完成项目活动所需资金进行估算；制订预算是汇总所有单个活动或工作包的估算成本，建立一个经批准的成本基准；控制成本则是监督项目状态以更新项目预算和管理成本基准。针对该项目，在规划成本管理时，我们用到的主要输入有项目管理计划和项目章程，主要的输出有成本管理计划，主要的工具与技术有专家判断和会议；在估算成本时，我们用到的主要输入有成本管理计划、人力资源管理计划、范围基准、项目进度计划和风险登记册，主要的输出有活动成本估算和估算依据，主要的工具与技术有类比估算、参数估算、自下而上估算和储备分析；在制订预算时，我们用到的主要输入有成本管理计划、范围基准、活动成本估算、估算依据、风险登记册和合同，主要的输出有成本基准和项目资金需求计划表，主要的工具与技术有成本汇总、储备分析和历史信息审核；在控制成本时，我们用到的主要输入有项目管理计划、项目资金需求和工作绩效数据，主要的输出有工作绩效信息、成本预测和变更请求，主要的工具与技术有挣值技术、绩效审查和储备分析。（**本段响应子标题2 的第（1）小点：从规划成本管理、估算成本、制订预算和控制成本四个过程的主要输入、输出以及工具与技术方面详细讨论了我对项目成本管理的认识。括号中的这段话考试时不用写。**）

二、项目预算的形成过程

关于项目预算的形成过程，拿××省社保系统民政统一软件开发项目来说，首先我们制订了以成本估算精确等级、成本测量单位、成本偏差标准和成本报告格式等为主要内容的《成本管理计划》；接着我们在《成本管理计划》等相关计划的指导下，参阅范围基准、项目进度计划、风险登记册等相关文件，采用功能点估算方法估算出了本项目各活动的功能点数，然后采用参数估算的方法，利用公司开发的成本估算模型：成本=功能点数/生产力/176×平均人月成本（其中生产力的单位为"FP/人工时"，176 表示"一个月有 176 人工时"，平均人月成本的单位为"元/人月"）估算出了每一个活动的成本并记录了估算的理由，由于该项目是我公司第一个民政业务系统项目，为保险起见，我又组织了项目组成员采用自下而上的方式进行了估算，然后针对这两种方式的估算结果进行了综合分析并确定了项目各活动成本的估算值，根据我们的工程经验，结合本项目的风险特征，我们考虑了 10%的应急储备金和 5%的管理储备金；紧接着，我们把所有活动的估算成本进行了汇总，连同我们估算的应急储备和管理成本，一起提交给领导审批，领导根据我们的估算和我们给出的估算理由，在参考项目合同并结合公司过往类似项目历史数据的基础上批准了项目的预算；随后，我作为项目经理，会同项目组相关成员，根据我们项目的进度基准，把领导批准的除管理储备之外的预算分配到各个项目活动之上，形成了一条与进度基准相关的成本基准曲线，为日后的成本控制提供了依据；最后，我们编制了一份项目资金需求计划表提交给公司财务部，方便财务部对该项目的资金进行储备和安排。以上介绍的，就是我们这个项目预算的基本形成过程。（**本段响应应子标题 2 的第（2）小点：结合论文中所提到的信息系统项目，阐述了项目预算的形成过程。括号中的这段话考试时不用写。**）

由于篇幅有限，项目成本管理的其他方面，就不做过多地阐述了。项目于2019 年 12 月 4 日全部上线并顺利通过了用户验收，在用户期望的日期前三周左右圆满完成了各项任务。项目完成后，我们对项目实际数据进行了统计，发现该项目的实际成本比预算少花了 7%，总生产率比公司的标准生产率高 12%，人月成本也比公司标准人月成本低 8%。工作效率的提高和人月成本的下降与我们良好的成本管理有着密切的关系。（**总结本项目通过有效的项目管理所取得的实际效果。括号中的这段话考试时不用写。**）

××省社保系统民政统一软件系统自正式上线并通过用户验收至今，运行状况良好，得到了用户的一致好评。在本项目的成本管理中，我实践并总结了三条有用的管理经验：（1）进行成本估算时一定要充分考虑项目的风险；（2）只要控制得当，适当的加班赶工可以在不影响项目质量的情况下同时实现节省项目的总成本；（3）人员培训是一种提高生产效率进而节省项目成本的有效方式。

然而，在本项目的成本管理方面，也存在着一些问题，需要我们在以后的项目管理过程中去不断改进，如：（1）我们在成本估算时没有充分考虑到该项目的实施工作量所占比例比一般项目要大这一因素，导致实际差旅费用有所超支；（2）在赶工时由于管控失当导致了少量返工，浪费了原本可以节省的一些成本。（**最后是对该项目在成本管理方面经验和不足的总结。括号中的这段话考试时不用写。**）

10.2　下半年论题二：论信息系统项目的采购管理

一、题目描述

项目采购管理是从项目团队外部购买或获得为完成项目工作所需的产品、

服务或成果的过程。

请以"论信息系统项目的采购管理"为题进行论述：

1. 概要叙述你参与管理过的信息系统项目（项目的背景、项目规模、发起单位、目的、项目内容、组织结构、项目周期、交付的成果等），并说明你在其中承担的工作（项目背景要求本人真实经历，不得抄袭及杜撰）

2. 请结合你所叙述的信息系统项目，围绕以下要点论述你对信息系统项目采购管理的认识，并总结你的心得体会：

（1）项目采购管理的过程。

（2）如果需要进行招投标，请阐述招投标程序。

二、写作分析

该论文考查的是考生对信息系统项目采购管理和招投标程序的认识和理解。根据题目要求论述的两个方面，本论文除需要简单介绍项目背景情况（包括项目名称、客户、项目目标、系统构成、采购特点等）之外，还需要结合项目采购管理的亲身经历论述"我"在规划采购管理、实施采购和控制采购等方面对采购管理的认识；另外还需要结合论文中所提到的信息系统项目，阐述招投标程序。从出题要求来分析，编者认为，本论文的重点应该是响应子标题 2：请结合论文中所提到的信息系统项目，从两个方面论述你对信息系统项目采购管理的认识，并总结你的心得体会。（论文写作难度：★★★）

三、范文

【论文大纲】（考生可以把论文大纲先写在草稿纸上，用于写作论文时扩展和引导自己的写作思路）

该篇论文，编者把正文分为五段。

第一段：响应子标题 1，描述项目的背景、系统所包括的功能，系统建设的基本要求，所采用的 IT 技术，我的职责，并切入论文的论题——项目的采购管理。

第二段：响应子标题 2 的第（1）小点，结合项目采购管理的亲身经历从规划采购管理、实施采购和控制采购三个过程的主要输入、输出以及工具与技术方面详细讨论了我对项目采购管理的认识。

第三段：响应子标题 2 的第（2）小点，结合论文中所提到的信息系统项目，介绍招投标程序。

第四段：总结本项目通过有效的项目管理所取得的实际效果。

第五段：响应子标题 2，总结在采购管理方面，哪些做得好（四点经验），哪些需要改进（两点不足）。

【正文】

××省社保系统民政统一软件开发项目是在国家大社会保险政策指导下于2018年10月份正式启动的，合同金额1352万元。该项目由××省民政厅发起，旨在为全省民政部门提供一套集优抚安置、救灾救济、社会福利、民间组织管理、社区建设、基层政权、社会事务、区划地名、老龄工作和民政事业费管理等十大主要民政业务于一体的全省民政统一软件系统。该系统采用浏览器/Web服务器/应用服务器/数据库服务器四层J2EE体系结构，应用服务器（中间件）采用Oracle公司的WebLogic 11g，数据库服务器（数据库管理系统）采用Oracle 11g，界面层主要采用ExtJs 3.3/Ajax/Servlet/JSP，业务逻辑层组件主要采用EJB 3.0技术实现。在该项目的建设过程中，本人担任项目经理，负责项目的全面管理。由于系统建设规模大（有1.6万多个功能点）、建设时间紧（用户要求在2019年12月31日前所有功能子系统都必须全部上线），为了保证项目的如期完成，我带领项目团队全体成员，采用强矩阵项目组织结构，通过有效的项目管理，取得了可喜的成绩。该大型信息系统项目的建设内容中，除十大业务子系统开发外，还涉及民政办公大厅"公众触摸屏查询子系统"的开发。由于我们公司之前没有开发过触摸屏查询应用软件，也不打算在该应用领域投入开发，因此这个子系统是通过采购供应商的服务来完成的。本论文就重点讨论该信息系统项目的采购管理。（**本段响应子标题1：叙述我参与管理过的信息系统项目，包括项目名称、客户、项目目标、系统构成等。这句话是让考生理解如何正确地响应题目中的要求。括号中的这段话考试时不用写。**）

一、项目采购管理的基本过程及其应用

我们知道，采购管理主要包括三个方面的工作：规划采购管理、实施采购和控制采购。根据该项目的经验，我认识到规划采购管理就是记录项目采购决策、明确采购方法、识别潜在卖方；实施采购则是选定卖方并授予合同；控制采购则是管理采购关系、监督合同执行情况，实施必要的变更和纠偏，完成当次采购工作并总结经验和教训以及关闭合同。我认为，规划采购是采购工作得以有效开展的源头，而控制采购则是采购工作得以有效开展的核心。针对"公众触摸屏查询子系统"的采购工作，在规划采购管理时，我们用到的主要输入有项目管理计划、需求文件和项目进度计划，主要的输出有采购管理计划、招标文件和供方选择标准，主要的工具与技术有自制或外购分析、市场调研和会议；在实施采购时，我们用到的主要输入有项目管理计划、招标文件和供方选择标准，主要的输出有选定的卖方和采购合同，主要的工具与技术有广告、投

标人会议、建议书评价技术和采购谈判；在控制采购时，我们用到的主要输入有项目管理计划、采购文档、采购合同和工作绩效数据，主要的输出有工作绩效数据、供应商提供的相关可交付成果和"公众触摸屏查询子系统"以及本次采购的经验和教训总结文档，主要的工具与技术有采购绩效审查、检查和采购审计。（**本段响应子标题 2 的第（1）小点，结合项目采购管理的亲身经历从规划采购管理、实施采购和控制采购三个过程的主要输入、输出以及工具与技术方面详细讨论了我对项目采购管理的认识。括号中的这段话考试时不用写。**）

二、"公众触摸屏查询子系统"的招投标程序

关于"公众触摸屏查询子系统"的招投标程序，我们是这样执行的：（1）我们依据规划采购管理过程，利用"自制或外购分析""市场调研"和"会议"这三种工具，编制了《采购管理计划》和《采购工作说明书》，理清了是否采购、怎样采购、采购什么、采购多少以及何时采购这几个主要问题，编制了本项目的《采购文件》，并确定了潜在供应商的《入围标准》和后续采购工作中对潜在供应商投标文件的《评标标准》；（2）我们在公司主页上投放了招标公告，开始进行实施采购的工作，一共有六家合格的潜在供应商购买了标书；（3）当时我们这个采购项目从发标到开标一共是 20 天时间，在开标前 8 天，我们组织召开了一次投标人会议，6 家潜在供应商都参加了投标人答疑会，最后有 5 家潜在供应商在规定的时间提交了他们的投标文件；（4）开标和评标的那一天，我们一共组织了 7 位专家组成评标小组（这 7 位专家分别来自管理、技术、财务、采购、市场、法律等领域，我和采购专员小李都是本采购评标专家之一），按照《采购管理计划》《评标标准》和《采购文件》，通过筛选系统和加权系统等工具，对 5 家潜在供应商的投标书从技术方案、商务资质和价格三方面进行了综合评价和打分，最后确定了得分最高的一家潜在供应商中标；（5）中标结果公示 5 天后，我们和中标供应商签订了本次采购项目的合同。以上介绍的，就是我们"公众触摸屏查询子系统"的招投标程序。（**本段响应子标题 2 的第（2）小点：结合论文中所提到的信息系统项目，介绍介绍招投标程序。括号中的这段话考试时不用写。**）

由于篇幅有限，关于"公众触摸屏查询子系统"采购工作的其他方面，这里就不做过多地阐述了。通过有效的项目采购管理，触摸屏查询子系统配合整体项目工作得到了很好的实施。项目于 2019 年 12 月 4 日全部上线并顺利通过了用户验收，在用户期望的日期前三周左右圆满完成了各项任务。××省社保系统民政统一软件系统自正式上线并通过用户验收至今，运行状况良好，得到了用户的一致好评。（**总结本项目通过有效的项目管理所取得的实际效果。括号**

中的这段话考试时不用写。）

在本项目采购管理方面，我们总结了四条有用的管理经验：（1）尽可能在项目的早期就确定项目需要采购的内容，以便能有足够的时间确定采购方式和选择合适的供应商；（2）选择供应商时一定要根据被采购产品或服务的特点设定供应商入选门槛，这样不但可以提高供应商选择效果和质量，而且可以避免鱼目混珠；（3）必须把对外包模块供应商的管理当作整个项目管理的一部分；（4）不但要求供应商所提供的工作结果满足要求，而且要监控供应商的工作过程。

但是，在本项目的采购管理方面，也存在着一些问题，这需要我们在以后的项目管理过程中去不断改进，如：（1）由于采购管理经验不足，对一些问题产生的原因分析不到位，导致在一定程度上影响了采购工作的实施进度；（2）如何把甲方的需求完整、正确地传达给供应商，在这方面我们还需要多改善我们的工作方式。（**最后总结该项目在采购管理方面的经验和不足，同时也是对子标题 2 的响应。括号中的这段话考试时不用写。**）

第11章 2021年论文考试科目真题解析及范文

11.1 上半年论题一：论信息系统项目的范围管理

一、题目描述

项目范围管理必须清晰地定义项目范围，其主要工作是要确定哪些工作是项目应该做的，哪些不应该包括在项目中。

请以"论信息系统项目的范围管理"为题进行论述：

1. 概要叙述你参与管理过的一个信息系统项目（项目的背景、项目规模、发起单位、目的、项目内容、组织结构、项目周期、交付的成果等），并说明你在其中承担的工作（项目背景要求本人真实经历，不得抄袭及杜撰）。

2. 请结合你所叙述的信息系统项目，围绕以下要点论述你对信息系统项目范围管理的认识，并总结你的心得体会：

（1）项目范围管理的过程。

（2）根据你所描述的项目范围，写出核心范围对应的需求跟踪矩阵。

3. 请结合你所叙述的项目范围和需求跟踪矩阵，给出项目的 WBS。（要求与描述项目保持一致，符合 WBS 原则，至少分解至 5 层）。

二、写作分析

该论文考查的是考生对信息系统项目范围管理的认识和理解。根据题目要求论述的三个方面，本论文需要描述"我"所管理的项目的基本情况和"我"在项目中所承担的角色和主要工作，论述"我"在"项目范围管理所包括的过程"和"需求跟踪矩阵"这两个方面对项目范围管理的认识，同时需要结合实际项目给出 WBS 的具体分解。该篇论文需要将理论和实践进行紧密结合，对考生的实际项目经验有较高的要求；没有实际项目经验的考生，很难写出合格的论文。从出题要求来分析，编者认为，本论文的重点应该是响应子标题 2：结合项目管理实际情况从两个方面论述你对项目范围管理的认识以及子标题 3：结合论文中所提到的信息系统项目，介绍项目 WBS 的具体分解。（论文写作难度：★★★★）

三、范文

【论文大纲】（考生可以把论文大纲先写在草稿纸上，用于写作论文时扩展和引导自己的写作思路）

该篇论文，编者把正文分为六段。

第一段：响应子标题 1，概要叙述我参与管理过的信息系统项目（项目的背景、项目规模、发起单位、目的、项目内容、组织结构、项目周期、交付的产品等），我的职责，并切入论文的论题——项目的范围管理。

第二段：响应子标题 2 的第（1）小点，论述范围管理所包括规划范围管理、收集需求、定义范围、创建 WBS、确认范围和控制范围这六个过程。

第三段：响应子标题 2 的第（2）小点，举例阐述本项目的核心范围对应的需求跟踪矩阵。

第四段：响应子标题 3，结合论文中所提到的信息系统项目，阐述 WBS 的具体分解过程和结果。

第五段：总结本项目通过有效的项目范围管理所取得的实际效果。

第六段：论文总结，在项目范围管理方面哪些做得好（四点经验），哪些需要改进（两点不足）。

【正文】（该正文共 **2634** 个字符）

××省社保系统民政统一软件开发项目是在国家大社会保险政策指导下于 2018 年 10 月份正式启动的，合同金额 1352 万元。该项目由××省民政厅发起，旨在为全省民政部门提供一套集优抚安置、救灾救济、社会福利、民间组织管理、社区建设、基层政权、社会事务、区划地名、老龄工作和民政事业费管理等十大主要民政业务于一体的全省民政统一软件系统。该系统采用浏览器/Web 服务器/应用服务器/数据库服务器四层 J2EE 体系结构，应用服务器（中间件）采用 Oracle 公司的 WebLogic 11g，数据库服务器（数据库管理系统）采用 Oracle 11g，界面层主要采用 ExtJs 3.3/Ajax/Servlet/JSP，业务逻辑层组件主要采用 EJB 3.0 技术实现。在该项目的建设过程中，本人担任项目经理，负责项目的全面管理。由于系统建设规模大（有 1.6 万多个功能点）、建设时间紧（用户要求在 2019 年 12 月 31 日前所有功能子系统都必须全部上线），为了保证项目的如期完成，我带领项目团队全体成员，采用强矩阵项目组织结构，通过有效的项目管理特别是出色的项目范围管理，取得了可喜的成绩。（**本段响应子标题 1：叙述我参与管理过的信息系统项目，包括项目的背景、项目规模、发起单位、目的、项目内容、项目周期、交付的产品等以及我承担的工作。这句话是让考生理解如何正确地响应题目中的要求。括号中的这段话考试时不用写。**）

一、项目范围管理的基本过程

"××省社保系统民政统一软件开发这一大型信息系统项目"的管理经验告诉我，项目范围管理包括六个过程：规划范围管理、收集需求、定义范围、创建 WBS、确认范围和控制范围。根据我的工程经验，我认为规划范围管理就是创建范围管理计划，书面描述将如何定义、确认和控制项目范围的过程，即规划如何实施项目范围管理；收集需求就是为实现项目目标而确定、记录并管理干系人的需要和需求的过程，即收集要做什么；定义范围就是制定项目或产品详细描述的过程，即确定要做什么；创建 WBS 就是将项目可交付成果和项目工作分解为较小的、更容易管理的组成部分的过程，即细化交付成果到可估算、可分工和可控制的程度；确认范围就是正式验收项目已经完成的项目可交付成果的过程，即让项目发起人或客户签字接受项目的可交付成果；控制范围就是监督项目和产品的范围状态、管理范围基准变更的过程，即让范围在可控之内。（**本段响应子标题 2 的第（1）小点：论述范围管理所包括规划范围管理、收集需求、定义范围、创建 WBS、确认范围和控制范围这六个过程。括号中的这段话考试时不用写。**）

二、项目的需求跟踪矩阵

有实践经验的项目经理都知道，需求跟踪矩阵是一个很重要的文件，因为它既能帮助我们跟踪需求被实现的过程和状态，又能帮助我们跟踪需求与后续工作成果（如设计、代码、测试用例等）的对应关系。根据我们公司的统一要求结合"××省社保系统民政统一软件开发这一大型信息系统项目"的特点，我们的需求跟踪矩阵以 Excel 表格的形式呈现，主要包括如下四个栏目："需求编号""需求描述""需求被实现的进度状态"和"与之对应的设计、编码和测试用例"。其中"需求被实现的进度状态"这一栏目下分"设计""编码""测试""实施""验收"五个子栏目，当某一个需求达到某种状态时，则在对应栏内打钩；"与之对应的设计、编码和测试用例"这一栏目下分"需求对应的设计文件的位置""需求对应的代码文件名称""需求对应的测试用例"三个子栏目。像我们这个项目的核心范围是优抚安置、救灾救济和社会福利三大业务；由于篇幅所限，我们仅举优抚安置这一核心范围中的一个需求来阐述需求跟踪矩阵的具体内容（该内容取自 2018 年 12 月 2 日的需求跟踪矩阵）。需求编号：YFAZ-0010；需求描述：优抚安置对象类型管理；需求被实现的进度状态：这个栏目下的"设计"子栏目是"√"，"编码""测试""实施"和"验收"这四个子栏目是空白，意思是该需求目前处于"设计"状态；与之对应的设计、编码和测试用例：这个栏目下的"需求对应的设计文件的位置"子栏目中的内容是"《优抚安置子系统设计说明书》第 101 页到 104 页","需求对应的代码文件名称"子栏目中的内容是"YFAZ-AZDXGL_001.jsp 和 YFAZ-AZDXGL_001.java","需求对应的测试用例"子栏目中的内容是"《优抚安置子系统系统测试用例》第 98 页到 100 页"。（**本段响应子标题 2 的第（2）小点：举例阐述本项目的核心范围对应的需求跟踪矩阵。括号中的这段话考试时不用写。**）

三、WBS 的具体分解过程及结果

就该项目创建工作分解结构来说，我们根据项目范围和需求跟踪矩阵，在遵守 100%原则（100%原则是在 WBS 中，所有下一级的元素之和必须 100%代表上一级的元素）的前提下，把握了 WBS 分解的三个定性原则：WBS 应该分解到可估算、可分工和可控制的程度。我们这个项目的 WBS，最多有 6 层。第 1 层是"××省社保系统民政统一软件开发这一大型信息系统项目"；第 2 层是"优抚安置子系统""救灾救济子系统""社会福利子系统""民间组织管理子系统""社区建设子系统""基层政权子系统""社会事务子系统""区划地名子系统""老龄工作子系统""民政事业费管理子系统"和"项目管理"。由于篇幅所限，接下来我们只从每一个级别中拿出一个 WBS 元素阐述下一层级的分解情况。针对第 2 层的"优抚安置子系统"，我们分解出的第 3 层的内容是"需求""设计""编码""测试"和"实施"；第 3 层的"设计"，我们进一步分解到第 4 层，其内容是"架构设计""数据库设计""后台业务逻辑详细设计""前台业务界面详细设计"；第 4 层的"前台业务界面详细设计"，我们进一步分解到第 5 层，其内容是"优抚安置子系统功能菜单配置界面详细设计""优抚安置子系统安置对象类型管理功能界面详细设计""优抚安置子系统安置办理功能界面详细设计"和"优抚安置子系统数据统计界面详细设计"。由于篇幅限制，本文就举例阐述到工作分解结构的第 5 层。（**本段响应子标题 3，结合论文中所提到的信息系统项目，举例阐述 WBS 的具体分解过程和结果。括号中的这段话考试时不用写。**）

整个项目做下来，该项目在范围管理方面的基本情况是：项目范围定义得比较清晰，工作分解得比较恰当，我们提交给客户的工作成果也几乎没有存在明显的返工。通过有效的项目管理特别是出色的范围管理，项目于 2019 年 12 月 4 日全部上线并顺利通过了用户验收，在用户期望的日期前三周左右圆满完成了各项任务。××省社保系统民政统一软件系统自正式上线并通过用户验收至今，运行状况良好，得到了用户的一致好评。（**本段总结本项目通过有效的项目（范围）管理所取得的实际效果。括号中的这段话考试时不用写。**）

××省社保系统民政统一软件开发这一大型信息系统自正式上线并通过用户验收至今，运行状况良好，得到了用户的一致好评。在本项目的范围管理中，我总结了四点经验：（1）事先要有明确的计划作为指导。（2）宁可在编写《项目范围说明书》上多花一些时间，这样的投入是相当值得的。（3）WBS 分解最好是让执行后续工作任务的当事人参与。（4）保持和干系人良好的沟通有利于更好地了解项目范围并达成对项目范围理解上的一致。

然而，在本项目的范围管理方面，也存在着一些问题，需要我们去不断改进，如：（1）在确认范围的过程中，和用户之间配合还不够到位。（2）对范围的监控还存在一定的盲区，这在一定程度上影响了项目的绩效。（**最后是对该项目在范围管理方面经验和不足的总结。括号中的这段话考试时不用写。**）

11.2　上半年论题二：论信息系统项目的合同管理

一、题目描述

1. 概要叙述你参与管理过的信息系统项目 （项目的背景、项目规模、发起单位、目的、项目内容、组织结构、项目周期、交付的成果等），并说明你在其中承担的工作（项目背景要求本人真实经历，不得抄袭及杜撰）。

2. 请结合你所叙述的信息系统项目，围绕以下要点论述你对信息系统项目合同管理的认识，并总结你的心得体会：

（1）项目合同管理的过程。

（2）在有监理参与的情况下，结合项目管理实际写出详细的合同索赔流程。

3. 请结合你所叙述的信息系统项目，编制一份相对应的项目合同（列出主要的条款内容）。

二、写作分析

该论文考查的是考生对信息系统项目合同管理的认识和理解。根据题目要求论述的三个方面，本论文需要描述"我"所管理的项目的基本情况和"我"在项目中所承担的角色和主要工作，论述"我"在"项目合同管理的基本过程"和"合同索赔流程"这两个方面对项目合同管理的认识，同时需要结合实际项目以列出主要条款内容的方式编制一份相对应的项目合同。该篇论文需要将理论和实践进行紧密结合，对考生的实际项目经验有较高的要求；没有实际项目经验的考生，很难写出合格的论文；另外，合同管理隶属于采购管理知识领域，以前从来没有单独出过这方面的论文考题，加之绝大多数项目经理都极少参与供应商的选择和合同签订过程，这无疑进一步加大了论文的写作难度。从出题要求来分析，编者认为，本论文的重点应该是响应子标题 2：结合项目管理实际情况从两个方面论述你对项目合同管理的认识以及子标题 3：结合论文中所提到的信息系统项目，以列出主要条款内容的方式编制一份相对应的项目合同。（论文写作难度：★★★★★）

三、范文

【论文大纲】（考生可以把论文大纲先写在草稿纸上，用于写作论文时扩展和引导自己的写作思路）

该篇论文，编者把正文分为六段。

第一段：响应子标题 1，描述项目的背景、系统所包括的功能，系统建设的基本要求，所采用的 IT 技术，我的职责，并切入论文的论题——项目的合同管理。

第二段：响应子标题 2 的第（1）小点，结合项目合同管理的亲身经历从合同签订管理、合同履行管理、合同变更管理、合同档案管理、合同违约索赔管理五个过程论述我对项目合同管理的认识。

第三段：响应子标题 2 的第（2）小点，结合论文中所提到的信息系统项目，介绍在有监理参与的情况下，合同索赔的基本流程。

第四段：响应子标题 3，根据"公众触摸屏查询子系统"的实际采购工作，以列出主要条款内容的方式编制一份相对应的项目合同。

第五段：总结本项目通过有效的项目管理所取得的实际效果。

第六段：响应子标题 2 的后面部分，总结在合同管理方面，哪些做得好（四点经验），哪些需要改进（两点不足）。

【正文】

××省社保系统民政统一软件开发项目是在国家大社会保险政策指导下于 2018 年 10 月份正式启动的，合同金额 1352 万元。该项目由××省民政厅发起，旨在为全省民政部门提供一套集优抚安置、救灾救济、社会福利、民间组织管理、社区建设、基层政权、社会事务、区划地名、老龄工作和民政事业费管理等十大主要民政业务于一体的全省民政统一软件系统。该系统采用浏览器/Web 服务器/应用服务器/数据库服务器四层 J2EE 体系结构，应用服务器（中间件）采用 Oracle 公司的 WebLogic 11g，数据库服务器（数据库管理系统）采用 Oracle 11g，界面层主要采用 ExtJs 3.3/Ajax/Servlet/JSP，业务逻辑层组件主要采用 EJB 3.0 技术实现。在该项目的建设过程中，本人担任项目经理，负责项目的全面管理。由于系统建设规模大（有 1.6 万多个功能点）、建设时间紧（用户要求在 2019 年 12 月 31 日前所有功能子系统都必须全部上线），为了保证项目的如期完成，我带领项目团队全体成员，采用强矩阵项目组织结构，通过有效的项目管理，取得了可喜的成绩。该大型信息系统项目的建设内容中，除十大业务子系统开发外，还涉及民政办公大厅"公众触摸屏查询子系统"的开发。由于我们公司之前没有开发过触摸屏查询应用软件，也不打算在该应用领域投入开发，因此这个子系统是通过采购供应商的服务来完成的。本论文就重点讨论该信息系统项目"公众触摸屏查询子系统"的合同管理。（**本段响应子标题 1：叙述我参与管理过的信息系统项目，包括项目名称、客户、项目目标、系统构成等。这句话是让考生理解如何正确地响应题目中的要求。括号中的这段话考试时不用写。**）

一、项目合同管理的基本过程

在××省社保系统民政统一软件开发这一大型项目的建设过程中，我作为项目经理，全程参加了该项目"公众触摸屏查询子系统"的招投标及合同管理过程。根据本次采购实践，我知道，项目合同管理包括合同签订管理、合同履行管理、合同变更管理、合同档案管理、合同违约索赔管理等五个过程。像本项目的"公众触摸屏查询子系统"采购的合同签订管理主要包括市场调研、对潜在供应商的资信调查、合同谈判和合同签订等工作；合同履行管理主要包括对合同当事人按合同规定履行应尽义务和应尽责任进行检查，及时、合理地处理和解决合同履行过程中出现的问题，包括合同争议、合同违约和合同索赔等事宜；合同变更管理主要是在项目的建设过程中，由于出现了用户临时新增了一个业务模块这一不可预见的事项，我们和供应商、监理三方一起通过合同变更控制流程进行了合同条款的变更；合同档案管理主要是对与本次采购工作相关的电子、纸质文档和数据信息进行归类、索引、归档和封存处理；"公众触摸屏查询子系统"采购工作，我们和供应商之间合作得的不错，没有发生索赔事件，但我在和供应商签订合同时，就已经做好了这方面的知识储备，我非常清楚，合同违约索赔管理就是当合同当事人一方或双方不履行或不适当履行合同义务时，一方向另一方发起的索赔事件的管理。（**本段响应子标题 2 的第（1）小点，结合项目合同管理的亲身经历从合同签订管理、合同履行管理、合同变更管理、合同档案管理、合同违约索赔管理五个过程论述我对项目合同管理的认识。括号中的这段话考试时不用写。**）

二、合同索赔流程

由于合同违约和合同索赔是在项目建设过程中经常出现的情况，因此，我做了必要的准备工作，把合同在有监理（因为我们本次采购聘请了第三方监理公司）参与的情况下的索赔流程理得清清楚楚，目的是万一要遇到合同违约索赔而不至于措手不及。合同索赔的流程如下：（1）提出索赔要求，当出现索赔事项时，索赔方以书面索赔通知书的形式向监理工程师正式提出索赔意向通知；（2）报送索赔资料，索赔通知书发出后的 28 天内，向监理工程师提交索赔报告及有关资料；（3）监理工程师答复，监理工程师在收到送交的索赔报告有关资料后与被索赔方沟通，于 28 天内给予答复；（4）监理工程师逾期答复后果，监理工程师在收到索赔方送交的索赔报告有关资料后 28 天内没有答复，视为索赔已经被认可；（5）持续索赔，当索赔持续进行时，索赔方应该阶段性向监理工程师发出索赔意向，在索赔事件终了后 28 天内，向监理工程师送交最终索赔报告，监理工程师在 28 天内未答复，视为索赔成立；（6）仲裁与诉讼，监理工程师对索赔的答复，索赔方或被索赔方不能接受，即进入仲裁或诉讼程序。（**本段响应子标题 2 的第（2）小点，结合论文中所提到的信息系统项目，介绍在有监理参与的情况下，合同索赔的基本流程。括号中的这段话考试时不用写。**）

三、"公众触摸屏查询子系统"采购合同的主要条款内容

另外，关于"公众触摸屏查询子系统"采购合同的主要条款内容，由于涉及商业机密，因此在我接下来阐述的内容中，我将会隐去一些具体信息，只阐述主要条款的内容名称及作用，不包含具体的细节信息。"公众触摸屏查询子系统"采购合同，主要包括如下 13 项主要条款内容：（1）采购项目的名称，明确本次采购什么；（2）标的内容和范围，明确双方的权利和义务；（3）项目的质量要求，明确本采购项目的整体质量标准和各部分质量标准；（4）项目的计划、进度、地点、地域和方式，明确本采购项目的基本约束；（5）项目建设过程中的各种期限，明确本采购项目各里程碑节点；（6）技术情报和资料保密，明确约定双方都不得向第三方泄露对方的业务、技术和商业秘密；（7）风险责任承担，明确本采购项目中的风险双方承担的内容和方式；（8）技术成果的归属，明确本采购项目中产生的知识产权和专利的归属方；（9）项目验收标准和方式，明确项目各交付成果和最终产品的验收标准、验收方式和交付方式；（10）合同价款及支付方式，明确本采购项目的合同总金额、分阶段支付金额、支付条件及支付方式；（11）违约条款，明确双方的违约条款内容及违约处罚措施；（12）争议解决方案，明确在出现争议与纠纷时采用何种方式来协商解决；（13）名词术

语解释，对合同中出现的专用名词和技术术语进行解释。（**本段响应子标题 3，根据"公众触摸屏查询子系统"的实际采购工作，以列出主要条款内容的方式编制一份相对应的项目合同。括号中的这段话考试时不用写。**）

　　由于篇幅有限，关于"公众触摸屏查询子系统"合同管理的其他方面，这里就不做过多阐述了。通过有效的项目合同管理，触摸屏查询子系统配合整体项目工作得到了很好的实施。项目于 2019 年 12 月 4 日全部上线并顺利通过了用户验收，在用户期望的日期前三周左右圆满完成了各项任务。××省社保系统民政统一软件系统自正式上线并通过用户验收至今，运行状况良好，得到了用户的一致好评。（**总结本项目通过有效的项目管理所取得的实际效果。括号中的这段话考试时不用写。**）

　　在本项目合同管理方面，我们总结了四条有用的管理经验：（1）明确清楚的合同条款和合同内容，能大大提升采购合同的成功概率；（2）作为采购方带头履行合同条款有利于推动供应商履约；（3）合同变更一定要正规，这对维护合同双方的权利都有好处；（4）合同履约过程中，双方一定要经常沟通，有问题多协商解决。

　　但是，在本项目的合同管理方面，也存在着一些问题，这需要我们在以后的项目管理过程中去不断改进，如：（1）由于合同管理经验不足，对一些问题产生的原因分析不到位，导致在一定程度上影响了采购工作的实施进度；（2）在合同档案管理方面存在疏忽，导致供应商提交的一份文件归档错误。（**最后总结该项目在采购管理方面的经验和不足，同时也是对子标题 2 后面部分的响应。括号中的这段话考试时不用写。**）

11.3　下半年论题一：论信息系统项目的招投标管理

一、题目描述

　　招投标管理是应用技术经济的方法和市场经济的竞争作用，有组织开展的一种择优成交的方式。

　　请以"论信息系统项目的招投标管理"为题进行论述：

　　1．概要叙述你参与管理过的一个信息系统项目（项目的背景、项目规模、发起单位、目的、项目内容、组织结构、项目周期、交付的成果等），并说明你在其中承担的工作（项目背景要求本人真实经历，不得抄袭及杜撰）。

2．请结合你所叙述的信息系统项目，围绕以下要点论述你对信息系统项目招投标管理的认识，并总结你的心得体会。

（1）项目招投标管理的过程。

（2）根据你所描述的项目，编制一份招标文件中的评分表。

3．请结合你所叙述的项目招投标管理和投标文件，写出从投标文件编写到投送过程中的注意事项。

二、写作分析

该论文考查的是考生对信息系统项目招投标管理的认识和理解。根据题目要求论述的三个方面，本论文需要描述"我"所管理的项目的基本情况和"我"在项目中所承担的角色和主要工作，论述"我"在"项目招投标管理的过程"和"招标文件中的评分表"这两个方面对项目招投标管理的认识，同时需要结合实际项目招投标管理和投标文件，写出从投标文件编写到投送过程的注意事项。该篇论文需要将理论和实践进行紧密结合，对考生的实际项目经验有较高的要求；没有实际项目经验的考生，很难写出合格的论文；另外，项目招投标管理属于项目立项管理的范畴，以前没有出过这方面的论文考题，加之大多数项目经理比较少参与项目招投标和供应商选择工作，这无疑进一步加大了论文的写作难度。从出题要求来分析，编者认为，本论文的重点应该是响应子标题 2：结合项目管理实际情况从两个方面论述你对信息系统项目招投标管理的认识以及子标题 3：结合你所叙述的项目招投标管理和投标文件，写出从投标文件编写到投送过程中的注意事项。（论文写作难度：★★★★★）

三、范文

【论文大纲】（考生可以把论文大纲先写在草稿纸上，用于写作论文时扩展和引导自己的写作思路）

该篇论文，编者把正文分为六段。

第一段：响应子标题 1，描述项目的背景、系统所包括的功能，系统建设的基本要求，所采用的 IT 技术，我的职责，并切入论文的论题——项目的招投标管理。

第二段：响应子标题 2 的第（1）小点，结合项目招投标管理的亲身经历从招标、投标、评标、选定项目承建方四个过程讨论我对项目招投标管理的认识。

第三段：响应子标题 2 的第（2）小点，结合论文中所提到的信息系统项目，展示"公众触摸屏查询子系统"招标文件中从技术、商务和价格三大方面定义的评分表。

第四段：响应子标题 3，根据"公众触摸屏查询子系统"的实际招投标工作，展示从投标文件编写到投送过程中的三大注意事项。

第五段：总结本项目通过有效的项目管理所取得的实际效果。

第六段：响应子标题 2 的后面部分，总结在招投标管理方面，哪些做得好（三点经验），哪些需要改进（两点不足）。

【正文】

××省社保系统民政统一软件开发项目是在国家大社会保险政策指导下于 2018 年 10 月份正式启动的，合同金额 1352 万元。该项目由××省民政厅发起，旨在为全省民政部门提供一套集优抚安置、救灾救济、社会福利、民间组织管理、社区建设、基层政权、社会事务、区划地名、老龄工作和民政事业费管理等十大主要民政业务于一体的全省民政统一软件系统。该系统采用浏览器/Web 服务器/应用服务器/数据库服务器四层 J2EE 体系结构，应用服务器（中间件）采用 Oracle 公司的 WebLogic 11g，数据库服务器（数据库管理系统）采用 Oracle 11g，界面层主要采用 ExtJs 3.3/Ajax/Servlet/JSP，业务逻辑层组件主要采用 EJB 3.0 技术实现。在该项目的建设过程中，本人担任项目经理，负责项目的全面管理。由于系统建设规模大（有 1.6 万多个功能点）、建设时间紧（用户要求在 2019 年 12 月 31 日前所有功能子系统都必须全部上线），为了保证项目的如期完成，我带领项目团队全体成员，采用强矩阵项目组织结构，通过有效的项目管理，取得了可喜的成绩。该大型信息系统项目的建设内容中，除十大业务子系统开发外，还涉及到民政办公大厅"公众触摸屏查询子系统"的开发。由于我们公司之前没有开发过触摸屏查询应用软件，也不打算在该应用领域投入开发，因此这个子系统是通过采购供应商的服务来完成的。本论文就重点讨论该信息系统项目"公众触摸屏查询子系统"的招投标管理。（**本段响应子标题 1：叙述我参与管理过的信息系统项目，包括项目名称、客户、项目目标、系统构成等。这句话是让考生理解如何正确地响应题目中的要求。括号中的这段话考试时不用写。**）

一、项目招投标管理的过程

在××省社保系统民政统一软件开发这一大型项目的建设过程中，我作为项目经理，全程参加了该项目"公众触摸屏查询子系统"（简称该子系统，下同）的招投标管理过程。该系统的招投标我们依照《中华人民共和国招标投标法》进行，通过本次招投标实践，我知道，项目招标管理包括招标、投标、评标和选定承建方四个过程。招标是在一定范围内公开货物、工程或服务采购的条件和要求，邀请众多投标人参加投标，并按照规定程序从中选择交易对象的一种市场交易行为；该子系统我们采用的是公开招标的形式，我们当时是委托一家有合法资格的招标代理机构进行的。投标是与招标相对应的概念，它是指投标人应招标人的邀请，按照招标的要求和条件，在规定的时间内向招标人提交标书，争取中标的行为；当时该子系统一共有 5 家合格供应商参加了投标。评标是由评标委员会根据该子系统招标文件中的评分表进行评分，我们采用综合评价法评标，综合得分最高者为推荐中标人，当时该子系统评标委员会由 7 人组成，其中技术、经济方面的专家有 5 人。选定项目承建方是招标人根据评标委员会提出的书面评标报告和推荐的中标候选人确定中标人，当时我们确定中标人后向中标人发出了中标通知书，并同时将中标结果通知了所有未中标的投标人。（**本段响应子标题 2 的第（1）小点，结合项目投标管理的亲身经历从招标、投标、评标、选定承建方四个过程讨论了我对项目招投标管理的认识。括号中的这段话考试时不用写。**）

二、招标文件中的评分表

上文提到，该子系统我们采用的是综合评价法评标的。在招标文件中，我们从商务、技术和价格三大方面来定义评分表，其中商务分占总分的 35%，技术分占总分的 45%，价格分占总分得分的 20%；三大方面的满分都是 100 分；综合得分（精确到小数点后两位）=商务得分×35%+技术得分×45%+价格得分×20%。商务方面，注册资金 10 分，企业资质 15 分，CMM 认证或 ISO 认证 12 分，计算机系统集成资质 8 分，自主知识产权或专利产品 10 分，2010 年以来纯软件开发项目案例 18 分，在当地具有稳定的软件技术人员的服务队伍 12 分，项目经理经验及资质 5 分，售后服务 10 分；技术方面，总体设计规范性 30 分，功能响应程度 30 分，系统整体解决方案的合理性、可行性与实用性 10 分，项目实施方案的可行性 10 分，系统可维护性 10 分；价格方面，将评标委员会修正后的所有投标人的投标价格取算术平均值作为基准价格，等于基准价格的投标报价定为 100 分，高于基准价格的投标报价则按其比例，每高于 1% 减 1 分（不足 1% 则不减分），低于基准价格的投标报价则按其比例，每低于 1% 减 0.5 分（不足 1% 则不减分），以此类推，计算出所有投标人价格评分。（**本段响应子标题 2 的第（2）小点，结合论文中所提到的信息系统项目，展示"公众触摸屏查询子系统"招标文件中从技术、商务和价格三大方面定义的评分表。括号中的这段话考试时不用写。**）

三、从投标文件编写到投送过程中的三大注意事项

为确保该子系统招投标过程的严肃性和公平性，我们就本次招投标工作提出了从投标文件编写到投送过程中的三大注意事项：（1）编写投标书时，投标人要认真分析研究招标文件，编写投标文件；在规定的有效期内，投标人不得撤回投标文件、变更投标文件报价或对投标文件内容做实质性修改，否则没收投标保证金；招标人决定中标人后，未中标的投标人已缴纳的保证金即予退还。（2）递交标书时，投标人应当在招标文件要求提交投标文件的截止时间前，将投标文件送达投标地点；作为招标人和招标代理机构，收到投标文件后，应当签收保存，不能开启；如果以邮寄方式送达的，投标人必须留出邮寄时间，保证投标文件能够在截止日期之前送达招标人指定的地点，而不是以"邮戳为准"，对在截止时间后送达的投标文件，即已经过了投标有效期的，投标文件原封退回，不得进入开标阶段。（3）标书签收时，招标人和招标代理机构必须严格履行完备的签收、登记和备案手续，签收人要记录投标文件的提交时间和地点以及密封状态，签收人签名后将所有提交的投标文件放置在保密安全的地方，任何人不得开启投标文件。（**本段响应子标题 3，根据"公众触摸屏查询子系统"的实际招投标工作，展示从投标文件编写到投送过程中的三大注意事项。括号中的这段话考试时不用写。**）

由于篇幅有限，关于"公众触摸屏查询子系统"招投标管理的其他方面，这里就不做过多地阐述了。通过有效的招投标管理，触摸屏查询子系统配合整体项目工作得到了很好的实施。项目于 2019 年 12 月 4 日全部上线并顺利通过了用户验收，在用户期望的日期前三周左右圆满完成了各项任务。××省社保系统民政统一软件系统自正式上线并通过用户验收至今，运行状况良好，得到了用户的一致好评。（**总结本项目通过有效的项目管理所取得的实际效果。括号中的这段话考试时不用写。**）

在本项目招投标管理方面，我们总结了三条有用的管理经验：（1）规范的招投标流程能大大保证项目的招投标质量；（2）科学、合理的标书评分表对甄选供应商帮助很大；（3）招标方、招标代理机构和投标方严格履行自己的权利和义务对确保招投标成功至关重要。

但是，在该子系统的招投标管理方面，也存在着一些问题，这需要我们在以后的项目管理过程中去不断改进，如：（1）对招标文件的审核不够到位，导致后来增补两点招标需求说明；（2）投标评分表中的个别项量化不够具体。（**最后总结该项目在招投标管理方面的经验和不足，同时也是对子标题 2 后面部分的响应。括号中的这段话考试时不用写。**）

11.4 下半年论题二：论信息系统项目的进度管理

一、题目描述

项目进度管理是在项目实施过程中，对各阶段的进展程度和最终完成期限进行管理。其目的是保证项目能在满足时间约束条件的前提下实现其总体目标。

请以"论信息系统项目的进度管理"为题进行论述：

1. 概要叙述你参与管理过程的信息系统项目（项目背景、项目规模、发起单位、目的、项目内容、组织结构、项目周期、交付的成果等），并说明你在其中承担的工作（项目背景要求本人真实经历，不得抄袭及杜撰）。

2. 请结合你所叙述的信息系统项目，围绕以下要点论述你对信息系统项目进度管理的认识，并总结你的心得体会：

（1）项目进度管理的过程。

（2）如果在进度管理过程发生进度延迟，请结合实践给出处理办法。

3. 请结合你所叙述的信息系统项目，用甘特图编制一份对应的项目进度计划。

二、写作分析

该论文考查的是考生对信息系统项目进度管理的认识和理解。根据题目要求论述的三个方面，本论文需要描述"我"所管理的项目的基本情况和"我"在项目中所承担的角色和主要工作，论述"我"在"项目进度管理所包括的过程"和"发生进度延迟的处理办法"这两个方面对项目进度管理的认识并总结心得体会，同时需要结合实际项目用甘特图编制一份对应的项目进度计划。该篇论文需要将理论和实践进行紧密结合，对考生的实际项目经验有较高的要求；没有实际项目经验的考生，很难写出合格的论文。从出题要求来分析，编者认为，本论文的重点应该是响应子标题 2：结合项目管理实际情况从两个方面论述你对项目进度管理的认识以及子标题 3：结合论文中所提到的信息系统项目，用甘特图编制一份对应的项目进度计划。（论文写作难度：★★★★）

三、范文

【论文大纲】（考生可以把论文大纲先写在草稿纸上，用于写作论文时扩展

和引导自己的写作思路）

该篇论文，编者把正文分为五段。

第一段：响应子标题 1，描述项目的背景、系统所包括的功能，系统建设的基本要求，所采用的 IT 技术，我的职责，并切入论文的论题——项目的进度管理。

第二段：响应子标题 2 的第（1）小点，从项目进度管理所包括的六个基本过程论述我对进度管理的认识。

第三段：响应子标题 3，用甘特图展示了本项目"优抚安置子系统"其中三个功能模块开发工作的项目进度计划。

第四段：响应子标题 2 的第（2）小点，结合该信息系统项目，举了一个进度延误的例子，在正确分析出进度延误的原因后给出有针对性的处理办法。

第五段：响应子标题 2 的后面部分，总结本项目所取得的实际效果，同时对该项目在进度管理方面的经验（四点经验）和不足（两点不足）进行总结。

【正文】

××省社保系统民政统一软件开发项目是在国家大社会保险政策指导下于 2018 年 10 月份正式启动的，合同金额 1352 万元。该项目由××省民政厅发起，旨在为全省民政部门提供一套集优抚安置、救灾救济、社会福利、民间组织管理、社区建设、基层政权、社会事务、区划地名、老龄工作和民政事业费管理等十大主要民政业务于一体的全省民政统一软件系统。该系统采用浏览器/Web 服务器/应用服务器/数据库服务器四层 J2EE 体系结构，应用服务器（中间件）采用 Oracle 公司的 WebLogic 11g，数据库服务器（数据库管理系统）采用 Oracle 11g，界面层主要采用 ExtJs 3.3/Ajax/Servlet/JSP，业务逻辑层组件主要采用 EJB 3.0 技术实现。在该项目的建设过程中，本人担任项目经理，负责项目的全面管理。由于系统建设规模大（有 1.6 万多个功能点）、建设时间紧（用户要求在 2019 年 12 月 31 日前所有功能子系统都必须全部上线），为了保证项目的如期完成，我带领项目团队全体成员，采用强矩阵项目组织结构，通过有效的项目管理，取得了可喜的成绩。本文重点论述项目的进度管理。**（本段响应子标题 1：叙述我参与管理过的大型信息系统项目，包括项目的背景、发起单位、目的、项目周期、交付的产品等。这句话是让考生理解如何正确地响应题目中的要求。括号中的这段话考试时不用写。）**

一、项目进度管理的过程

我们知道，项目进度管理包括六个过程：规划进度管理、定义活动、排列活动顺序、估算活动持续时间、制订进度计划和控制进度。规划进度管理过程的作用是为规划、编制、管理、执行和控制项目进度而制定政策、程序和文档，该项目我们在执行本过程时用到了专家判断和分析技术这两个工具和技术，主要的产出物是项目进度管理计划；定义活动过程的作用就是确定为产生项目各种可交付成果而必须进行的具体计划活动，该项目我们在执行本过程时用到了分解、滚动式规划和专家判断这几个工具和技术，主要的产出物是活动清单、活动属性和里程碑清单；排列活动顺序过程的作用就是确定各计划活动之间的依赖关系，该项目我们在执行本过程时用到紧前关系绘图法和确定依赖关系这几个工具和技术，主要的产出物是项目进度网络图；估算活动持续时间过程的作用就是估算完成各计划活动所需工时单位数，该项目我们在执行本过程时用到了类比估算、参数估算和储备分析这几个工具和技术，主要产出物是各活动持续时间估算；制订进度计划过程的作用就是分析活动顺序、活动持续时间、资源要求及进度制约因素，从而制订出项目进度计划，该项目我们在执行本过程时用到了关键路径法、关键链法、资源优化技术、项目管理信息系统和进度压缩这几个工具和技术，主要产出物是项目进度计划和进度基准；控制进度过程的作用就是跟踪和控制项目进度，该项目我们在执行本过程时用到了绩效审查、项目管理信息系统和进度比较横道图这几个工具和技术，主要产出物是项目进度报告和相关的变更请求。（**本段响应子标题 2 的第（1）小点：从项目进度管理所包括的六个基本过程论述我对进度管理的认识。括号中的这段话考试时不用写。**）

二、用甘特图展示项目进度计划

项目进度管理的重点工作之一就是制订项目进度计划，我们项目利用 MS Project 软件工具制订项目进度计划，然后通过该工具自动生成甘特图，通过甘特图进行工作分派和追踪。由于篇幅所限，本文仅通过甘特图展示本项目"优抚安置子系统"其中三个功能模块开发的项目进度计划，如下图所示。

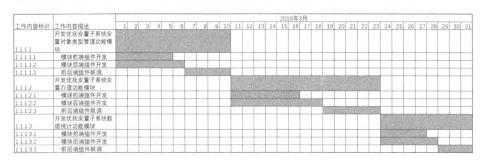

说明：（1）甘特图中，灰色段的长度表示该工作内容计划安排的工作时间

段；（2）开发优抚安置子系统安置对象类型管理功能模块、开发优抚安置子系统安置办理功能模块和开发优抚安置子系统数据统计模块，它们三者是完成到开始的依赖关系；（3）三个功能模块，每一个功能模块前端组件开发和后端组件开发是开始到开始的依赖关系，三个功能模块的前后端组件开发与前后端组件联调是完成到开始的依赖关系。（**本段响应子标题 3：用甘特图展示了本项目"优抚安置子系统"其中三个功能模块开发工作的项目进度计划。括号中的这段话考试时不用写。**）

三、进度延误及其处理办法

在项目建设的过程中，前期绩效数据都是正常的。在项目进展到第四个月时，我们对项目进行绩效评价时发现，其他子系统的开发进度正常但"救灾救济"子系统的开发落后于进度计划的 11.7%。针对这一偏差，我立即组织项目团队召开研讨会，经讨论、分析和查阅对应的需求文件，原来是该业务很复杂、涉及的干系人众多，需求定义得比较粗，导致开发过程中，开发工程师对需求的理解和用户的真实需求不一致经常出现需求变更，结果由于返工过多，项目进度出现了明显的滞后。知道问题产生的根源后，我果断暂停了该子系统的开发工作，组织项目组相关人员会同客户一起开了一个碰头会，和用户达成一致意见，选择"原型法"重新对该子系统各业务模块进行需求调研，确保需求被彻底地定义清楚之后才重新启动开发工作，之后的实际情况显示，"救灾救济"子系统的后续开发工作返工现象明显减少，代码质量明显提高。另外，为了弥补之前出现的进度滞后问题，我们主要采用了三个方法来赶工：（1）通过培训提高员工的工作能力来提高工作效率；（2）组织了部分员工进行了适量的加班突击；（3）持续三个月工作效率达到原计划工作效率 1.2 倍的员工将一次性给予 45%浮动工资的奖励。通过重新进行需求调研和采用上述三种方式赶工，三月后，"救灾救济"子系统的进度恢复到了原计划的水平。这之后，该子系统的开发进度得到了很好的控制，再也没有出现过明显的偏差了。（**本段响应子标题 2 的第（2）小点：结合项目实际情况举了一个进度延误的例子，在正确分析出进度延误的原因后给出有针对性的处理办法。括号中的这段话考试时不用写。**）

通过有效的项目管理，项目于 2019 年 12 月 4 日全部上线并顺利通过了用户验收，在用户期望的日期前三周左右圆满完成了各项任务。项目完成后，我们对项目实际数据进行了统计，发现该项目的实际成本比预算少花了 7%，总生产率比公司的标准生产率高 12%，人月成本也比公司标准人月成本低 8%。××省社保系统民政统一软件系统自正式上线并通过用户验收至今，运行状况良好，得到了用户的一致好评。在本大型信息系统项目的进度管理方面，我总结了四条有用的管理经验：（1）把自己的主要精力放在项目整体进度计划和对项目整体进度的宏观把控上。（2）建立项目的内部管理团队，实现分级管理。（3）采用合适的自动化工具协助进行进度控制。（4）发现进度偏差一定要立即着手解决，不能拖延。然而，在本项目的进度管理方面，也存在着一些问题，需要我们以后不断改进，如：（1）进度监控还有不到位的地方，曾出现有个别成员虚报进度，影响了项目工作的正常开展。（2）如何解决好赶工和项目质量之间的关系问题，在项目中我还做得不够好。（**本段响应子标题 2 的后半部分，总结本项目所取得的实际效果，同时对该项目在进度管理方面的经验和不足进行总结。括号中的这段话考试时不用写。**）

第12章 2022年论文考试科目真题解析及范文

12.1 上半年论题：论信息系统项目的干系人管理

一、题目描述

项目干系人管理是对项目干系人需求、希望和期望的识别，并通过沟通上的管理来满足其需要、解决问题的过程。

请以"论信息系统项目的干系人管理"为题进行论述：

1. 概要叙述你参与管理过的信息系统项目（项目的背景、项目规模、发起单位、目的、项目内容、组织结构、项目周期、交付的成果等），并说明你在其中承担的工作（项目背景要求本人真实经历，不得抄袭及杜撰）。

2. 请结合你所叙述的信息系统项目，围绕以下要点论述你对信息系统项目干系人管理的认识：

（1）项目干系人管理的过程。

（2）请根据你所描述的项目，说明干系人管理和沟通管理、需求管理的联系与区别。

（3）请根据你所描述的项目，写出项目中所涉及的所有干系人，并按照权力/利益方格进行分析，给出具体干系人的管理策略。

3. 请结合你所参与管理过的信息系统项目，论述你进行项目干系人管理的具体做法，并总结心得体会。

二、写作分析

该论文考查的是考生对信息系统项目干系人管理的认识和理解。根据题目要求论述的三个方面，本论文需要描述"我"所管理的项目的基本情况和"我"在项目中所承担的角色和主要工作，需要从"干系人管理所包括的过程""干系人管理和沟通管理、需求管理的联系和区别""项目干系人管理策略"这三个方面论述"我"对信息系统项目干系人管理的认识，同时还需要结合具体的项目论述"我"是如何进行干系人管理的。从出题要求来分析，编者认为，本论文的重点应该是响应子标题 2 的第（3）小点：根据你所描述的项目，写出项目中所涉及的所有干系人，并按照权力/利益方格进行分析，给出具体干系人的管理策略以及子标题 3：结合你所参与管理过的信息系统项目，论述你进行项目干系人管理的具体做法，并总结心得体会。（论文写作难度：★★★）

三、范文

【论文大纲】（考生可以把论文大纲先写在草稿纸上，用于写作论文时扩展和引导自己的写作思路）

该篇论文，编者把正文分为七段。

第一段：响应子标题 1，概要叙述我参与管理过的信息系统项目（项目的背景、项目规模、发起单位、目的、项目内容、组织结构、项目周期、交付的成果等），我的职责，并切入论文的论题——项目的干系人管理。

第二段：响应子标题 2 的第（1）小点，讨论该项目所涉及的干系人管理的四个基本过程和作用。

第三段：响应子标题 2 的第（2）小点，阐述项目干系人管理与沟通管理、需求管理的联系和区别。

第四段：响应子标题 2 的第（3）小点，阐述项目中所涉及的干系人、按照权力/利益方格对这些干系人进行分析并给出具体干系人的管理策略。

第五段：响应子标题 3，具体阐述在本项目中我是如何使用相关的工具和方法进行干系人管理的。

第六段：总结本项目通过有效的项目管理所取得的实际效果。

第七段：论文总结，在项目干系人管理方面哪些做得好（三点经验），哪些需要改进（两点不足）。

【正文】

××省社保系统民政统一软件开发项目是在国家大社会保险政策指导下于 2018 年 10 月份正式启动的，合同金额 1352 万元。该项目由××省民政厅发起，旨在为全省民政部门提供一套集优抚安置、救灾救济、社会福利、民间组织管理、社区建设、基层政权、社会事务、区划地名、老龄工作和民政事业费管理等十大主要民政业务于一体的全省民政统一软件系统。该系统采用浏览器/Web 服务器/应用服务器/数据库服务器四层 J2EE 体系结构，应用服务器（中间件）采用 Oracle 公司的 WebLogic 11g，数据库服务器（数据库管理系统）采用 Oracle 11g，界面层主要采用 ExtJs 3.3/Ajax/Servlet/JSP，业务逻辑层组件主要采用 EJB 3.0 技术实现。在该项目的建设过程中，本人担任项目经理，负责项目的全面管理。由于系统建设规模大（有 1.6 万多个功能点）、建设时间紧（用户要求在 2019 年 12 月 31 日前所有功能子系统都必须全部上线），为了保证项目的如期完成，我带领项目团队全体成员，通过有效的项目管理取得了可喜的成绩。本文重点论述项目干系人管理。（**本段响应子标题 1：叙述我参与管理过的大型信息系统项目，包括项目的背景、发起单位、目的、项目周期、交付的产品等。这句话是让考生理解如何正确地响应题目中的要求。括号中的这段话考试时不用写。**）

一、干系人管理的基本过程和作用

通过本项目的管理实践，我认识到，项目干系人管理包括四个过程：识别干系人、规划干系人参与、管理干系人参与和监督干系人参与。我认为，识别干系人就是想方设法把项目干系人及其利益、参与度、影响力等尽量多、尽量早、尽量快地挖掘出来；规划干系人参与就是根据干系人的需求、期望、利益和对项目的潜在影响等，制定出项目干系人参与项目的计划和方法；管理干系人参与就是与干系人进行沟通、协作和互动以满足他们的需要与期望、促成干系人合理参与项目；监督干系人参与是全面监督项目干系人之间的关系，根据需要调整干系人管理策略和计划，维持并提升干系人参与项目的效率和效果。（**本段响应子标题 2 的第（1）小点：从项目干系人管理的基本过程和作用这一方面论述我对干系人管理的认识。括号中的这段话考试时不用写。**）

二、干系人管理、沟通管理和需求管理的联系与区别

我们知道，项目干系人管理、沟通管理和需求管理联系非常紧密。通过本项目的管理实践，我体会到它们三者的联系是：干系人管理、沟通管理和需求管理的目的都是要让干系人满意，都是要确保项目取得成功；另外，沟通管理计划用于指导管理干系人参与，管理干系人参与时发现的某些问题（以问题日志的形式记录），也需要通过控制沟通予以解决。它们三者的区别是：干系人管理和沟通管理是使用得体表达、演示、演讲、换位思考、移情、感同身受等"软技能"来满足干系人的沟通需求和互动需求；需求管理是通过变更控制、需求跟踪等"硬技能"来满足干系人的业务需求；另外，沟通管理和干系人管理的区别，我认为是沟通管理更多地通过"说"、通过信息传递让干系人满意，而干系人管理更多地通过"做"、通过具体行动让干系人满意。（**本段响应子标题 2 的第（2）小点：从项目干系人管理、沟通管理和需求管理的联系和区别这一方面论述我对干系人管理的认识。括号中的这段话考试时不用写。**）

三、干系人分析及管理策略

项目实施前后，我们一共进行了 5 轮次干系人识别，我们这个项目的干系人分别来自客户方、监理方、供应商以及我方，我们根据干系人在项目中的权力大小和利益大小，采用了权力/利益方格进行了分析，把干系人分成了四类：权力大利益大，权力大利益小、权力小利益大、权力小利益小。例如，客户方主管该项目的领导张局、客户方项目经理李经理、我方主管该项目的王副总、监理工程师熊工属于权力大利益大这一类干系人，客户方财务经理蒋经理、监理方总监理工程师王工属于权力大利益小这一类干系人，客户方系统管理员赵工、我方开发工程师谭工、多媒体供应商项目经理夏工属于权力小利益大这一类干系人，客户方文档管理员何女士、我方行政办公室文员龙女士属于权力小利益小这一类干系人。针对权力大利益大这一类干系人，我们采用的是"重点管理"策略（确保他们的参与度）；针对权力大利益小这一类干系人，我们采用的是"令其满意"的策略（确保他们的满意度）；针对权力小利益大这一类干系人，我们采用的是"随时告知"的策略（确保他们的知情权）；针对权力小利益小这一类干系人，我们采用的是花最少的精力进行"监督"的策略。（**本段响应子标题 2 的第（3）小点：阐述项目中所涉及的干系人、按照权力/利益方格对这些干系人进行分析并给出具体干系人的管理策略。括号中的这段话考试时不用写。**）

四、项目干系人管理的具体执行

回到主题，××省社保系统民政统一软件开发项目的干系人管理，我们是这样做的：我们首先主要采用了头脑风暴、专家判断、权力/利益方格和权力/影响方格这四个工具和技术来识别和分析干系人，然后把干系人相关信息填写到干系人登记册中；接着利用专家判断和会议这两个工具和技术制订出了该项目的干系人管理计划，然后将该计划提交给各类型利害干系方负责人核实和确认，直到获得认可；有了这样一份切实可行的"项目干系人管理计划"（当然在项目进展过程中，我们根据项目实际情况也对该计划进行过必要的调整），为后续项目建设过程中的有效干系人管理奠定了良好的基础；在管理干系人参与方面，我们根据"项目干系人管理计划"应用人际关系软技能和演示、汇报等管理技能和项目干系人进行互动，这样促进了干系人合理参与项目的相关活动；另外，我们通过与干系人协作、及时完成干系人所需要我们完成的一些事情，确保了干系人对我们的信赖与支持；在监督干系人参与方面，我们利用干系人参与度评估矩阵和会议等工具，全面监督项目干系人之间的关系，找出干系人管理过程中出现的问题和偏差，并提出相应的解决方案予以解决，以维护甚至提升了干系人参与项目活动的效率和效果。例如，在项目的建设过程中，我们了解到甲方主管该项目的副局长视力不太好，我们特别把提交给该副局长的项目报告中的文字由最初的五号字调整为了四号字，该副局长后来在项目阶段汇报会上夸我们的服务很贴心。（**本段响应子标题 3：结合项目实际情况说明在该项目中我是如何进行项目干系人管理的。括号中的这段话考试时不用写。**）

通过有效的项目管理，项目于 2019 年 12 月 4 日全部上线并顺利通过了用户验收，在用户期望的日期前三周左右圆满完成了各项任务。项目完成后，我们对项目实际数据进行了统计，发现该项目的实际成本比预算少花了 7%，总生产率比公司的标准生产率高 12%，人月成本也比公司标准人月成本低 8%。（**总结本项目通过有效的项目管理所取得的实际效果。**）

××省社保系统民政统一软件系统自正式上线并通过用户验收至今，运行状况良好，得到了用户的一致好评。在本大型信息系统项目的干系人管理方面，我总结了三条有用的管理经验：（1）一定要尽早把项目干系人识别出来。（2）不同的干系人他们在项目中的权力和利益大小不同，一定要采取有针对性的管理策略。（3）用"我们"的心态来解决与干系人合作过程中遇到的问题。

然而，在本项目的干系人管理方面，也存在着一些问题，需要我们去不断改进，如：（1）在尽早、尽快和尽量多地识别出项目的干系人方面，我的经验还不足。（2）在人际关系软技能的应用上我还不十分娴熟，因此出现过一次用户投诉。（**本段响应子标题 3 的后半部分，总结本项目所取得的实际效果，同时对该项目在干系人管理方面的经验和不足进行总结。括号中的这段话考试时不用写。**）

12.2 下半年论题：论信息系统项目的质量管理

一、题目描述

项目质量管理是项目管理的重要组成部分，包括确定质量政策、目标与职责的各个过程和活动，从而使项目满足预定的需求。

请以论信息系统项目的质量管理为题进行论述。

1. 概要叙述参与管理过的信息系统项目（项目的背景、项目规模、发起单位、目的、项目内容、组织结构、项目周期、交付的成果等），并说明你在其中承担的工作（项目背景要求本人真实经历，不得抄袭及杜撰）。

2. 请结合你所叙述的信息系统项目，围绕以下要点论述你对信息系统项目质量管理的认识：

（1）该项目质量管理的过程（包含工作内容、目的、涉及角色和主要工作成果）。

（2）请根据你所描述的项目，详细阐述你是如何进行质量保证的。

（3）请根据你所描述的项目，帮助 QA 制定一份质量核对单。

二、写作分析

该论文考查的是考生对信息系统项目质量管理的认识和理解。根据题目要求论述的两个方面，本论文需要描述"我"所管理的项目的基本情况和"我"在项目中所承担的角色和主要工作，需要从"该项目质量管理过程""如何进行质量保证""制定一份质量核对单"三个方面论述"我"对信息系统项目质量管理的认识。从出题要求来分析，编者认为，本论文的重点是响应子标题 2：请结合论文中所提到的信息系统项目，从三个方面论述你对信息系统项目质量管理的认识。关于子标题 2 的第（3）小点如何写，我们需要有如下三方面正确的认识：第一方面，"（你）帮助 QA 制定一份质量核对单"，"你"是项目经理，"QA"是质量保证工程师；第二方面，在可交付成果方面，质量保证工程师（QA）是对可交付成果的符合性进行检查，质量控制人员（QC）是对可交付成果的正确性进行检验；第三方面，质量核对单有两种，一种是检查"符合性"的质量核对单（供 QA 使用），一种是检验"正确性"的质量核对单（供 QC 使用）。根据这三方面的分析，我们不难知道：子标题 2 的第（3）小点，我们要制定的就是"符合性"质量核对单。（论文写作难度：★★★★）

三、范文

【论文大纲】（考生可以把论文大纲先写在草稿纸上，用于写作论文时扩展和引导自己的写作思路）

该篇论文，编者把正文分为六段。

第一段：响应子标题 1，概要叙述我参与管理过的信息系统项目（项目的背景、项目规模、发起单位、目的、项目内容、组织结构、项目周期、交付的成果等），我的职责，并切入论文的论题——信息系统项目的质量管理。

第二段：响应子标题 2 的第（1）小点，从包含工作内容、目的、涉及角色和主要工作成果等几个方面阐述该项目的质量管理过程。

第三段：响应子标题 2 的第（2）小点，详细阐述我是如何进行质量保证的。

第四段：响应子标题 2 的第（3）小点，结合论文中所提到的信息系统项目，帮助 QA 制定一份质量核对单。

第五段：总结本项目通过有效的项目管理所取得的实际效果。

第六段：总结在项目质量管理方面哪些做得好（五点经验），哪些需要改进（两点不足）。

【正文】

　　××省社保系统民政统一软件开发项目是在国家大社会保险政策指导下于 2018 年 10 月份正式启动的，合同金额 1352 万元。该项目由××省民政厅发起，旨在为全省民政部门提供一套集优抚安置、救灾救济、社会福利、民间组织管理、社区建设、基层政权、社会事务、区划地名、老龄工作和民政事业费管理等十大主要民政业务于一体的全省民政统一软件系统。该系统采用浏览器/Web 服务器/应用服务器/数据库服务器四层 J2EE 体系结构，应用服务器（中间件）采用 Oracle 公司的 WebLogic 11g，数据库服务器（数据库管理系统）采用 Oracle 11g，界面层主要采用 ExtJs 3.3/Ajax/Servlet/JSP，业务逻辑层组件主要采用 EJB 3.0 技术实现。在该项目的建设过程中，本人担任项目经理，负责项目的全面管理。由于系统建设规模大（有 1.6 万多个功能点）、建设时间紧（用户要求在 2019 年 12 月 31 日前所有功能子系统都必须全部上线），为了保证项目的如期按质按量完成，我带领项目团队全体成员，采用强矩阵项目组织结构，通过有效的项目管理，取得了可喜的成绩。本文重点论述该项目的质量管理。**（本段响应标题 1：叙述我参与管理过的信息系统项目，包括项目的背景、项目规模、发起单位、目的、项目内容、项目周期、交付的产品等以及我承担的工作。这句话是让考生理解如何正确地响应题目中的要求。括号中的这段话考试时不用写。）**

一、项目质量管理过程

　　通过××省社保系统民政统一软件开发项目的管理实践，我知道，项目质量管理主要包括规划质量管理、管理质量和控制质量三个过程。规划质量管理的主要工作内容是识别项目及其可交付成果的质量要求和标准并准备对策确保符合质量要求；该过程的主要目的是为整个项目如何进行质量管理提供指南和方向；像我们这个项目，该过程涉及的主要角色是全体项目组成员（包括我、QA、QC 和配置管理员）；我们这个项目在规划质量管理方面的主要工作成果有"质量管理计划"和"质量测量指标"。管理质量的主要工作内容是审计质量要求和质量控制测量结果，确保采用合理的质量标准和作业流程；该过程的主要目的是确保工作过程和工作成果的合规性、建立项目各干系方对项目的信心、促进质量过程改进；由于管理质量人人有责，像我们这个项目，该过程涉及的主要角色是全体项目组成员（其中最主要的角色是我和QA）；我们这个项目在管理质量方面的主要工作成果有"质量审计报告"和"测试与评估文件"。控制质量的主要工作内容是监督并记录质量活动执行结果以评估绩效，即对可交付成果进行正确性检验；该过程的主要目的是找出可交付成果中存在的问题、确认可交付成果达到了其对应的质量验收标准；像我们这个项目，该过程涉及的主要角色是全体QC、我和配置管理员；我们这个项目在控制质量方面的主要工作成果有"质量控制测量结果"和"核实的可交付成果"。（**本段响应子标题2的第（1）小点：结合该项目，从包含工作内容、目的、涉及角色和主要工作成果等几个方面阐述该项目的质量管理过程。括号中的这段话考试时不用写。**）

二、我所开展的质量保证活动

前面我阐述过，质量保证，人人有责；当然，作为项目经理的我，更责无旁贷。该项目一开始，我就在项目组中组织了一次有关质量管理的专题培训，通过本次培训，让大家对质量管理达成了清晰的认识和深刻的理解。在项目的工作过程中，我带头严格按项目管理计划中规定的过程、流程、程序和模板开展各项工作，同时也指导和督导项目组全体成员按项目规范办事，力争做到通过规范、有效的过程执行来保证工作结果的正确性；另外要求每个项目组成员在完成工作之后，一定要自己对自己的工作成果进行"质量保证"（即按质量测量指标的要求认真"自检"自己做出的工作成果，确认无误后才提交评审或测试）；再有，我全力支持QA对该项目的质量审计，发现问题马上整改、绝不含糊；对QA采用质量审计等工具审计项目后提交的"质量审计报告"中提出的问题和建议，我都会积极认真对待，把问题落实到具体责任人并确定改进期限，对好的建议和意见，我会要求立即在后续项目管理中及时采用。（**本段响应子标题2的第（2）小点：结合该项目，详细阐述你是如何进行质量保证的。括号中的这段话考试时不用写。**）

三、制定质量核对单

质量核对单是一种结构化的工具，类似于一份检查表，提供给相关人员使用，从而提高质量管理的效率和效果。为了方便实施质量保证和控制质量，我们针对每一个交付给甲方的可交付成果，都制定了质量核对单。由于篇幅所限，这里仅举一份我帮助QA制定的关于"用户需求说明书"的质量核对单。这份质量核对单，主要是三个栏目：检查项目、是否合规和"说明"。其中，"检查项目"列出应该检查哪些内容，"是否合规"用于记录被检查内容是否符合规范要求（合规填"是"，不合规"否"），"说明"用于记录当被检查内容不合规时，具体是哪（些）方面不合规。我们这份"用户需求说明书"的质量核对单的"检查项目"主要有 7 项，分别是：（1）项目名称是否书写规范、正确；（2）是否按照规定的格式模板；（3）引言部分是否包含了编写目的、范围、项目背景、主要业务名称和术语定义这几部分；（4）需求概述中是否有用户当前系统介绍、目标系统概述、与其他系统的关系、项目范围边界、基本业务规则、系统功能概述、目标系统运行环境这几部分；（5）每一个功能需求是否有功能名称、需求编号、基本业务描述、界面布局、业务规则及基本操作流程这几部分；（6）是否有与其他系统的接口说明；（7）性能要求部分是否包含运行性能、可维护性、可移植性、故障处理要求的描述。**（本段响应子标题 2 的第（3）小点：结合该项目，帮助 QA 制定了一份质量核对单。括号中的这段话考试时不用写。）**

通过有效的项目管理，项目于 2019 年 12 月 4 日全部上线并顺利通过了用户验收，在用户期望的日期前三周左右圆满完成了各项任务。项目完成后，我们对项目实际数据进行了统计，发现该项目的实际成本比预算少花了 7%，总生产率比公司的标准生产率高 12%，人月成本也比公司标准人月成本低 8%。工作效率的提高和人月成本的下降与我们良好的项目质量管理有着密切的关系。**（本段总结本项目通过有效的项目管理所取得的实际效果。括号中的这段话考试时不用写。）**

××省社保系统民政统一软件系统自正式上线并通过用户验收至今，运行状况良好，得到了用户的一致好评。在本项目的质量管理中，我总结了五条有用的管理经验：（1）制订科学合理的质量管理、质量保证和质量控制计划很重要。（2）严格执行质量管理、质量保证和质量控制计划很重要。（3）质量核对单是一种非常有用的质量管理工具。（4）质量控制过程中发现的问题或缺陷一定要严格跟踪直至解决。（5）条件成熟的情况下，可以把产出物质量和软件系统的质量作为绩效考核的指标之一。

然而，在本项目的质量管理方面，也存在着一些问题，需要我们在以后的项目管理过程中去不断改进，如：（1）测试人员如何在项目质量控制过程中更加充分、主动地发挥作用。（2）如何尽量减少同类错误的二次出现。**（最后是对该项目在质量管理方面经验和不足的总结。括号中的这段话考试时不用写。）**

第13章 2023年上半年论文考试科目真题解析及范文

一、题目描述

论题 论信息系统项目的风险管理

项目风险管理旨在识别和管理未被项目计划及其他过程所管理的风险，如果不妥善管理，这些风险可能导致项目偏离计划，无法达成既定的项目目标。

请以"论信息系统项目的风险管理"为题进行论述。

1. 概要叙述你参与管理过的信息系统项目（项目的背景、项目规模、发起单位、目的、项目内容、组织结构、项目周期、交付的成果等），并说明你在其中承担的工作（项目背景要求本人真实经历，不得抄袭及杜撰）。

2. 请结合你所叙述的信息系统项目，围绕以下要点论述你对信息系统项目风险管理的认识。

（1）请根据你所描述的项目，详细阐述你是如何进行风险识别和风险应对的。

（2）请根据你所描述的项目，写出该项目的风险登记册，并描述风险登记册的具体内容在项目风险管理整个过程中是如何逐步完善的。

二、写作分析

该论文考查的是考生对信息系统项目风险管理的认识和理解。根据题目要求论述的两个方面，本论文需要描述"我"所管理的项目的基本情况和"我"在项目中所承担的角色和主要工作，需要从"如何进行风险识别和风险应对""风险登记册的具体内容在项目风险管理整个过程中是如何逐步完善的"两个方面论述"我"对信息系统项目风险管理的认识。从出题要求来分析，编者认为，本论文的重点是响应子标题 2：结合项目管理实际情况从两个方面论述你对项目风险管理的认识。需要特别指出的是，子标题 2 第（2）小点："请根据你所描述的项目，写出该项目的风险登记册，并描述风险登记册的具体内容在项目风险管理整个过程中是如何逐步完善的"考得很细，如果考生对风险管理各过程了解不透彻，就很难准确地描述各过程对风险登记册是如何"加工"的。（论文写作难度：★★★★）

三、范文

【论文大纲】（考生可以把论文大纲先写在草稿纸上，用于写作论文时扩展和引导自己的写作思路）

该篇论文，编者把正文分为六段。

第一段：响应子标题 1，概要叙述我参与管理过的信息系统项目（项目的背景、项目规模、发起单位、目的、项目内容、组织结构、项目周期、交付的成果等），我的职责，并切入论文的论题——信息系统项目的风险管理。

第二段：阐述项目风险管理所包括的七个过程。

第三段：响应子标题 2 的第（1）小点，结合论文中所提到的信息系统项目，阐述如何进行风险识别和风险应对。

第四段：响应子标题 2 的第（2）小点，结合论文中所提到的信息系统项目，以一个具体风险为例，描述了风险登记册的具体内容以及在项目风险管理过程中是如何逐步完善的。

第五段：总结本项目通过有效的项目管理所取得的实际效果。

第六段：论文总结，在项目风险管理方面哪些做得好（四点经验），哪些需要改进（两点不足）。

【正文】

××省社保系统民政统一软件开发这一大型项目是在国家大社会保险政策指导下于 2018 年 10 月份正式启动的，合同金额 1352 万元。该项目由××省民政厅发起，旨在为全省民政部门提供一套集优抚安置、救灾救济、社会福利、民间组织管理、社区建设、基层政权、社会事务、区划地名、老龄工作和民政事业费管理等十大主要民政业务于一体的全省民政统一软件系统。该系统采用浏览器/Web 服务器/应用服务器/数据库服务器四层 J2EE 体系结构，应用服务器（中间件）采用 Oracle 公司的 WebLogic 11g，数据库服务器（数据库管理系统）采用 Oracle 11g，界面层主要采用 ExtJs 3.3/Ajax/Servlet/JSP，业务逻辑层组件主要采用 EJB 3.0 技术实现。在该项目的建设过程中，本人担任项目经理，负责项目的全面管理。由于系统建设规模大（有 1.6 万多个功能点）、建设时间紧（用户要求在 2019 年 12 月 31 日前所有功能子系统都必须全部上线），为了保证项目的如期完成，我带领项目团队全体成员，采用强矩阵型项目组织结构，通过有效的项目管理，取得了可喜的成绩。本文重点论述项目的风险管理。（**本段响应子标题 1：叙述我参与管理过的信息系统项目，包括项目的背景、项目规模、发起单位、目的、项目内容、组织结构、项目周期、交付的产品等。这句话是让考生理解如何正确地响应题目中的要求。括号中的这段话考试时不用写。**）

一、风险管理的基本过程及其应用

根据我在本项目中的实践经验，我认为项目风险管理主要包括七个过程：规划风险管理、识别风险、实施定性风险分析、实施定量风险分析、规划风险应对、实施风险应对和监督风险。"规划风险管理"主要是编制《项目风险管理计划》；"识别风险"就是把项目中可能存在的所有消极风险和积极风险尽可能全部找出来；"实施定性风险分析"就是对风险发生的可能性和后果进行大致评估并对风险进行优先级排序；"实施定量风险分析"就是对风险发生的可能性和后果进行相对精确的评估；"规划风险应对"就是根据风险的性质、现实环境和条件等给已经识别和经过分析的风险制定应对方案；"实施风险应对"就是执行风险应对方案；"监督风险"主要是在项目工作的开展过程中，监督风险应对计划的实施、跟踪已识别风险、识别和分析新风险，以及评估风险管理的有效性。**（本段阐述项目风险管理所包括的七个过程。括号中的这段话考试时不用写。）**

二、风险识别和风险应对

关于项目的风险管理，我认为最主要的是要管理好项目的消极风险。因此本文重点讨论消极风险的识别和应对。本项目，我们在风险管理计划的指导下，通过参考其他子计划、项目文件、采购文档和合同等，利用专家判断、头脑风暴、风险核对单、SWOT 等工具和技术进行风险识别，我们一共识别出了 23 个消极风险。在对这些风险进行定性和定量分析之后（针对 7 个发生可能性大、影响大的风险，我们进行了定量分析），我们使用专家判断、访谈、引导式研讨会等工具和技术，研讨并制定了每一个风险的对应措施。例如针对架构师小张可能离职的风险，我们制定的应对措施有：（1）找小张谈心、做他的思想工作；（2）向公司申请给小张加一级工资；（3）采用人才技能备份的措施，让技术骨干小李同时参与到项目架构设计中配合小张同步工作，这样如果小张真离职了，小李能够快速接替他的工作。针对供应商可能不能如期交付触摸屏查询子系统的风险，我们制定的应对措施有：（1）在采购合同中明确逾期交付的惩罚条款；（2）安排采购专员小宋全程监控供应商的工作进度。特别需要强调的是，在项目建设过程中，我们要求每一个风险的风险责任人，严格按风险应对计划实施风险应对，并及时将应对情况汇总到我这里进行综合研判并采取必要的调整措施。实践结果是，本项目我们在风险管理方面没有出现过明显问题。**（本段响应子标题 2 的第（1）小点，结合论文中所提到的信息系统项目，阐述如何进行风险识别和风险应对。括号中的这段话考试时不用写。）**

三、风险登记册的具体内容及完善过程

在项目风险管理方面,有一个文件贯穿了风险管理的始终,这个文件就是风险登记册,风险登记册在识别风险过程中被创建,在实施定性风险分析、实施定量风险分析、规划风险应对、实施风险应对、监督风险等过程中会不断被完善和更新。我们这个项目的风险登记册的具体内容主要有风险名称、风险描述、发生的可能性、风险影响、风险级别、风险类别、应对措施、风险责任人、备注这九项。拿架构师小张可能离职这个风险来说,我们在识别风险时,在风险登记册里填写了风险名称为"架构师小张可能离职"和风险描述为"小张的母亲生病住院,需要支付较高的医疗费,他们家经济不算宽裕,小张可能会为谋求更高的薪酬跳槽";在实施定性风险分析之后,我们在风险登记册里填写了风险发生的可能性为"很高(对应的数值是 0.8)",风险影响为"很大(应对的数值是 0.9)",风险级别为"高级",风险类别为"人力资源风险";在实施定量风险分析之后,我们在风险登记册里更新了风险发生的可能性为 75%,风险影响为"导致项目损失 18.5 万元";在规划风险应对时,我们将上段中提到的三条应对措施写入了风险登记册中的应对措施一栏并填写了风险责任人为"项目经理",也就是我本人亲自负责;每次实施风险应对措施和对风险进行监督、回顾后,将实施和监督之后的情况填写到风险应对措施的备注栏,必要时也会更新其他栏目(例如,我按计划实施了和小张谈心之后,在风险登记册的备注栏中写道:小张虽然对公司和工作都比较满意,但希望公司能根据他的能力和贡献给他加薪;我按计划成功给小张申请加薪之后,在风险登记册的备注栏中写道:已给小张加薪、小张对加薪比较满意。一次,我定期监督小张可能离职的风险后,在风险登记册的备注栏中写道:这一个月以来,小张表现良好,风险可控)。(**本段响应子标题 2 的第(2)小点:结合论文中所提到的信息系统项目,以一个具体风险为例,描述了风险登记册的具体内容以及在项目风险管理过程中是如何逐步完善的。括号中的这段话考试时不用写。**)

通过有效的项目管理,项目于 2019 年 12 月 4 日全部上线并顺利通过了用户验收,在用户期望的日期前三周左右圆满完成了各项任务。项目完成后,我们对项目实际数据进行了统计,发现该项目的实际成本比预算少花了 7%,总生产率比公司的标准生产率高 12%,人月成本也比公司标准人月成本低 8%。工作效率的提高和人月成本的下降与我们良好的风险管理有着密切的关系。(**本段总结本项目通过有效的项目管理所取得的实际效果。括号中的这段话考试时不用写。**)

××省社保系统民政统一软件系统自正式上线并顺利通过用户验收至今,

运行状况良好，得到了用户的一致好评。在本项目的风险管理中，我总结了四条有用的管理经验：（1）事先要有明确的计划作为指导。（2）风险识别得越充分、识别得越早效果越好。（3）一定要严格按计划和流程开展风险监督和控制工作。（4）要根据风险性质的不同安排不同专长的人负责跟踪和监控风险，这样效果会更好。

本项目在风险管理方面的不足主要有：（1）我们对风险的量化水平还不高，导致对有些风险给项目带来的负面影响估计不足。（2）有些风险的应对预案和措施效果不理想，这在一定程度上影响了项目更好绩效的达成。（**最后是对该项目在风险管理方面经验和不足的总结。括号中的这段话考试时不用写。**）

附录　IT项目管理最佳实践

编者结合自己十多年IT项目管理亲身经历，总结了110个最佳实践，分为"管事篇""理人篇"和"综合篇"。读者可以在实际工作中，借鉴这些最佳实践，结合自己管理的项目的特点，灵活运用。

附录A　管事篇

序号	最佳实践	可归并入的过程组	可归并入的知识领域
1	在制订项目计划之前，应尽可能识别出项目的干系人特别是项目的主要干系人	启动	项目干系人管理
2	在项目正式开工之前，应该和项目各方商定并签署工作协议（内容涵盖责任、权力、义务和奖惩等）	启动	项目整合管理
3	制订项目计划一般需要执行四个基本步骤：（1）认真调研和分析项目的实际情况和相关要求。（2）根据调研和分析的结果编制项目计划。（3）组织相关人员评审《项目计划》并对发现的问题进行修正。（4）把评审后的《项目计划》对应分发给项目相关干系人进行确认	规划	项目整合管理
4	IT项目需求变更是常态，一定要和用户制订一份双方都认可的需求变更控制流程，这样有利于后续项目工作中对项目需求变更实施控制	规划	项目范围管理
5	IT软件项目的需求调研尽可能多采用原型法（有条件最好采用动态原型法）	规划	项目范围管理
6	WBS的分解粒度要同时满足三个基本标准：可估算、可分工和可控制	规划	项目范围管理
7	在进行IT项目成本估算时，可以采用项目组成员平均工资的3.0～3.5倍作为人月成本标准（这个标准是统计员工工资、福利、奖金、办公成本、资源储备、企业基础建设、企业税收和企业利润等得出的经验值）	规划	项目成本管理
8	IT项目经常出现的七类风险：工期可能紧张的风险，需求可能模糊的风险，技术方案可能不可行的风险，人力资源可能不足的风险，人员可能离职的风险，验收可能困难的风险，用户可能不配合的风险	规划	项目风险管理
9	工期可能紧张的风险。产生的根源：客观上有工期要求，主观上项目前期抓得不紧。应对措施：采用迭代开发的模型，分期提交子系统，项目一开始就抓紧各项工作	规划	项目风险管理

（续）

序号	最佳实践	可归并入的过程组	可归并入的知识领域
10	需求可能模糊的风险。产生的根源：调研不充分，有些需求确实不容易在项目一开始就描述清楚。应对措施：选用合适的需求获取方法、细化需求描述，建立需求变更控制流程	规划	项目风险管理
11	技术方案可能不可行的风险。产生的根源：技术实力有限，有些技术甚至是第一次使用。应对措施：设计时考虑备用方案	规划	项目风险管理
12	人力资源可能不足的风险。产生的根源：这几乎是所有项目的现实情况。应对措施：合理安排工作、激励和技能培训，适当加班	规划	项目风险管理
13	人员可能离职的风险。产生的根源：待遇问题，对员工重视程度的问题，员工自我发展的需要。应对措施：做好团队建设和员工思想工作，同时也从技能上备份人才	规划	项目风险管理
14	验收可能困难的风险。产生的根源：双方事先没有达成共识，项目成果不达标。应对措施：事先和客户达成验收共识，不折不扣地按计划执行并确保工程质量，多与关键人员沟通	规划	项目风险管理
15	用户可能不配合的风险。产生的根源：双方事先没有定义好合作模式，客户有自己的事情要处理。应对措施：事先签订合作协议，明晰双方责任和义务，记录过程证据，提前和客户沟通并约定好时间	规划	项目风险管理
16	IT项目质量管理的问题突出表现在如下四个方面：（1）对产出物的质量好坏没有具体的评价依据。（2）过程管理不到位，项目管理过程执行得比较随意。（3）对产出物的评审流于形式。（4）对系统的测试不深入，导致一些比较严重的缺陷被遗留到了客户现场	规划 执行 监控	项目质量管理
17	确保项目进度不拖延的一个最有效措施就是让下属自己给承诺，项目经理根据下属的承诺给予监督	执行 监控	项目时间管理
18	我们要坚持的成本管理意识和思想是：尽可能一次性把事情做对；拒绝拖延；绝不浪费一分钱；巧用方法和工具；尽量实现人和事的最佳匹配	执行	项目成本管理
19	质量保证工程师（QA）只有扮演好了教练（给项目组成员辅导项目管理过程体系）、医生（收集和分析数据，发现问题并提出改进建议）和警察（检查项目组过程执行的合格程度）这三种角色才能成就自己的价值	执行	项目质量管理
20	所有测试都要事先开发测试用例并组织对测试用例的评审	执行	项目质量管理
21	绩效考核指标能量化就尽可能量化，非量化的考核指标所占的考核比例尽量控制在30%以内（最好不低于15%）	执行	项目资源管理
22	设置的项目绩效考核指标应该把公司、项目组和项目成员三者的利益统一起来，这样的考核指标才算是合适的考核指标	执行	项目资源管理

（续）

序号	最佳实践	可归并入的过程组	可归并入的知识领域
23	制订项目绩效考核办法一般需要执行五个基本步骤：（1）组织研讨会，介绍项目情况、公司项目考核基本政策框架，被考核者大胆提出自己的想法。（2）在大家意见的基础上组织起草绩效考核办法。（3）征求主管领导和被考核者的意见。（4）组织专门的宣传会，让大家正确理解绩效考核办法的考核内容和它所倡导的员工行为。（5）发布执行	执行	项目资源管理
24	严格界定软件开发项目每一具体的活动（特别是模块代码实现工作）的完工比例比较困难。一般可以采用简单累计法统计项目实现值（即挣值）；项目前期一般采用20/80法则统计挣值比较合适，项目中后期一般采用50/50法则统计挣值比较合适	监控	项目成本管理
25	产出物评审会前需要做好六项工作：（1）编制评审计划。（2）根据被评审的产出物性质邀请合适的评审人员。（3）提前2～3天把被评审材料发送给评审人员。（4）评审前安排时间给评审人员讲解一次被评审材料。（5）给评审人员预留充分的评审时间，以便他们能发现和提出被评审文件中一些实质性的问题。（6）评审会议召开之前，先收集和记录好评审人员发现的问题	监控	项目质量管理
26	产出物评审会议的六个步骤：（1）由产出物负责人给评审人员讲解被评审的产出物的内容。（2）评审人员陈述自己发现的问题。（3）产出物负责人澄清、解释评审发现的问题或接受问题。（4）评审负责人汇总评审结果，提交《产出物评审报告》。（5）相关责任人对评审报告中提出的问题进行签字确认并承诺修改期限。（6）专人跟踪落实评审报告中所提出的需要解决的问题直至问题真正解决	监控	项目质量管理
27	程序员开发的模块应该实施交叉测试或安排专门的测试人员测试，避免自己测试自己开发的模块	监控	项目质量管理
28	测试中发现的问题一般要有跟踪落实机制，确保正确处理	监控	项目质量管理
29	要根据风险性质的不同安排不同专长的人负责跟踪和监控风险	监控	项目风险管理
30	要把对供应商的管理当作项目团队的一部分进行管理	监控	项目采购管理
31	不但要要求供应商提供的工作结果满足需要和要求，而且要监控供应商的工作过程合乎要求	监控	项目采购管理
32	接收和处理客户投诉的基本流程：第一步，倾听客户的投诉事项和内容；第二步，复述并确认客户投诉的事项和内容；第三步，（对由此给客户带来的不便）真诚道歉；第四步，认同客户的感受；第五步，承诺改进；第六步，（对客户提出的投诉信息）真诚感谢；第七步，按承诺实施改进；第八步，与客户确认改进效果；第九步，再次致歉和道谢	监控	项目干系人管理
33	项目完工总结（包括阶段总结）很重要，总结工作本身及总结出来的内容既有利于自己，也有利于其他项目组和我们所在组织	收尾	项目整合管理

附录 B 理人篇

序号	最佳实践	可归并入的过程组	可归并入的知识领域
1	唯有参与才有认同；项目经理给下属分派的任务最好能让当事人亲自进行评估，至少也应该在任务开始执行之前得到当事人认可	规划	项目整合管理
2	管理者在培养和教育员工时要多讲故事；管理者在表扬和批评员工时则一定要讲事实；如果不这样做则很容易出现事故	执行	项目资源管理
3	有效表扬需要践行的八大原则：（1）对事不对人的原则。（2）恰当性原则（只表扬该表扬的事）。（3）适度性原则（不夸大被表扬的事情）。（4）表扬与勉励相结合的原则。（5）不以伤害他人为代价的原则。（6）及时性原则。（7）具体性原则。（8）发自内心的原则	执行	项目资源管理
4	"十根手指有长短，荷花出水有高低"，管理者注意多发现和利用下属身上的优点，包容不足	执行	项目资源管理
5	项目中最可怕的事情就是项目做完了，人也下岗了；项目中最最可怕的事情就是项目还没做完，人都走光了。所以作为项目经理，一定要重视项目团队建设	执行	项目资源管理
6	营造高效项目团队的常用举措：（1）建立团队愿景，用团队共同目标引领大家前行。（2）制度建设和人文关怀并举。（3）清晰责任，明确分工。（4）建立竞合性绩效考核方案。（5）采用适当手段持续激励团队成员。（6）多夸赞，慎批评。（7）营造学习型团队。（8）适当组织集体活动，调节工作给大家带来的紧张和压力	执行	项目资源管理
7	项目经理应该努力让有才华的人没有犯错误的机会；要做到这一点，项目经理可以在建立工作规章制度、加强日常管理和合理安排工作等方面下工夫（举例：如避免把说话口无遮拦的员工安排到客户现场工作）	执行	项目资源管理
8	项目经理应多给下属培养和锻炼的机会，才能做到"强将手下皆强兵"，否则就是"强将手下皆弱兵"	执行	项目资源管理
9	选对人比培养人更重要；激励人比监督人更重要；了解人的优点比清楚人的缺点更重要；用好人比改造人更重要	执行	项目资源管理
10	"因为诚信，所以简单"；项目经理应该在团队之间"建立信任"。信任有三个方向：下属信任上司、上司信任下属和下属之间的互信。建立起下属信任上司的基本途径是"上司在下属心中多存储感情账户"；建立上司信任下属（即下属认为上司是信任他们的）的基本途径是"上司做到用人不疑"；建立起下属和下属之间的信任的基本途径是"建立起团队的共同价值观、共同利益和共同目标"	执行	项目资源管理

（续）

序号	最佳实践	可归并入的过程组	可归并入的知识领域
11	项目经理要多"授人以渔"，少"授人以鱼"	执行	项目资源管理
12	项目经理辅导下属的五个步骤：(1)告诉下属要做什么。(2)亲自或委托他人给下属示范怎么做。(3)让当事人尝试着做。(4)观察其成效。(5)表扬其进步或再辅导	执行	项目资源管理
13	项目经理一定要关注那些做事兢兢业业、任劳任怨、内秀但不喜欢张扬的下属，不要让他们吃亏。他们很好管理、对项目的贡献也很大；但项目经理如果疏于对他们的关心和关注，一旦他们去意已决，基本就不能让他们再回心转意了	执行	项目资源管理
14	员工的士气好比是自行车的轮胎，自行车骑久了，轮胎自然会瘪下去；员工工作时间长了，士气也自然会低落下去。所以项目经理要持续给员工真诚的表扬，每次给员工表扬相当于给员工打一次气，经常给员工打气（即表扬），员工就会保持饱满的工作状态	执行	项目资源管理
15	要做好一个项目，主要取决于四个方面的合力：项目经理的自身能力和团队领导力、团队成员的能力和协同配合程度、项目主管领导的支持力度以及外部干系人（包括客户、监理和供应商等）的支持和配合程度。做项目就好比是在河面上划船，项目经理的自身能力和团队领导力以及团队成员的能力和协同配合程度是项目这艘"船"能顺利前行的"内在动力"；而项目主管领导的支持力度以及外部干系人的支持和配合程度则是项目这艘"船"能顺利前行的"外在推动力"。项目内部干系人（包括领导、同事、项目组成员等）的配合好比是水的流向，外部干系人的配合好比是风的方向，"船"只有顺风顺水能划得更轻松，同样项目只有顺风顺水才可能获得成功。而要让项目这艘"船"顺风顺水，就得在项目工作过程中多加强沟通、多进行正确的沟通	执行	项目沟通管理
16	化解沟通障碍的三大工具：充分反馈、通俗化沟通语言、积极聆听	执行	项目沟通管理
17	会讲的永远不如会听的，管理者一定要学会聆听	执行	项目沟通管理
18	沟通要把握的三条最基本的原则是：(1)人之所欲，施之于人，要用对方所期望的方式和对方沟通。(2)换位思考。(3)合作共赢	执行	项目沟通管理
19	个体之间沟通时，能当面沟通，一般就不要采用电话沟通；能电话沟通，一般就不要采用 E-Mail 的方式沟通	执行	项目沟通管理
20	与上司沟通的注意要点：(1)以把事情做好为出发点和上司沟通。(2)把注意力放在积极寻找解决方案上。(3)站在上司的角度来思考问题。(4)不要抱怨。(5)多提方案少提困难。(6)积极聆听上司的意见和建议	执行	项目沟通管理

（续）

序号	最佳实践	可归并入的过程组	可归并入的知识领域
21	与下属沟通的注意要点：（1）从关心下属的角度出发。（2）注意沟通的目的是协助下属解决遇到的问题和帮助他们成长。（3）就事论事，不要翻旧账。（4）采用适合下属的语言。（5）尊重下属的人格。（6）换位思考。（7）耐心聆听下属的心声	执行	项目沟通管理
22	与同级沟通的注意要点：（1）用宽大的胸怀和平级沟通。（2）懂得助人就是助己。（3）用感恩的心态对待平级给自己的帮助、建议或批评。（4）体谅他人的难处。（5）平时多建立情感账户	执行	项目沟通管理
23	与外部干系人沟通的注意要点：（1）双赢思维、合作共赢。（2）站在对方的角度来看问题。（3）避免将自己的观点强加于人。（4）用"我们"的心态来解决合作过程中遇到的问题。（5）可以因势利导，底线是可以有利于自己，但不能伤害对方	执行	项目沟通管理
24	人际沟通中要做到"四不"：不打断对方说话；不臆断对方的意思；不表露负面情绪；不强加己方观点给对方	执行	项目沟通管理
25	人际沟通中要做到"十要"：要无时不沟通；要无处不沟通；要积极主动沟通；要在尊重对方的基础上沟通；要用适合对方的语言沟通；要采用合适的表达方式和对方沟通；要准确无歧义表达；要善于倾听对方；要学会换位思考；要用心沟通	执行	项目沟通管理
26	话说三遍淡如水。项目经理和下属沟通时要注意点到为止，不要把相同或类似的话不停地絮絮叨叨	执行	项目沟通管理
27	和外部干系人沟通时，宜多采用正式的沟通方式，并注意用文档记录好沟通时所用的材料和达成的共识	执行	项目干系人管理
28	和外部干系人合作时，宜采用双方订立的工作规则和机制来推动相关工作的开展	执行	项目干系人管理
29	在和外单位沟通合作的过程中，宜采用"单一"接口原则（这样能确保信息的一致性），尽量减少一对多或多对多的沟通（这样容易导致信息混乱和不一致）	执行	项目干系人管理
30	有效批评需要践行的十大原则：（1）尊重人格的原则。（2）善意的原则（批评的目的是关心别人）。（3）及时性原则。（4）以事实为依据的原则。（5）就事论事的原则（不翻旧账）。（6）对事不对人的原则。（7）给下属解释机会的原则。（8）"适可而止"的原则（点到为止，不要喋喋不休）。（9）心平气和的原则（批评尽量做到用心而无痕）。（10）"区别对待"的原则（因对方的性格、所犯错误的性质等的不同而采用不同的批评方式）	监控	项目资源管理
31	当员工在工作中出现一般性工作偏差时，宜采用（第一次）私下→（第二次）正式→（第三次）惩戒的处理原则	监控	项目资源管理
32	当能力胜任的下属出现工作差错时，项目经理可以对其实施批评。实施批评的正确步骤应该是先抑后扬（先批评后表扬）而不是先扬后抑（先表扬后批评）；如果先扬后抑，下属往往会把他的注意力集中在上司表扬之后的批评上，从而破坏了表扬的效果	监控	项目资源管理

（续）

序号	最佳实践	可归并入的过程组	可归并入的知识领域
33	项目经理不要替下属"安排"学习的榜样，下属学习的榜样一定要让下属自己找。引申之，管理者在评价下属业绩时，可以拿双方事先约定好的标准作参照或拿下属之前的业绩作参照；但一定要避免拿其他同事的业绩作参照，因为这样做容易引起下属反感从而难以得到积极的效果	监控	项目资源管理
34	项目经理在表扬和批评员工时，要把握的一个最基本的原则就是：扬善于公庭，规过于私室（目的是"杀鸡儆猴"的批评除外）	执行监控	项目资源管理
35	处理员工工作偏差的基本流程：第一步：做好处理前的准备工作；第二步：确认问题及导致问题产生的真正原因；第三步：和下属一起商讨并确定改进方案；第四步：确认下属清楚如何改进；第五步：检查和跟踪改进效果	监控	项目资源管理

附录 C 综合篇

序号	最佳实践
1	管理者就是有能力对他人的工作结果负责的人，只能对自己的工作结果负责的人，水平再高也只能称为专家
2	末流的管理者认为一切都没有问题；三流的管理者能发现问题；二流的管理者既能发现问题又能解决问题；一流的管理者能发现和解决问题还能较好地预防问题；顶级的管理者认为一切都不是问题
3	管理者一般拥有六种"权"：职位权、奖赏权、惩戒权、参照权、专家权和声誉权。作为管理者特别是技术部门的管理者（如IT项目经理），应该重点发展和利用自己的专家权和声誉权
4	凡是工作必有计划，凡是计划必有结果，凡是结果必有责任，凡是责任必有检查，凡是检查必有奖罚，凡是奖罚必须兑现
5	遇到问题，逐层深入连问五个"为什么"并努力思考和回答五个"是因为"，几乎能发现所有问题的真正症结
6	作为管理者的项目经理只有成就他人所需，他人才可能成就项目经理所求
7	项目经理的首要角色应该是服务者，项目经理只有服务好了下属，下属才可能创造出好的绩效
8	作为管理者的项目经理要做应该做的事而不是喜欢做的事情
9	项目经理工作时要注意以目标为导向，所选择的工作方法有效果比有道理更重要
10	行动之前的计划很重要，计划之前的行动（收集和分析素材，为制订科学的计划作准备）也同样重要，对团队更如此
11	衡量管理者是否优秀不是看你在现场时下属做了些什么，而是看你不在现场时下属做了些什么。所以管理者的教练能力和人格魅力非常重要
12	管理者应该尽可能少用如下的一些词汇："绝对""完全""肯定""绝不""必须""不可能"等；管理者应该尽可能多用如下的一些词汇："经常""通常""有时""也许""或许""常常""大概""有可能"等

（续）

序号	最佳实践
13	"衣服穿得好，可以当领导"；管理者要注意自己的仪容仪表等外在形象，不能"不修边幅"
14	项目经理的威信何来？身先士卒就是威，说到做到就是信
15	在管理领域，"两点之间并非线段最短"，项目经理要学会灵活变通
16	汉语词典里，只有"找茬"而没有"找对"，项目经理应该学会多"找对"、少"找茬"。如果我们手里拿的是榔头，则满眼里就都是钉子
17	"1＋1＝2"是数学，"1＋1不知道等于多少"是管理学和经济学。管理者要学会用管理学和经济学的思想来解决工作过程中的事情。努力让负面的事情实现"1＋1＜2"，让正面的事情实现"1＋1＞2"
18	会"拼（凑）"才会赢，项目经理要学会整合资源，实现"1＋1＞2"
19	管理者的产品就是员工的行为，因此管理者最有价值的时间，是投资在下属身上的时间
20	管理者在上司面前多说下属的好话；尽可能避免说下属的坏话，除非你已经决定要开掉他
21	管理者在人力资源管理方面要做到重大义与施小惠相结合。所谓重大义，就是从长期来看（如一年、两年、三年甚至更长时间）我们能给下属在收入和职业发展方面带来什么；所谓施小惠，就是从短期来看（如每天、每星期和每个月）我们能给下属在工作和生活方面带来怎样的帮助和关怀。只有重大义才能让下属看到希望从而紧紧追随你，只有施小惠才能让下属得到即时满足从而保持持续的工作热情
22	谁的"猴子"谁负责抚养，项目经理尽量不要替下属背负本应该由他们自己背负的"猴子"，而应该辅导他们提升背负"猴子"的能力
23	项目经理提升管理能力的三条主要途径是：（1）亲自实践（人因为经历而懂得）。（2）学习他人的管理实践经验和体会（对间接经验的学习能避免自己少走很多弯路）。（3）通过自己反思、总结和感悟（反思和总结是一个人能否快速进步的最佳途径）
24	项目经理要学会"慎独"。"慎独"主要是指两个方面：一是项目经理自己在工作中犯了错误时会如何对待和处理自己；二是当只有自己一个人在场时，自己会表现出怎样的工作行为
25	有效管理的30字方针：（对下属的工作）指导而不主导；（对下属的业绩）把关而不设关；（对下属的失误）包容而不纵容；（行使自己的职权）到位而不越位；（履行自己的职责）授权而不弃权
26	管理者应该做到"内方"而"外圆"。"内方"指的是管理者为人处世要有原则性；"外圆"指的是管理者为人处世要有灵活性；管理者既不能"内太方"（管理死板、教条），也不能"外太圆"（管理随便，放任自流）。"原则性"就是坚持执行工作规范和制度；"灵活性"就是实施必要的人文关怀
27	沟通的关键在于理解别人和表达自己，这就需要我们从两个方面加强。理解别人就是要学会换位思考，我们可以学习心理、社交、礼仪方面的书；表达自己就是要让别人懂你，我们可以学习写作、口才等书籍
28	管理者在管理工作的开展过程中应该努力做到"四化"：深奥问题通俗化、专业话题生活化、复杂问题简单化、海龟理论土鳖化
29	作为管理者，我们应该给想干事的人以机会；给能干事的人以舞台；给干成事的人以奖励；给不干事的人以惩罚
30	"领先半步是先驱，领先一步成先烈"，因此管理方法不能过于激进。管理者在施行管理方法和手段时，一定要考虑与现实环境的匹配，要确保管理手段和方法既与时俱进又具有现实可执行性，不能过于理想、超前和脱离现实

（续）

序号	最佳实践
31	管理者不仅要能理解别人，还要能理解别人对我们的不理解
32	要想使绩效考核产生好效果，需要做好如下七个方面的工作：绩效考核动员；绩效考核办法制订；绩效考核办法宣传；绩效考核辅导；绩效考核执行；绩效考核面谈；绩效考核总结
33	一个人的问题是当事人自己的问题；几个人的问题是管理者的问题；如果大部分人都有问题，那就是组织的问题、是组织管理制度的问题
34	按当初给出的承诺不折不扣地执行，甚至在干系人淡忘了我们当初的承诺时亦如此
35	项目经理在管理大型复杂项目时，应该把自己的主要精力放在项目计划和对项目整体工作的宏观把控上
36	管理体系所能产生的效果一般需要执行六个月甚至更长的时间才会显现出效果，因此管理贵在坚持，不要轻言放弃
37	管理其实是一把手工程，因此我们在实施新的管理模式或体系时，一定要得到组织中最高领导的鼎力支持
38	管理手段和方法很难区分优劣，关键是要符合实际需要；合适的管理就是最好的管理
39	管理者让下属给承诺远远胜过管理者给下属提要求；因为人对别人的决定只会尽力而为，人对自己的决定才肯全力以赴
40	管理者可以越级调查，但要避免越级授权；管理者可以越级投诉，但要避免越级汇报
41	执行制度的目的，不是为了约束人，而是为了让组织更高效
42	领导和管理的五大区别：（1）角色性质不同：领导务虚，管理务实。（2）角色定位不同：领导定位于做正确的事情，管理定位于把事情做正确。（3）角色职责不同：领导需要建立愿景、统一意志、设定目标、激励和鼓励团队，管理则需要带领团队实现目标。（4）角色侧重点不同：领导侧重于思考，管理侧重于贯彻执行。（5）角色履职方式不同：领导应该走在员工的前面，管理则应该和员工在一起

参 考 文 献

[1] 刘明亮，宋跃武. 信息系统项目管理师教程[M]. 4 版. 北京：清华大学出版社，2023.

[2] 全国计算机专业技术资格考试办公室. 信息系统项目管理师考试大纲（2022 年审定通过）[M]. 北京：清华大学出版社，2023.

[3] 美国项目管理协会. 项目管理知识体系指南（PMBOK®指南）[M]. 6 版. 北京：电子工业出版社，2018.

[4] 王树文. 张成功项目管理记[M]. 3 版. 北京：中国电力出版社，2021.

[5] 王树文. 从技术走向管理：李元芳升职记[M]. 3 版. 北京：电子工业出版社，2021.